"神啊，征服者厄洛斯、
乌目的仙女们
和光彩照人的阿佛洛狄忒与你同游，
当你徜徉在高高的山巅，
我恳求你，仁慈地来到我身边，
倾听并接受我的祈愿。"

——诗人阿那克里翁（公元前6世纪）向狄俄尼索斯的祈祷

The Complete World
of Greek Mythology

希腊神话
的完整世界

神的传说，人的生活

Richard Buxton

[英]理查德·巴克斯顿　著

徐艳　译

九州出版社
JIUZHOUPRESS

目　录

引言：背景中的神话

在被赫拉克勒斯征服的怪物中，几乎没有比冥界的三头恶犬刻耳柏洛斯更吓人的了。从这野兽的头、爪之中生长出来的毒蛇更强化了这种恐怖。在这幅瓶画（公元前6世纪）中，命令赫拉克勒斯完成其任务的欧律斯透斯，正紧张地藏在一只大罐子里。

没有哪一组故事比我们所知的"希腊神话"更丰富、更有深度，当然也没有哪一组比它更有影响力。记载希腊众神及英雄之壮举的叙事文本和视觉形象在公元前第一个千年早期就已出现。从古至今，它们一直不断地被制造出来，其变体和重新诠释显然是无穷无尽的。根据不同文化看待古希腊遗产的截然不同的视角，人们从这些故事中解读出的意义也随时代变迁而发生了巨大的变化，这种变色龙般的适应能力正是神话传说得以存续的一个决定因素。希腊神话的影响力从未显示出衰退的迹象：赫拉克勒斯为世界斩除怪物的不懈努力，正如无数古代瓶画所描绘的那样，仍能在最新的电影和交互式电脑游戏软件中找到回声。

本书最后一章探讨了从古代开始希腊神话被重新讲述的一些方式。但在那之前，本书关注的重点是提供关于在古希腊文化背景中被讲述的神话的详细记录。因此，出自希腊文学作品的引文以及希腊艺术形象的复制品在分析中扮演了重要角色。关于希腊景观的图片亦是如此，它们是希腊神话世界的另一个重要方面。传说中神话故事发生的许多地点——迈锡尼、德尔斐、梯林斯、伊塔刻、雅典卫城——直到今天还可以造访。而且，有几类景观——高山、河流、洞穴、海洋——都在塑造神话的过程中发挥了各自的作用。为将希腊神话的世界呈现给读者，我们会常常溯及神话形成的地形背景。

强调将希腊神话放在希腊背景中的观点十分重要。我们从不缺乏"古典神话"——即希腊和罗马的神话传说——的辞典和手册。这两种古代文化所讲述的故事之间的确存在显著的延续性，但也有很大的不同。罗马的神话讲述本身也是一个有趣的话题，但它不是本书将要探讨的话题（不过，读者可参考第216—224页"罗马如何重新想象希腊"）；希腊人的，且主要以希腊语完成的神话讲述，才是我们关注的重点。

对希腊神话传说的现代再创作为古老主题引入了全新的、有时还很惊人的变体。在这张迪士尼电影《大力士》（*Hercules*，1997年）的剧照中，大英雄正骑在有翼的神马珀伽索斯背上，而根据古代传说，它是柏勒洛丰的坐骑。

这和对希腊的强调也与神话中的人名和地名在本书中出现的形式紧密相关。直到不久前，学者们仍遵循将神话中的名称一律拉丁化的惯例，即使与背景相关的一切都是希腊的：不仅 Kadmos（从希腊语转写而来）被写成 Cadmus，Daidalos 被写成 Daedalus，甚至连宙斯也会假借其（不完全的）罗马"对应者"朱庇特的名义出现，而雅典娜则被称为密涅瓦。不幸的是，译名问题并没有一个正确答案。用 Athenai（"阿忒奈"）这一古希腊语名称来称呼雅典，或用 Mukenai（"穆刻奈"）来称呼迈锡尼，会显得过于挑剔。因此，若一个地名或

德尔斐：阿波罗神庙的所在地，在许多希腊神话传说中都发挥着作用。

希腊人神话讲述纪年表

下面是被广泛接受的历史分期惯例：
古风时期：公元前700—前500年
古典时期：公元前500—前323年
希腊化时期：公元前323—前31年

年代	作者/艺术家	神话的文字和艺术讲述中的重要时刻
公元前900—前700年		"几何风格"陶器
公元前8或前7世纪？	荷马	许多史诗都被归在他名下，包括《伊利亚特》和《奥德赛》，以及《荷马颂歌》
公元前8或前7世纪？	赫西俄德	诗歌，包括《神谱》和《工作与时日》
公元前625—前475年		雅典的黑绘陶瓶
约公元前570年		"弗朗索瓦陶瓶"（见第25页）
约公元前555—约前465年	西摩尼得斯	抒情诗
公元前530—前300年		雅典的红绘陶瓶
约公元前518—前446年后	品达	抒情诗，尤其是庆祝运动员获胜的合唱颂歌
约公元前525—约前456年	埃斯库罗斯	悲剧，包括《俄瑞斯忒亚》三部曲
公元前5世纪90年代—约前406年	索福克勒斯	悲剧，包括《俄狄浦斯王》《安提戈涅》和《厄勒克特拉》
公元前5世纪80年代—前406年	欧里庇得斯	悲剧，包括《酒神的伴侣》和《美狄亚》
约公元前450年—前4世纪80年代	阿里斯托芬	喜剧，其中一些涉及神话主题
约公元前470年		奥林匹亚的宙斯神庙
公元前450年		意大利南部红绘陶瓶发端
公元前5世纪中期		白底的莱基托斯陶瓶
约公元前447—约前430年		雅典的帕特农神庙在建
约公元前428—约前348年	柏拉图	哲学著作，包括《斐多》和《理想国》
公元前380年		埃皮达鲁斯的阿斯克庇俄斯神庙
公元前4世纪晚期？	帕莱法托斯	对神话艺术进行理性的解释
活跃于公元前260年前后	罗得岛的阿波罗尼俄斯	《阿耳戈英雄纪》（史诗）
活跃于公元前260年前后	卡利马科斯	许多类型的诗歌，包括《颂歌》
公元前3世纪早期	忒奥克里托斯	牧歌（田园诗）
活跃于公元前300年前后	欧赫墨罗斯	关于诸神也曾是善良凡人的乌托邦"小说"
约公元前190年？		"萨莫色雷斯的胜利女神"（雕塑）
公元前2世纪早期？	吕科佛戎	由卡珊德拉的预言组成的晦涩诗歌《亚历珊德拉》
约公元前190—前150年		帕加马的宙斯祭坛
活跃于公元前150年前后	摩斯科斯	诗歌，包括《欧罗巴》
公元前1世纪	西西里的狄奥多罗斯	从神话时代开始的"通史"
公元2世纪	琉善	滑稽讽刺故事和对话，有些包含神话内容[1]
公元2世纪？	阿波罗多洛斯	《神话全书》[2]
公元2世纪晚期	安东尼努斯·莱伯拉里斯	变形故事合集
公元2世纪晚期	鲍萨尼阿斯	《希腊道里志》
公元3世纪？	士麦那的昆图斯	填补《伊利亚特》与《奥德赛》之间空白的史诗
公元2或3世纪？	克里特岛的狄克提斯	一名声称是见证者的克里特人关于特洛伊战争的记述
公元5世纪	农诺斯	关于狄俄尼索斯的48卷史诗
公元5世纪？	弗里吉亚的达瑞斯	一名声称是见证者的特洛伊人关于特洛伊战争的记述

---

[1] 周作人翻译其作品，结集为《路吉阿诺斯对话集》出版。——译者注（如无特别说明，之后的脚注均为译者注）

[2] *Library of Mythology*，即周作人译《希腊神话》。

迈锡尼据说是特洛伊的征服者阿伽门农的家乡。其城墙显示出了这一古代权力中心所拥有的强大的军事与政治力量。

人名已能被普遍理解，本书便采用该版本（故而比起从纯粹主义立场来看更加正确的希腊名"Oidipous"，拉丁名"Oedipus"更受青睐）。但是，就相对不那么出名的名称而言，还是更加"希腊化"的形式更受青睐（所以克瑞翁应作Kreon，而非Creon）。

本书的纲要十分简明。第一章在提出"什么是神话"这一初始问题后，研究了希腊神话的总体特征，特别考察了我们可利用的那类证据，以及 —— 与我们主要强调的一点保持一致 —— 希腊人互相讲述神话传说的背景。第二章讲述了一类特殊的故事——"万物如何起源"，即讨论有关宇宙起源、诸神诞生，还有人类以及不同社会之发端的神话传说。第三章分析了对奥林匹斯山诸神权力与特征的记述。第四章的主题是一些最为著名的希腊英雄的故事，包括希腊人远征特洛伊、阿耳戈英雄觅取金羊毛的传奇经历。第五章继续关注男英雄和女英雄，探讨这些人在家庭关系中所遇到的离奇甚至惊悚的事件。第六章所考察的主题以间接的形式贯穿了我们的讨论：想象中希腊神话故事发生地的景观地貌。最后，第七章探讨的是从古代起，人们——尤其是艺术家、音乐家、诗人和学者——对希腊神话传说的迷恋，以及希腊神话对其他文化媒介，如电影和电视的影响力。这种迷恋强烈得一如既往。

关于本书的范围和书名，还可再说几句。我们应坚持的一个主题是希腊神话传说的多样性。它有着数不清的变体，不同作者、不同体裁、不同时期和不同地点之间都存在差异。那

无论现代还是古代，雅典伟大的帕特农神庙都在雅典卫城中占据着主要地位。

么，这是否意味着"完整"这一概念，即书名所暗示的本书的志向，注定是个遥不可及的理想？如果"完整"意味着将每个神话传说的每个版本都编纂起来，那么答案就是"是的"——尽管这可能不算是重大损失，因为如果严格执行这项工作，那么就会使读者淹没在细节的洪流之中。但我们能做的是提供一幅关于希腊神话世界的综合图景——想象的轮廓与范围，赋予故事以意义的动机以及反复出现的主题。这一可以实现并值得实现的目标才是接下来的篇章的目标。

亚 得 里 亚 海

阿
普
利
亚

品
都
斯
山
脉

马

皮埃里亚

奥林匹斯山

伊
庇
鲁
斯

科尔库拉岛
(科孚岛)

忒斯普洛提亚

多多那

涅库俄曼泰翁神庙（死者神庙）

阿刻戎河

亚克兴

莱夫卡斯岛

埃托利亚

特拉山
俄忒山

德

克罗顿

伊
奥
尼
亚
群
岛

伊塔刻岛

卡吕冬

帕特雷

亚该亚

伊
奥
尼
亚
海

厄律曼托斯山

普索菲斯

库勒涅山

尼利斯

斯廷法利

奥林匹亚

阿卡狄亚

吕凯昂山

洛克里

阿尔菲奥斯河

吕科苏拉

伯罗奔尼撒

麦西尼

皮洛斯

皮尔戈斯迪鲁

马尼半岛

厄里达诺斯河（波河）

斯基泰人

陶里亚人

高加索山脉

维罗纳

威尼斯

帕多瓦

伊斯特洛斯河
（多瑙河）

黑 海

科尔喀斯

意大利

埃特鲁里亚

罗马

拉丁姆

切尔韦泰里

塞莱河口

帕埃斯图姆

坎帕尼亚

西西里岛

埃特纳山

迦太基

叙拉古

地 中 海

利 比 亚

奇里乞亚

塞浦路斯岛

帕福斯

阿马图斯

叙利亚

劳迪凯亚

腓
尼
基

阿 拉 伯

库瑞涅
（昔兰尼）

亚历山大里亚

埃
及

尼
罗
河

帕诺波利斯

海拔1000米以上地区	
海拔1000米以下地区	
科孚岛	现代地名

罗多彼山脉

黑海

色 雷 斯

顿

喀科涅斯人

赫布鲁斯河

拜占庭

潘盖翁山▲

普罗庞提斯
(马尔马拉海)

塞萨洛尼基○

萨莫色雷斯岛

哈尔基季基半岛

密 西 亚

奥林托斯○

门德○

楞诺斯岛

赫勒斯滂海峡
(达达尼尔海峡)

○特洛伊/伊利昂

帕勒涅半岛

忒涅多斯岛

伊得山▲

弗 里 吉 亚

翁山▲
伊俄尔科斯○

马格尼西亚

爱 琴 海

安提萨○

帕加马○

索斯山

累斯博斯岛

斯基罗斯岛

欧玻亚岛
(埃维亚岛)

哈尔基斯○

玻俄提亚奥利斯

吕 底 亚

士麦那○

底比亚

忒拜○

忒利孔山▲

普拉泰亚

阿提卡

西皮罗斯山▲

喀泰戎山▲

马拉松

麦加拉

厄琉西斯

布劳隆○

雅典○

以弗所○

伊斯特米亚

伊米托斯山▲

埃皮达鲁斯

萨拉米斯岛
埃癸那岛

基

米利都○

特洛曾

克

拉特莫斯山▲

卡 里 亚

泽

提洛岛

斯

哈利卡纳索斯○

塞里福斯岛

群

帕罗斯岛

纳克索斯岛

莱罗斯岛

科斯岛

马莱阿角

岛

叙墨岛

吕喀亚

库忒拉岛

锡拉岛
(圣托里尼岛)

罗得岛

林多斯○

克诺索斯○
伊得山▲

吕克托斯○

狄克忒山▲

克里特岛

N

希腊世界总图

对传统的再造

我们常常用一种简略的表达说到"……的神话"，比如"俄狄浦斯的神话"，或者"特洛伊战争的神话"。但实际上，希腊人所讲述的这些故事的一个主要特点就是多元性。关于某个既定故事，并不存在一个所有讲述者都不得不复述的单一、经典、正统的版本。相反，每个讲述者都会根据特定社会和艺术背景的要求去再造传统。故事之间自然会有所重复，比如伊阿宋和金羊毛的故事的许多现存版本就有诸多共同之处。但是，在"传统"不易捉摸的界限之内，创新和独创性一直存在。

本书的第一章将描述这种叙事多元性的一些特征。我们将陈列出那些让希腊神话得以保存的多种多样且极其丰富的资料，也将探讨神话传说被重述的不同家庭背景和公共背景，无论它们是以口头的、书面的还是视觉艺术的形式出现。

普里阿摩斯去阿喀琉斯的营帐里赎回其子赫克托耳的尸体，之前阿喀琉斯为了给他的朋友帕特洛克罗斯复仇而杀死了赫克托耳。阿喀琉斯正在用餐，一手持刀，一手拿肉，尚未注意到普里阿摩斯。这一场景的焦点——赫克托耳的尸体——被置于床榻之下，处于被无视的状态。阿提卡陶杯，约公元前490年。

第一章　背景、资料与意义

希腊神话的总体特征

（下页）位于阿尔戈斯平原上的梯林斯的迈锡尼宫殿，被厚重的城墙包围，城墙"巨石式的"（Cyclopean）结构因传说中建造了它的独目巨人（Cyclops）而得名。赫拉克勒斯据说正是从这伟岸城墙的顶部抛下了欧律托斯之子伊菲托斯，当时他在一阵愤怒中杀死了后者。

位于伯罗奔尼撒半岛东北部的迈锡尼遗址让人心潮澎湃地联想到这一伟大城邦曾经拥有的权力与影响力。迈锡尼在希腊神话中占据着显著地位，它是特洛伊的征服者阿伽门农的家乡。

起源

没有哪种文明比古希腊文明产出了更多、更丰富的神话传说。有直接证据证明的最早的神话传说出现在荷马与赫西俄德的诗中，一般可追溯至公元前8或前7世纪。然而，希腊的神话讲述传统无疑能追溯至更早时候。荷马与赫西俄德诗歌风格的许多方面，尤其是反复出现的"公式化"短语（如"酒色的大海""集云者宙斯"）的使用，都暗示着我们现有的诗歌背后存在一段口头创作诗篇的悠久历史。而且，诗歌常常简略地提及听众们显然已十分熟悉的神话情节。希腊神话的"起源"可追溯至多早，是一个实际已回答不了的问题；且无论如何，它在理论上存在致命缺陷——这种所谓的"起源"究竟是什么样的，我们如何得知是否找到了它，都很难确定。但我们可以自信地断言，后世希腊留存下来的神话传说是在各种早期文化背景中被塑造出来的。

其中一个背景便是存在于公元前第二个千年晚期，被现代考古学家们称为"迈锡尼"的文明，这一名称源自该文明最著名的地点之一。许多后来在政治重要性上衰退了的迈锡尼人口聚居区——玻俄提亚的俄耳科墨诺斯、阿尔戈里德的梯林斯和迈锡尼——在希腊神话传说中占有显著地位。这就强烈暗示着存在一个受到迈锡尼影响的故事形成时期，尽管——由于缺乏相关的迈锡尼的书面证据——我们并不能令人信服地证明这一点。希腊神话发展的另一个重要影响因素可能是公元前第二个千年的另一种文化，即所谓的克里特岛"米诺斯"文明（这一如今被现代考古学家自发使用的名称完全出自神话：米诺斯是神话中的克里特王）。关于米诺斯的克里特在希腊神话的发展中可能起到的作用，我们同样因为缺乏直接证据而无法得

出明确的结论，但是我们无法不注意到这座岛屿在许多神话情节中的显著地位：迷宫中的弥诺陶洛斯（第127页），代达罗斯和伊卡洛斯的传说（第92—93页），几乎坚不可摧的青铜巨人塔罗斯（第113页），以及许多其他故事。

学者们探寻希腊神话源泉的地点并不局限于今天我们所认为的"希腊"。18世纪晚期，当英国在印度的殖民活动致使梵语知识在西方语言学家中传播开来时，希腊语、拉丁语和梵语之间的比较引发了关于原始印欧语的猜想。当时人们觉得，一种共同的语言甚至可能意味着社会生活的共同特征。因此，当弗里德里希·马克斯·缪勒（1823—1900）这位极其博学的德裔语文学家被委任为牛津大学教授时，他开发了一种将希腊神话与其被假定的印欧起源联系起来的方法。缪勒认为，有些在他看来以希腊语形式出现时说不通的神话故事在被"翻译"回印欧语后意思就明晰了。但是，很多这类"翻译"将希腊神话丰富的复杂性简化为对基本自然现象的相当平庸的寓言式表达，这一事实就意味着缪勒的比较学理论难以赢得长久的赞同——尽管到了21世纪初，还有一些学者继续以一种明显的印欧语视角来研究希腊神话。

比印欧语角度更被广泛接受的研究方法是将希腊神话置于近东文明——或者转换一下视角，西亚文明，如亚述、巴比伦、赫梯、古代以色列等文明的背景之中。当代为之发声的最有影响力的两位学者分别是德国的瓦尔特·伯克特[1]和英国的马丁·韦斯特。他们和其他人的研究有力证明了希腊人及其东方先驱者在故事讲述上存在重要的连续性，这尤其体现在青铜时代晚期（公元前14/前13世纪）和所谓的"东方化时期"（公元前8/前7世纪）。在众多重要的相似性之中，可以找到以下两处：一位神明通过阉割的方式推翻上一代神王的宇宙起源型故事（赫梯故事和希腊故事之间存在很强的相似性），以及希腊英雄赫拉克勒斯杀死诸怪的壮举（存在着类似的美索不达米亚神话故事）。在某些地方，尤其是希腊本土，一直有人反对这

---

[1] 瓦尔特·伯克特（Walter Burkert，1931—2015），古典学者，主要研究方向为欧洲古典文学、西方古典文论，著有《希腊文化的东方语境》。

什么是神话？

（右上）弗兰肯斯坦的怪物凝视着自己在水池中的形象。这幅林德·沃德的版画出自玛丽·雪莱的恐怖故事《弗兰肯斯坦，或现代普罗米修斯》（1818年首次出版）的一个1934年版本。由于探索了生命的创造以及人类过度聪明之危险这一类主题，这个故事被称为"现代神话"。

（右）奥利弗·谢波德的这尊雕像展现了英雄库丘林的死亡，使人回想起关于这位古代凯尔特勇士的传说。它被置于都柏林1916年复活节起义的遗址上。库丘林因其过人壮举——以早逝而终结——被跟阿喀琉斯联系在了一起。

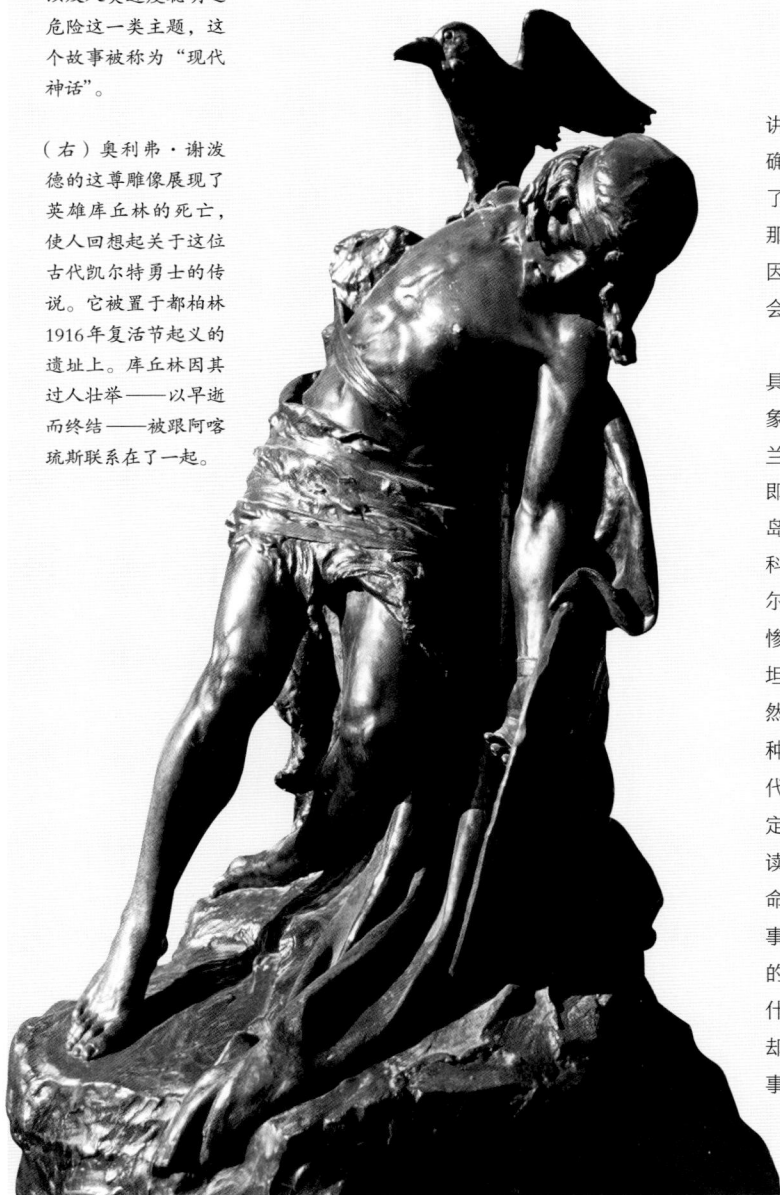

"神话"（myth）一词的一个普遍用法体现在下面这句话当中："'所有英格兰人都在下午4点钟喝茶'不过是个神话。"以此为定义，神话仅仅是"一个人们普遍持有的误解"。然而这一过于简单的定义是从神话的不真实性出发的，却没有提醒我们故事以及故事讲述（story-telling）所蕴含的丰富想象力与社会重要性。一种不同且更为有用的定义——也是我们将在这里采用的——是这样的："神话是具有社会影响力的传统故事。"

这一定义包含了三个基本要素。其中最没有问题的就是故事这个概念：一个"神话"就是一段叙事，即经过组织排列的一系列事件。第二个要素是传统：我们关注的故事被一个讲述者传给了另一个讲述者，而且常常还被一代人传给了另一代人。的确，描述神话的一种方法是将其视为起源已被遗忘了的故事。第三便是社会影响力：我们关注的将是那些在重述它们的社会中占据了很高地位的叙事，因为它们体现并发掘了个人、社会群体乃至整个社会的价值。

以这一定义为指引，我们可以看到神话——具有社会影响力的传统故事——在许多社会的想象中都扮演了并继续扮演着焦点角色。在现代爱尔兰，传奇英雄库丘林就被主流和反对派宗教传统，即天主教和新教，同时树立为榜样。在巴尔干半岛，对那些渴望恢复塞尔维亚国家地位的人而言，科索沃战役——在这场1389年的战役中，一支塞尔维亚武装力量据说在一支奥斯曼土耳其军队手里惨遭失败——也已达到了神话地位。而弗兰肯斯坦的怪物故事，尽管以一种迥异的风格出现，却依然能够施展自身的魅力。尤其应当感谢电影界的各种重新创作，这则由故事转变而来的神话挖掘了现代意识中的一个核心焦点：应该如何应对科技重新定义生命本身的这种能力？弗兰肯斯坦的故事邀请读者和观众来发问：如果我们真的能够创造人类生命，这会有什么影响？这类故事已经不再只是个故事了。它既已成为"传统"，就跟罗宾汉那类更老的故事并肩而立了（如果社会秩序发生转变，会是什么样子？）。从另一个角度来看，它也跟最新的却已经是"传统"的关于超人（Superman）的故事类似。神话仍然欣欣向荣。

种强调希腊与西亚神话相似性的做法，认为这种强调可能会稀释希腊神话的"希腊"特质。在许多情况下，这是一个审慎而明智地寻找平衡的问题：在指出希腊与近东的相似性和肯定希腊人自身不可否认的独特贡献之间应当留有空间。

与当代另一个关于希腊文化（包括希腊神话）的争论相比，关于西亚问题的争议就黯然失色了。在美国任教的英国学者马丁·贝尔纳[①]坚持认为，理解古希腊的钥匙不在西亚，而是在非洲，尤其是埃及。在他看来，埃及文明极大地影响了希腊文明，只不过被一代又一代西方学者出于种族原因的恐惧掩盖了。许多学者会赞同，埃及作为希腊文化某些方面之起源的角色被淡化了，不论是因为什么原因；然而，贝尔纳所提倡的泛埃及化解释却只在执着于意识形态者那里得到了完全的赞同。不论对贝尔纳理论最终如何定论，这一争议都表明希腊神话已经远远超出了纯"学术"的兴趣范围。正如我们在谈及当代爱尔兰和塞尔维亚时提到的那样，神话传说可能构成了社会中最有活力和最能"引起强烈情感"的一些方面。而相应地，那些解释神话传说的人，无论是古代的还是现代的，都有可能暴露不经处理的情绪，并因此激发敌意甚至愤怒。

希腊在哪里？

英语中的"希腊"（Greece）一词发源于拉丁语中的Graecia。这一名称最初可能被用来称呼居住在伊庇鲁斯（位于现今希腊的西北部）的格雷科（Graikoi）民族，后被亚得里亚海对岸的古代意大利民族采用，先是用来指代格雷科人，后来才扩展到与其在文化上和语言上有所关联的一个更广泛的族群。这一族群的成员自称为"希伦人"（Hellenes），并将他们居住的地区称为"希腊"（Hellas）。因此，比起"Greek/Greece"，一些现代学者更爱使用"Hellene/Hellas"这一组术语。在本书中，我们将保留"Greece"一词，并会交替使用"Hellenic"和"Greek"。顺便一提，"希

腊的"（Hellenic）这一术语必须跟"希腊化的"（Hellenistic）区分开来，后者在传统上（亦在本书中）指的是从亚历山大大帝逝世（公元前323年）到亚克兴战役（公元前31年）这一历史时期。

我们所知的"希腊神话"故事是在一个广阔的，且在历史进程中有所变动的区域中被讲述的，这个区域并不与现代地图上被标记为"希腊"的领土完全重合。早在古风时期（通常指公元前700—前500年）以前，讲希腊语之人不仅已经占领了北至马其顿、东经色雷斯直到赫勒斯滂海峡的大陆，还已经定居在了爱琴海诸岛和小亚细亚（今土耳其）的西海岸上。而且，更远处的海外殖民地的建立也扩大了希腊文化各个方面——包括它的故事——的影响范围。在古风和古典时期（古典时期通常指公元前500—前323年），这类扩张最重要的目的地便是"大希腊"（Magna Graecia），这一拉丁术语指的是在希腊影响下的意大利南部和西西里地区。从阿普利亚（今普利亚）和坎帕尼亚往北至埃特鲁里亚（今托斯卡纳），我们都能找到希腊故事存在的充足证据，这尤其应当归功于在意大利南部和中部的坟墓中留存下来的

这只埃特鲁里亚陶瓶（公元前6世纪晚期）展现了狄俄尼索斯将一群海盗变成海豚的神话传说（见第83页）。酒神的力量——左边远处的葡萄叶暗示了这一点——导致了一种不可思议的变形，瓶子下半部分的图像描绘了这一过程。

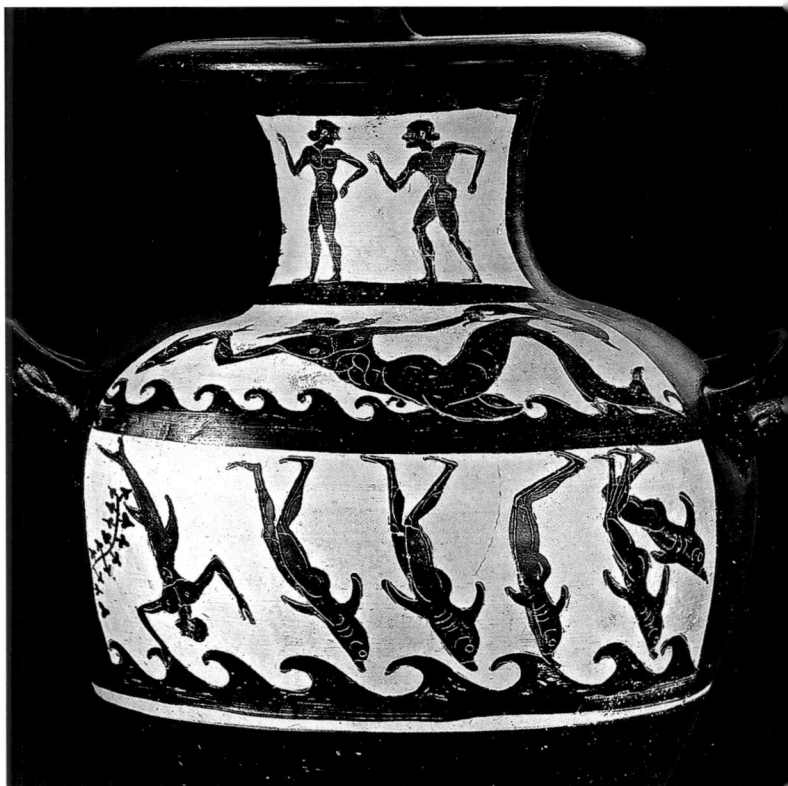

---

① 马丁·贝尔纳（Martin Bernal，1937—2013），政治史学者，曾任康奈尔大学政府系和近东研究系教授，著有《黑色雅典娜》一书。

数量巨大的彩绘陶器。

包括神话传说在内的希腊文化的输出还到达了更远处。早在古风时期，北非海岸上的定居点库瑞涅（今利比亚舍哈特）曾是个希腊殖民地，它与本土的联系就是通过神话来体现的。正如诗人品达（公元前5世纪）后来为庆祝库瑞涅王在德尔斐的皮提亚竞技会上取得战车比赛的胜利时所写那样："缪斯，今日你务必站到一位朋友身旁，这人是良马之邦——大地银光闪闪的胸脯上的马车之邦库瑞涅的君王！"（见第33—34页）。

公元前5世纪早期波斯入侵希腊是激发希腊身份认同感最具决定性的一个因素。波斯人被击退后，希腊人便转向了内部斗争，并在公元前5世纪最后三分之一的时间里雅典与斯巴达之间旷日持久的冲突（"伯罗奔尼撒战争"）中变得四分五裂。然后，在公元前4世纪，位于希腊北部马其顿的一股强大的新势力开始介入南方城邦衰落后所留下的权力真空地带。亚历山大大帝惊人却凶残的军事力量使得希腊的扩张获得了空前的动力，亚历山大的军队将希腊文化向南带到了埃及和利比亚，向东带到了今阿富汗一带。紧随军事胜利而来的便是市政的巩固，这体现在建筑、习俗以及构成公民生活肌理的制度上：体育馆、剧场、一种通用的希腊语（koine，意即"共同的""共享的"），以及使用这种语言所讲述的故事。在后亚历山大时期的希腊化王国——由亚历山大的将军们建立并被传给其继任者们的王朝——的世界里，许多希腊人发现他们的居住地比以往任何时候都更加远离祖先的炉灶。在这样一个世界中，神话提供了一种与文化之根保持联系的重要方式，同时又通过一种媒介来探索新的境况，这一媒介的传统性一直是开放的，可以不断被改写，但也正逐渐成为怀旧式的"古典"。

许多曾属于亚历山大帝国的地区一块接一块地被罗马的军事和行政力量控制。其结果并不是希腊神话讲述的消亡，恰恰相反，罗马的统治为包括神话在内的希腊文化遗产的存续提供了一个框架。其中一个途径便是罗马人将希腊人的文学和艺术作品奉为典范，向他们致以无上的敬意，神话也悄然变为希腊-罗马式而非全然希腊的了。

罗马统治下的希腊人又是怎样的呢？尽管他们的城邦早已失去政治独立性，神话的讲述者却在继续讲述着古老的故事。这种回望绝非简单的惯性使然：它能表达强烈的意识形态立场。举例来说，公元2世纪的希腊作家鲍萨尼阿斯在记叙游览希腊古代遗迹时无数次地提到自己所了解的相关神话传说和祭祀仪式，却几乎无视了外在的罗马政治统治，而正是后者为这个社会的生活提供了时刻存在的背景。鲍萨尼阿斯来自小亚细亚——也就是说，来自在地理上与"古典希腊"有关联的地区。但那时的世界已经变得更大了。用幸灾乐祸的笔调对古老神话主题尽情发挥的讽刺作家琉善（公元2世纪），则出生于幼发拉底河边的萨莫萨塔（今土耳其萨姆萨特）。至于农诺斯（公元5世纪）这位记载了酒神狄俄尼索斯各种壮举的48卷史诗《狄俄尼索斯纪》的作者，他的家乡则是埃及的帕诺波利斯。希腊神话所影响的地理范围变得愈发广阔。当罗马人的统治最终衰亡时，他们从希腊人那里继承来的神话传说却不断换上新的装束，带着从未衰减的适应能力留存了下来。

（下页）帕加马宙斯祭坛的中楣描绘了奥林匹斯山诸神战胜其可怕的对手——巨灵族——的场景。

（下）在这座来自土耳其东南部科马基尼的石灰岩浮雕（公元前1世纪）中，科马基尼国王安条克一世正握着赫拉克勒斯的手，后者手持其标志性的大棒。

证据的来源

物质文化

为什么希腊神话能持续抓住后世的想象力？部分原因在于古代艺术家们用以描述故事的视觉形象丰富且有力。这些形象构成了我们关于希腊神话的两大主要信息来源之一，它们可被分为如下几个大类：雕塑、壁画、马赛克图像、瓶画和钱币，以及诸如经雕琢的宝石和经过装饰的镜子之类的媒介。

在这些类别中，雕塑——无论它是以独立的还是附属于建筑物的形式出现——是如今享有最高地位的一种。留存下来的雕塑大多是用大理石雕成的，除了少数令人叹服的例外——

（左）萨莫色雷斯有翼的胜利女神像（创作时间可能约为公元前190年，然而许多学者将它追溯至更早时候）。它展现了尼刻（即"胜利"）飞落于一条船船首的形象。在它最初的摆放地，即萨莫色雷斯岛的诸神圣所里，这个船首就矗立于一座喷泉的水池之中。这尊雕像如今被放在卢浮宫，它可能是为纪念委托这件作品的那位希腊化时期统治者所获得的海战胜利而作。尼刻的姿态与衣褶都表现出一种不可思议的活力与优雅。

（右）"珀耳塞福涅之墓"是一座马其顿王室坟墓（公元前4世纪中期），位于塞萨洛尼基以西的维尔吉纳。这座坟墓内的一幅壁画描绘了哈得斯劫持珀耳塞福涅的场景：哈得斯将珀耳塞福涅抓上自己的战车，要把她带往冥界做新娘，珀耳塞福涅则做着无望的挣扎。

比如著名的"里亚切青铜武士像"，它们是在意大利卡拉布里亚大区附近的海底被发现的——用青铜或其他更为贵重的金属雕成的作品很容易被熔化和重新利用。只有较少的古希腊雕塑被留在原址，大多数如今都被保存在博物馆里供人欣赏，比如壮丽的帕特农神庙大理石群雕（即"额尔金大理石"）在伦敦的大英博物馆，又比如萨莫色雷斯的胜利女神像在巴黎的卢浮

宫。而在古代，表现神话中诸神、英雄与女英雄的雕像也常常受时人景仰。最经典的一个例子便是传奇的奥林匹亚宙斯巨像，它是著名雕塑家菲狄亚斯的作品，虽早已被毁，却在古代旅行家鲍萨尼阿斯一段生动的详细描述中重现了活力。"当这座雕像完成时，"他写道，"菲狄亚斯向神明祈祷，如果作品令他满意，就请示意下来，于是一道闪电立马击中了路面——那地方至今还放着一只青铜大瓮。"

与雕塑相反，现存的表现神话主题的希腊壁画少得可怜。我们知道，这种形式的许多主要作品都是存在过的：鲍萨尼阿斯用大篇幅描述了一些曾经极其华丽的作品，即艺术家波吕格诺托斯为尼多斯人位于德尔斐的"勒斯克"（lesche，即"谈话馆"，见第28页）创作的壁画，它们描绘了特洛伊陷落和奥德修斯到访冥界的景象。然而，与已消失的相比——甚至是与米诺斯时期的克里特岛残留下来的精美壁画，以及从罗马时期保存下来的壮丽壁画相比——希腊古典时期留给我们的可以说是相当少了。但这少有的几例却更加值得珍惜，正如那幅画在维尔吉纳附近马其顿王室坟墓的墙上，描绘哈得斯劫持珀耳塞福涅的动人心魄的绘画。

用马赛克图案装饰的地板是另一种罗马文明比希腊文明提供了远远更多现存材料的媒介。但从公元前5世纪末开始，尤其是在希腊化时

狄俄尼索斯骑着一头似是豹子的生物。马赛克地板，佩拉（马其顿王国），公元前4世纪晚期。狄俄尼索斯经常被跟这类"异域"野兽联系在一起，显示着酒神的凶残与危险，以及他形体上的优雅与美丽。

柏勒洛丰骑在他的坐骑——有翼的珀伽索斯背上，征服了喷火的怪物喀迈拉。来自哈尔基季基半岛上奥林托斯的马赛克地板的中心装饰，公元前4世纪。

期，这种装饰贵族或王室住所的方法就广泛流传开来了，一些著名范例至今仍为人所欣赏。佩拉城——马其顿文化的主要中心之一——便是一个适当的例子，一幅酒神狄俄尼索斯骑在豹子身上的图像尤为精美。要想感受希腊的马赛克地板在古代究竟是什么样的，奥林托斯遗址会是个好去处，就在希腊北部三叉形的哈尔基季基半岛的北边。在那里，绘有柏勒洛丰的马赛克地板露天呈现在原址上，描绘了他坐在有翼的神马珀伽索斯背上，准备去杀死怪物喀迈拉的情景。

瓶画上的神话故事

关于瓶画，我们的证据就千百倍地增加了。传统上，考古学家用"瓶子"（vase）一词指代各种陶器，包括油瓶、香水盒、水罐和调酒碗。这些容器适用于多种社会场景，包括葬礼、婚礼、饮酒会（symposia）和祭祀仪式，以及家庭生活的一切日常需求，比如贮藏和烹饪。大多数容器都是不经装饰的，但也有很多有彩绘装饰，这些装饰跟陶土一起用火煅烧，从而获得了惊人的适应力。有时候，罐子上展现的场景相当肯定是神话中的；有时候，它可能取自"现实生活"；有时候，很难说究竟是生活被表现得像神话一样，还是神话像生活一样——这一事实本身就说明了希腊神话故事在其讲述者的想象活动中所扮演的核心角色。无论如何，彩绘陶器都为我们提供了十分丰富的神话叙事。事实上，对于本书所讨论的多数希腊神话传说，我们都可能为其找到相应的瓶画。

钱币、宝石和镜子

瓶画描绘的场景常常是将一段神话叙事中的几个情节同时提炼出来，古希腊的钱币则通常表现政治-宗教形象，这种形象从某种意义上说概括了铸造钱币的社群的身份。它能让人想

起关于社群建立的神话，或与其紧密相关的神明。最著名的例子可能是"雅典娜的猫头鹰"，这种鸟象征了雅典城保护神的身份。纵观希腊世界，我们还能找到类似的例子。比如说，门德城（坐落于哈尔基季基半岛）就为颂扬当地葡萄酒的美名而发行了一种表现酒神狄俄尼索斯坐在驴背上的钱币。

比钱币稀有，所承载神话形象的启发性又

合金制成的）经雕刻的盖子上。这类精细物品所承载的图像通常都具有神话意味，很可能是为了再现一个理想的或英雄化的世界，从而补充镜子美化人的作用。一些尤为复杂的范例出自埃特鲁斯坎人之手，他们对神话的表现常常附有这样的趣味：通过他们自己独特的、富有想象力的框架来过滤希腊的故事。

文本

图像能告诉我们许多东西。但它们常常在我们最需要它们说话的时刻保持沉默。比如，考虑一下这种情况吧：没有补充文本，却要尝试解读米诺斯和迈锡尼图像的宗教象征意义，就会产生无数令人沮丧的含糊不清的结果。与此相反的是，从希腊文明的古风时期开始，我们便有极为丰富的文本了。这些文本即第二种关于希腊神话的主要证据来源。

有时，我们很幸运地能够直接获取写于古代的文本。在这些情形中，文本的保存地点是它们得以留存下来的决定性因素，因为只有在非常特殊的情况下，易腐朽的材料才能抵抗住两千多年时光的摧残。一个很好的例子是莎草

（上）有纹饰的埃特鲁里亚镜子（公元前4世纪晚期），描绘了帕里斯的裁决。坐着的是图兰（埃特鲁里亚宗教里的阿佛洛狄忒），她面前是乌尼（赫拉；参见罗马的朱诺）和梅恩瓦（雅典娜；参见罗马的密涅瓦）。最右边是厄尔克森忒（亚历山德罗斯，帕里斯的别名）；最左边则是阿尔泰亚。

（右）来自一间迈锡尼墓室的金戒指。它可能表现了某种关于植物死亡与重生的崇拜。中间的人物可能是位神明或女祭司；右边的人似乎正在哀悼；左边的则欣喜若狂地扶着一棵树。

不亚于钱币的便是经雕琢的宝石和戒指了，这种微观艺术的几个精彩范例得以留存于世。另一种古代微观艺术则体现在镜子（通常是由铜

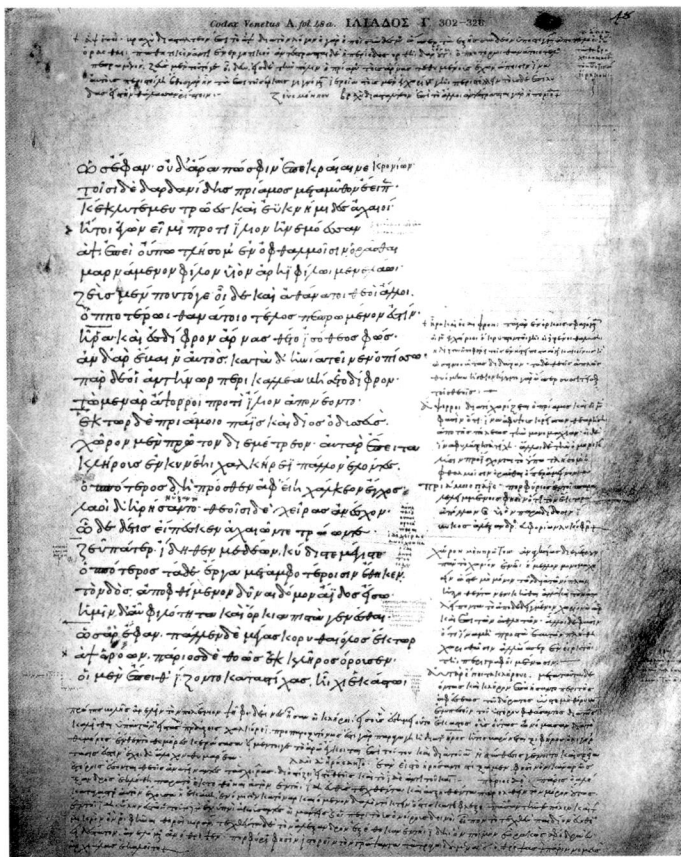

纸，一种以纸莎草茎条叠加而制成的耐用书写材料。尽管在希腊只有零星的莎草纸被保存了下来，但得益于埃及极干燥的沙漠，那里仍有大量莎草纸留存至今：我们拥有大量——尽管常常是残缺的——希腊化时期的希腊文字材料，正是在希腊化时期，希腊文明扩张到了包括埃及在内的区域。考虑到神话在希腊文化中的重要性，许多莎草纸文本与神话故事有关或是提及神话，也就不足为奇了。如今，仍有新的莎草纸出土，而我们博物馆地下室里的莎草纸也远远没有被编辑完。希腊神话的文库并未"关闭"。

莎草纸上的文本尽管重要，但它们在数量上却无法与一类不那么直接的史料相提并论：完整保存下来的手稿——主要来自晚得多的时期。基督教的到来及其在罗马帝国不断增长的影响力意味着异教世界伟大经典的保存并不能得到保障。古代希腊能留存下来文字材料，很大程度上要归功于拜占庭文明。在拜占庭，文本继续被不断复制，从而使得对精心选择的古希腊作品的研究成为了拜占庭教育计划的一部分。1453年，拜占庭最终落入土耳其人之手，许多这类文本被带往西方，并借由印刷术终于成为了不那么脆弱的存在。这个复杂的传播过程依靠的是辛勤投入和纯粹的运气，其结果便是优秀且相对完好的无可比拟的神话文献被保存到了今天。

神话讲述的背景

日常生活中的神话讲述

希腊人是在孩提时代通过长辈讲的故事首次体验到神话的。我们的史料往往显示，讲述者的身份是孩子的保姆、母亲或祖母。一些故事的目的显然在于社会控制：描述骇人的妖怪形象，比如拉弥亚和戈耳工，是为了让不听话的幼儿服从命令。但是英雄和奥林匹斯山诸神的壮举也很重要——事实上，柏拉图就曾极力反对让儿童听闻诸神与巨灵族之间的暴力冲突，以及奥林匹斯山诸神内部的激烈争执，认为这会带来反社会的结果。在家庭以外，当学校成为希腊式生活（至少对男孩而言）中的一个常规特征后，孩子对神话世界的熟悉也就在这一背景中被增强和拓展了：记住和背诵诗歌构成了课程的核心部分。

在后来的人生阶段，几种不同的社会和地点背景为神话叙事提供了框架。在饮酒会——一种（主要）面向成年贵族男性的正式酒会中，参与者有时会交流具有神话意味的歌曲和故事，饮酒人所用的酒器也常常绘有与神话相关的图像。其他典型的讲故事场合有修鞋铺、理发室和勒斯克——一种公共的聚会场所，成群结队的男性（通常是老年人）在此非正式地聚会，一起交谈、聊八卦。诗人荷马的一段轶事就讲述了他在一些场所吟唱的情形，包括一个修鞋铺和一处"老年男性的勒斯克"。

神庙和其他仪式举办地也提供了神话讲述的背景。对许多仪式而言，神话故事在某种意义上是"伴随着"典礼上的戏剧化行为的。举例来说，被称为"厄琉西斯秘仪"（厄琉西斯位于雅典西边、科林斯海湾的方向）的仪式就在女神珀耳塞福涅被劫持的神话中得到了呼应，该故事最著名的版本来自《荷马颂歌·致得墨忒耳》。神话讲述的是珀耳塞福涅被冥王哈得斯抓走，尽管后来回到母亲得墨忒耳身边，却不能永久地留下。为纪念"两位女神"——得墨忒耳和珀耳塞福涅——而举办的厄琉西斯祭仪，则表现了传授奥秘者的焦虑沮丧与新加入者体验到的欢乐启示所形成的鲜明对比。但不幸的是，在这个以及许多类似的例子中，我们并不能肯定地说神话故事的叙述如何或者是否组成了仪式的一部分。即便如此，对神话-仪式复合体的分析却是近来希腊神话研究中一个高产的增长领域。例如，荷兰学者 H. S. 韦斯内尔对克洛诺斯——宙斯之前的宇宙统治者——的神话做出了新的阐释，方法是将它与克罗尼亚节联系起来，该节日允许角色颠倒，奴隶是由其主人来伺候的。节日持续期间，"旧日时光"得以重现，伴随着寻欢作乐与一片混乱——正面与负面品质的结合正对应了克洛诺斯自身性格中

（左）戈耳工女妖是有翼的女性形象，她们噩梦般的外表能唤起恐惧。其中之一是墨杜萨，她是有翼神马珀伽索斯之母。在这件赤陶浮雕（公元前7世纪晚期）——可能为一座叙拉古祭坛的一部分——中，我们可以看见珀伽索斯就在他怪异的母亲的手臂下面。

（右）打败叛乱的巨灵之后，奥林匹斯山诸神巩固了他们的权力。在这只阿提卡陶瓶（公元前5世纪中期）上，三位奥林匹斯神采取了有力的行动：宙斯使的是雷霆；他身边的赫拉使的是长矛；最后是身穿"埃癸斯"的雅典娜，她的这件以蛇为流苏的胸甲上还饰有戈耳工的徽章，令人望而生畏。

（上）厄琉西斯曾是希腊最为神圣的地方之一：它是纪念得墨忒耳与珀耳塞福涅之"秘仪"的举办地。这些神圣的仪式吸引了来自整个希腊世界的参与者。现代游客在这里看到的是由罗马人重建的"泰勒斯台里昂神庙"（即"入会大厅"）的遗迹。

（左）厄琉西斯的崇拜主要是献给"两位女神"，即得墨忒耳和她女儿珀耳塞福涅的。在这座浮雕（公元前5世纪中期）上，得墨忒耳坐着，手拿三根谷穗。站在她面前的是个较为年轻的手拿火把的人物，很可能是珀耳塞福涅。黑暗和光亮之间的对比构成了秘仪中入会仪式的一个重要部分。

类似的模糊性。节日过后，既定秩序又恢复了，这也对应了宙斯取代克洛诺斯地位的神话。（关于克洛诺斯的神话传说，见第48页。）

神话叙述既可以是文字上的，也可以是视觉上的。我们可以找到无数个例子：神庙上固定的雕像，以及可移动的祭仪器皿上的图像，使崇拜者回想起了来自神话的古老故事。就神庙雕像而言，我们只需看看雅典帕特农神庙上的大理石排档间饰：这些超凡的雕像结合了动态的力量和天然具有的永久性，将怪物马人破坏性的攻击与其英勇的对手——年轻的拉庇泰人——冷静克制的力量并置起来，展现出了混乱与秩序的对立。至于在各式庆典上使用的更易移动（但仍惊人地耐用）的陶制器皿，一个典型的例子便是被称为莱基托斯瓶（lekythoi）的小型油瓶，它们在葬礼仪式上所起的作用是由其承载的图像来补充的，这些图像的主题常常和死亡的某些方面有关，例如冥界摆渡人卡戎，或者灵魂传送者赫耳墨斯。

（左）马人与拉庇泰人之间一系列的战斗是雅典帕特农神庙（公元前5世纪中期）大理石排档间饰（装饰性嵌板）的主题。其暴力与镇静的惊人结合是古代对神话的视觉展现的最精彩的例子之一。

（下）冥界摆渡人卡戎撑着他的船驶向一块墓碑（在陶瓶的另一边），那边有个女性形象，他将为她提供一条通往冥界之路。卡戎冷酷的表情完美匹配了他的职责。这种陶瓶（公元前5世纪）被称为莱基托斯瓶，上面经常有卡戎的形象。

表演中的神话故事：史诗

如果有某一件事可以令人信服地证明神话生动地存在于希腊人的生活中，为希腊人所体验，那它一定就是神话故事经常被表演这一事实。在从古代留存下来的神话文本之中，最重要的是两部被归在荷马名下的卓越史诗：《伊利亚特》和《奥德赛》。《伊利亚特》讲述了特洛伊战争快结束时的一段情节：阿喀琉斯愤怒地——这部史诗的第一个词就是menin，即"愤怒"——从战场上撤回，因为希腊人的统帅阿伽门农夺走了他的战利品，女奴布里塞伊斯；直到他亲爱的同伴帕特洛克罗斯为特洛伊人所杀，他才重回战场。最终，阿喀琉斯的愤怒减轻了——并不完全，却足以让他同意把赫克托耳（杀死帕特洛克罗斯之人，后又被阿喀琉斯杀死）的尸体还给其悲伤至极的父亲普里阿摩斯。即便只是这么一段简短的总结都能表明《伊利亚特》所述说的远不止战争中的一段小插曲：它是一个关于怜悯与愤怒之间、英雄主义与吞噬一切的暴力之间不稳定的平衡的故事。这一切都是在众神的注视下发生的。尽管能够对凡人的命运倾注强烈的感情，但众神归根结底是遥不可及的，在超出人类理解力的时间和权力尺度上运作。

另一部伟大的荷马史诗《奥德赛》同样深奥。它同样有一个有力且相当具体的叙事核心，即希腊人获得特洛伊战争的胜利之后，围绕足智多谋的英雄奥德修斯返回家乡伊塔刻而展开的一系列事件。但这却不只是个关于怪物被征服而家中的敌人——即他妻子珀涅罗珀的追求者——又适时被撵走的故事。它也是对文明开化意义为何的探索，正如乞讨者、祈愿者和陌生人受到的待遇所表达的那样；它还探究一些复杂的情感，尤其是奥德修斯的矛盾心理，他被许多不同的女性吸引，但同时又只被唯一一人吸引。如果说《伊利亚特》只是偶尔让我们看到构成了战争框架的和平，那么《奥德赛》则让我们更加坚实地感知到那个拥有可靠且持久的常态的世界，这种常态植根于农业实践和家庭关系，即便最伟大的英雄也得对其妥协。

我们该如何在其背景中看待这些诗歌？它们当然是在某个阶段被书写下来的，那时要保存这类公认的"经典作品"的需求就已迫在眉

诗人荷马理想化的大理石半身像。这尊雕像（也许能追溯到一件希腊化时期的原作）到底与现实中曾在前古风时期的希腊吟唱过的任何一位盲眼游吟诗人有什么关联，已不可能说清。但这张脸上安静的威严却配得上荷马诗歌巨大的力量。

睡了。但史诗同样也有很多被表演的场合。事实上，正如我们之前提到的那样，希腊史诗诗句的许多特点（比如它对重复的"公式化短语"［formulae］的使用），连同相较于现代社会中史诗仍是活跃媒介的证据，都使学者们得出结论，十有八九，这些诗歌原本是口头创作而成的。荷马史诗本身就提到过在贵族和国王住所的宴会上，伴着里拉琴歌唱英雄之歌的游吟诗人们。这样的情境或许也为现实生活中史诗的表演提供了场合，这样的推断绝不是不合情理的。在宗教节日上的表演是另一种可能的情境。另外，我们知道在古典时期，有职业背诵者，也就是"吟咏者"（rhapsode），在公开比赛中吟唱荷马诗作节选。而规模更小的场合也见证了史诗的表演：据说荷马就曾在修鞋铺和

勒斯克歌唱。除此以外，古希腊的学校非常强调让学生学习大声背诵荷马史诗。因此，我们可以开始理解，这些富有诗意想象力的作品在社会中拥有多么普遍的影响力。

关于荷马诗歌的许多方面，争议都持续不断，尤其是《伊利亚特》和《奥德赛》是否由同一位诗人所作，还是两位或更多。但对希腊人而言却只存在一个荷马——甚至他只是简单地被称为"那位诗人"。然而，在古风时期的史诗（使用一种被称为"六音步"的六拍格律）创作者中，荷马并非唯一的伟大人物，常与他相提并论的是赫西俄德。对于希腊神话学习者而言，他的重要性绝不逊于荷马。据说赫西俄德生活在小村庄阿斯克拉，靠近玻俄提亚的赫利孔山。他流传下来的两部主要作品是《神谱》和《工作与时日》，这些作品通常被追溯至公元前8或前7世纪，有些学者认为它们比荷马史诗还要早。

正如诗名暗示的那样，《神谱》讲述了诸神的诞生，将他们的起源追溯至宇宙的开端。经过一系列对继承权的惨烈争夺，奥林匹斯山诸神最终在宙斯无可挑战的授权下确立了他们各自的权力。而《工作与时日》则是一部更为多样化，可能还更为引人入胜的作品。诗名中的"工作"指的是要想让作物成活并茁壮生长，农人就必须得做的工作；"时日"则形成了一种有关时间的非正式日历，即在一年或一个月当中，各种工作——从犁地到修剪指甲——该于何时开展。正是在《工作与时日》里，两个影响力巨大的神话传说得到了最早和最具权威性的叙述：人类的五大种族（黄金、白银、青铜、英雄、黑铁），以及潘多拉的故事，她是诸神送给人类的美丽却招致灾祸的礼物。

赫西俄德的诗歌，是否像那些被归在荷马名下

这座被称为"荷马的礼赞"的非凡浮雕表现了荷马在诗人中的至高地位。在由宙斯、缪斯女神和阿波罗所主宰的山顶下，荷马本人正庄严地坐在一方宝座（左边底部）之上。拟人化的形象围绕在他身边，包括将一顶花冠戴到他头上的奥伊库墨涅（Oikoumene，即"有人居住的世界"），他正前方的男孩秘索思（Mythos，即"神话"），以及秘索思右边的西斯托利亚（Historia，即"历史"），位于祭坛的另一边。

的一样，是为"表演"而设计的呢？看上去的确如此。确实会有在诸如勒斯克等本地场所里歌唱的机会，但真正的名声却只能从受众规模更大的表演中得来。根据一个无法核实却合乎情理的传统，赫西俄德的某部歌唱作品曾在哈尔基斯的一场比赛中得过奖，那地方就在欧玻亚岛（今希腊埃维亚岛）上，与他玻俄提亚的家乡隔水相望。比赛是在当地一位贵族的葬礼上举办的。多亏了诗歌的特殊声音，一个群体才能在这类场合歌颂和探索自己与过去的关联。

合唱歌

荷马与赫西俄德的诗歌是由个人表演的，而另一种形式独特的古希腊诗歌则由歌队通过唱歌和跳舞来表演。这类由里拉琴伴奏的合唱表演，常常具有竞争性：我们有绝佳的证据来证明，由年轻姑娘或年轻小伙组成的歌队之间会进行比赛。这种诗歌和史诗的区别在于，与史诗叙述者明显更为"客观"的声音相比，合唱歌的作者只是将神话作为丰富且能产生共鸣的背景，用来探索个人体验。

这类表演的背景有其神圣的一面。如果我们查看我们最为熟悉的合唱歌词，即为纪念四

大竞技会胜利者而作的颂歌，我们就能清楚地看到这一点。这四大竞技会分别在涅墨亚（伯罗奔尼撒半岛的东北部）、伊斯特米亚（靠近科林斯）、德尔斐和奥林匹亚举办，每一场都由一位神明来护佑：伊斯特米亚是波塞冬，德尔斐是阿波罗，涅墨亚和奥林匹亚都是宙斯。竞技胜利者的事迹会在歌曲中得到传颂，由一支歌队来表演，或是在获得胜利的当场，或是在胜利者回到家乡之时。

希腊最杰出的一些诗人会被派来歌颂这些胜利者，令其名垂千古。其中最著名的便是品达，他来自玻俄提亚的忒拜城附近的一个小村庄。品达那丰富而又精致的语言为运动员们的超凡体魄蒙上了其神话祖先的光芒。一个典型的例子可见于他一首颂歌（第九首《皮提亚竞技胜利者颂》）的开头，此诗赞美了德尔斐一场武装赛跑的胜利者。胜利者名叫忒勒斯克拉忒斯，来自北非的库瑞涅城（见第20页），这个城邦是由锡拉岛（今希腊圣托里尼岛）的殖民者在约公元前630年建立的：

我希望在束腰的美惠三女神的帮助下宣告：
执青铜盾牌的皮提亚胜者忒勒斯克拉忒斯，
是幸运之人和马的情人库瑞涅头上的花冠；
勒托之子，拥有一头飘逸长发的神明阿波罗
曾在珀利翁山被风扫过的谷中抓住库瑞涅，
并用他金色的战车带走了这充满野性的姑娘，

（上）一只阿提卡陶杯（约公元前460年）的内部描绘了一场伴有音乐、舞蹈和火祭的仪式庆典。诗歌通常由一组歌者来表演，他们将神话用作探索个人体验的背景。

使她成为盛产牧群和一切水果之邦的女王，那里繁华又可爱，是广阔大地的第三根基。

库瑞涅既是一个城邦，同时也是阿波罗所爱的一位仙女的名字。因此，诗人能够从神话世界里借来美丽、富饶、丰产的形象，用暗示的方法拔高凡人忒勒斯克拉忒斯的身份。

戏剧

在希腊所有表演性神话叙事的媒介中，没有哪一种比戏剧更加特别或更具影响力了，这种艺术形式将古希腊最为壮观的一些建筑物遗赠给了我们。尽管希腊戏剧表演的起源模糊不清，但毋庸置疑的是直到公元前6世纪末，在雅典城，剧场才发展出其典型特征来。与这一形成期相关的戏剧家忒斯庇斯对我们来说不过是

德尔斐：古代的露天竞技场，重建于公元2世纪，位于山坡的高处。在为纪念阿波罗而举办的"皮提亚"竞技会上，胜利者会在合唱歌中被颂扬。神话为诗人们提供了适用于这类庆典的一系列主题。

个名字（尽管他为我们留下了"thespian"，即"戏剧的"一词）而已，但其后继者埃斯库罗斯、索福克勒斯和欧里庇得斯（在悲剧上）以及阿里斯托芬（在喜剧上）却如创造力的巨人般横亘在下一个百年之中。

　　他们的戏剧是在狄俄尼索斯剧场里上演的，剧场位于雅典卫城的南坡。每年春天，都有约15000人在城邦狄俄尼西亚节上聚会几日。在这个纪念酒神狄俄尼索斯的节日，三名悲剧作家各会呈现一组四联剧，即由三部悲剧和一部紧随其后的"羊人剧"组成的戏剧。而在另一场活动中，五名喜剧作家各会上演一部单独的作品。通过抽签选出的公民裁判团投票决出每场比赛的胜者。其背景既是宗教的也是公民的：狄俄尼索斯的祭司就坐在观众席前排的中央，主持这些由公民团体开展的令人惊奇的集体自我探索的活动。

　　悲剧、羊人剧和喜剧遵循一套相同的惯例：几个戴着面具的演员扮演主要的个人角色，而一支也都戴着面具的歌队则提供了串连、评论，以及关于情节的更加"总体"的视角。这三种戏剧类型在形式上还有别的共同点：在阿夫洛斯管（一种双管乐器）伴奏下的舞蹈和歌唱对效果和含义都至关重要。不过，类型上的差异性与相似性一样巨大。

奥林匹亚，为纪念宙斯而举办的伟大运动会的故乡。会上，运动员在诸神的注视下展开竞赛。胜利者的成就通过合唱"颂诗"成为不朽。插图为宙斯之妻赫拉的神殿。

埃皮达鲁斯宏伟的古代剧场，一个令人兴奋的表演戏剧的场所。由于它良好的保存状况和绝佳的地理位置，这个剧场仍然常被用来进行表演。

伟大的雅典悲剧作家索福克勒斯创作了超过120部戏剧，只有7部完整留存下来。但它们却是人类所创作的一些最有力量的戏剧，包括《安提戈涅》《厄勒克特拉》以及《俄狄浦斯王》。这尊青铜头像传达出了融合得恰到好处的洞察力与同情心。

悲剧：悲剧将神话往昔中的事件加以戏剧化。有关特洛伊战争及其后果的故事占有显著地位，如埃斯库罗斯的《俄瑞斯忒亚》三部曲，索福克勒斯的《菲罗克忒忒斯》《埃阿斯》和《厄勒克特拉》，欧里庇得斯的《特洛伊妇女》《赫卡柏》和《伊菲革涅亚在奥利斯》。但其他男女神话英雄们的事迹却以同等的力量被重新演绎，尤其是围绕赫拉克勒斯（索福克勒斯的《特拉喀斯少女》、欧里庇得斯的《疯狂的赫拉克勒斯》）和俄狄浦斯家族（索福克勒斯的《俄狄浦斯王》《俄狄浦斯在科罗诺斯》和《安提戈涅》）所展开的事件。更为罕见但戏剧效果却未减少的是，展现诸神之间关系的篇章在雅典民众的注视下获得了戏剧生命力：被归在埃斯库罗斯名下的《被缚的普罗米修斯》就是一个例证。感谢这些以及其他现存的戏剧（超过三十部悲剧完整留存了下来），我们仍会为对人类境遇的探索之可怖感到不安，也仍会为探索的遗憾感动落泪——正是悲剧这种艺术形式为这类探索提供了表达方式。

羊人剧：在羊人剧中，对神话的表现是截然不同的。羊人是狄俄尼索斯的跟随者，他们野蛮、淫荡，有着塌鼻子，通常被描绘为长着马的耳朵和尾巴。他们懦弱而怪诞，闯入神话叙事之中，使其沦落为滑稽戏或闹剧，打破了正常状态。不幸的是，只有两部作品相对完整地留存了下来：索福克勒斯的《追踪者》和欧里庇得斯的《独目巨人》。后者是对奥德修斯智克独目巨人这一情节的再创作，其风格可从羊人们年迈的首领西勒诺斯与醉酒后不祥地闹腾的独眼巨人之间一段简短的对话中看出。奥德修斯所给的葡萄酒在独目巨人身上起的作用之大，使得他将羊人们错认成美惠三女神，还将西勒诺斯错认成宙斯所爱的男孩伽倪墨得斯：

独目巨人：美惠女神们在引诱我——
　　　　　我有了这个伽倪墨得斯就满足了。
　　　　　美惠三女神作证，和孩子们在一起
　　　　　我觉得比和女人们在一起快乐。
西勒诺斯：怎么？独目巨人，我是宙斯的伽倪墨得斯吗？
独目巨人：是的，宙斯作证，你是我从达尔达诺斯抢来的。

位于雅典卫城下方的狄俄尼索斯剧场。那些伟大的悲剧和喜剧正是在这里，在成千上万名观众注视下的竞赛中上演的。前排中央坐着狄俄尼索斯的祭司，他象征着酒神对于正在上演的戏剧的热切关注。

西勒诺斯：我要完了，孩子们。我要遭到横祸了。①

喜剧：喜剧为我们展现了古代的许多方面，从"旧喜剧"——其最著名的代表人物为阿里斯托芬——中天马行空的幻想，到米南德的剧作中更为审慎的情节和角色上的复杂性。就现存的文本来看，神话世界对米南德的戏剧影响甚微。但在阿里斯托芬那里，以及许多明显是从旧喜剧中获得灵感的瓶画里，我们看到传统神话被上下里外地颠倒过来，以达到喜剧效果。其目的有时是戏仿，正如在阿里斯托芬的《地母节妇女》中，欧里庇得斯关于英雄忒勒福斯神话的悲剧版本被无情地嘲讽了一通。其他时候并不存在这类具体的影射，只不过是神话形象——或是英雄或是神明——与出自当时雅典生活的人物欢快地并肩而立。一个典型例子就是阿里斯托芬那部奔放又抒情的《鸟》，剧中两名普通的雅典人厌倦了在家乡的生活，出发去云中鹁鸪国寻找更美好的未来。他们在路上遇

到了忒柔斯，他本是一个神话中的形象，却由于犯下不可言说的罪行而被变成了一只鸟——事实上，是一只戴胜鸟（见第154—155页）。

我们对这三种不同戏剧类型的简要介绍再次表明了希腊神话的世界并非关闭的、固定的，或是被正统主导的，相反，它是可变的、流动

劳伦斯·奥利弗在伟大的索福克勒斯悲剧《俄狄浦斯王》的1945年版中饰演俄狄浦斯。

① 张竹明、王焕生译：《古希腊悲剧喜剧全集·欧里庇得斯悲剧·下》，南京：译林出版社，2007年，第197—198页。

（上）一只酒杯（公元前500—前480年）上展现的羊人剧。狄俄尼索斯怪诞且好色的跟随者们是剧中的重要角色，狄俄尼索斯则在弹奏里拉琴。

（下）希腊喜剧中一个常见的主题是奇幻的变形。在这里，陶瓶画匠刻画了一名扮成公鸡的演员。

的，能对情境的各种要求做出回应。没有什么能比公元前5世纪末并存的两种对狄俄尼索斯的描绘更清楚地说明这点。在阿里斯托芬的《蛙》（公元前405年）中，酒神显得胆小而荒诞，一路极其好笑地下至冥界，以求能将诗人欧里庇得斯带回生者的世界。在他遇到的人中，很少有人会尊敬地对待他（"胖子，坐下！……别胡闹了！"亡灵摆渡人卡戎大叫道）。但在欧里庇得斯的《酒神的伴侣》——在诗人死后不久上演，因此与《蛙》仅相隔短短数月——里，狄俄尼索斯却是倒霉的彭透斯王的可怕的惩罚者：令人难以抗拒的酒神是奥林匹斯山诸神的新成员，彭透斯却拒绝承认他的神性。这部剧中仅有的冷酷幽默在于狄俄尼索斯将那个受害者残忍地玩弄于股掌之间，直至其最终被自己的母亲和姐妹撕成了碎片。

书面神话传说

我们刚刚讨论过的许多表演性质的背景都贯穿了古代，为口头神话叙事提供了框架。举个明显的例子，希腊文化随亚历山大大帝的征战而极度扩张的一个方面体现在城邦（poleis）的建立；在每个城邦里，剧场都是其最有特色

的建筑之一；随之出现的是在剧场中上演的戏剧，这些戏剧最初对于雅典的关注并未抑制这种形式在后来长达几个世纪的时间里所受到的泛希腊化欢迎。但伴随这类口头表演的背景开始出现的还有重讲传统故事的文学场景。这一进程的迹象早在古风时期便可探知，但在希腊化时期得到推进，尤其是在希腊化的埃及城市亚历山大里亚浓厚的文化氛围之中。

我们可以辨认出源自神话世界的素材被用于这类文学再创作的三种主要途径。首先，我们有许多文本为例，尽管它们与先前口头表演的神话叙事同属一种类型，却似乎主要是作为供阅读的文本创作的。《阿耳戈英雄纪》（"阿耳戈船英雄的远征"）便是一例，这一四卷本史诗由罗得岛的阿波罗尼俄斯在公元前3世纪创作。其格律（六音步长短短格）、语言上的许多特征，以及情节上的多个方面，都表明这部复杂的诗歌是对荷马的《伊利亚特》和《奥德赛》精心的重新书写，其目标受众是有文化、能读写的人，他们不仅能欣赏作品中荷马的回声，也能欣赏从这位伟大先行者踩踏过的大道上岔开的无数小路。阿波罗尼俄斯的这部诗与在他之前的诗人，尤其是品达（《皮提亚竞技胜利者颂》第四首）和欧里庇得斯（悲剧《美狄亚》）所创作的关于伊阿宋和美狄亚的故事相比，既有许多相似之处，也有所不同。这一相互指涉的复杂过程被一些现代文学批评家称为"互文性"。

其次，我们可以追踪看上去是全新文学类型的书面神话叙事的出现。希腊化的亚历山大里亚再一次扮演了关键角色。两部作品可谓我们所指的这种发展的典范。在其《变形记》中，安东尼努斯·莱伯拉里斯（可能是公元2世纪）用简洁的散文重新概述了凡人和诸神经历神奇变形的故事。虽然安东尼努斯的作品缺乏这类故事最伟大的讲述者——罗马的诗歌天才奥维德特有的热情奔放和精湛技巧，但它确实说明了一个事实：在安东尼努斯及其希腊化时期的资料提供者写作的时期，就存在着渴望重温古代变形故事的能够阅读的群众。同样简明扼要的还有以《神话全书》之名传到我们手中的一本神话汇编，它被归在阿波罗多洛斯（年代不明：一些学者说是

公元前2世纪，另一些则认为是公元2世纪，后者更为可信）名下。与安东尼努斯的变形故事不同，这本书的编选没有可探知的主题基础：阿波罗多洛斯简要地勾勒出了他所宣称的"完整的希腊神话世界"！阿波罗多洛斯的汇编本尽管毫不追求文学性，却仍然值得重读，因为它反复表明许多故事都有不同版本，如此便提醒了我们一个最重要的事实，即并不存在单一的、正统的重述既定神话篇章的方法。

第三种文本也许是最为重要的，它揭示了神话在希腊文化中的位置。这类文本的作者并不是要重述神话故事，而是或含蓄或明确地探索"神话事件"的边界，尤其是将其作为"可被证实之事件"的对立面。这一对立有时可被表达为"秘索思"（muthos）——"神话"这一术语的出处——与"逻各斯"（logos）的对立，后者的意义可从"词语"和"故事"延伸至"理性"。一些从古典时期留存下来的最具想象力和智慧的作品展开的正是这类对于边界的探索。这些作品按惯例被归为"历史"和"哲学"。

史学家

为说明史学家可采用的各种对待"神话"的方法，我们可以引用其中最伟大的两位：希罗多德和修昔底德。希罗多德（公元前5世纪）在其《历史》中为自己制定的计划是讲述发生在公元前5世纪第一个25年里的希波战争，并解释其原因。作为这些暴力事件的部分背景，希罗多德提到了更早的事件，即神话时代希腊人和那些他们所谓的"野蛮人"（也就是不讲

（上）从空中俯瞰西西里西部塞杰斯塔壮观的剧场。它壮丽的地理环境为古希腊伟大的悲剧和喜剧作家所创作的戏剧提供了背景。

（下）在希腊化时期，小亚细亚帕加马的国王们渴望超越雅典和亚历山大里亚的文化成就。帕加马剧场的设计完美贴合城堡的斜坡。

希腊语之人）之间的冲突。重要的是，希罗多德遵循了一种双重策略，而这也是大多数希腊人看待关于他们神话往昔之记述的很典型的方式：一方面，他将神话纳入一位史学家应当评估的证据范围；另一方面，他又从可证实度与可信度的视角不停地审视神话。比如，在其记述的开头，就提到了神话中一些被一方或另一方诱拐的女英雄们——伊娥被腓尼基人（也就是"野蛮人"），欧罗巴被希腊人，美狄亚被希腊人，以及海伦被"野蛮人"帕里斯。希罗多德把这些个人行为作为后来希波战争的先兆呈现。神话既没有被当作"纯粹的"故事而被撇开，也没有被视为保存神圣而不可触碰之真理的宝库。它们只不过是史学家磨坊里更多待磨的谷物。希罗多德暗示说他接受这些英雄们的历史性，但对其故事中更为夸张的细节保持缄默——比如宙斯为诱拐欧罗巴而变成了一头公牛。

在希罗多德伟大的后继者修昔底德（公元前5世纪下半叶）那里，神与英雄的故事只占据了极微小的一部分。修昔底德记录了伯罗奔尼撒战争，并试图理解它。但在叙述的早期，他使用了"古代历史"一词来表明伯罗奔尼撒战争比以往任何一次冲突都更加激烈——仅此一次，他的确回顾了神话。他用鹰一般的眼睛检视了其资料的可信度，比希罗多德做得更果断。确实，在作为史学家的实践中，修昔底德还明确提出反对"秘索思般的"（神话的、故事般的）内容："我这部历史很可能读起来不那

么轻松，因为书中没有秘索思般的故事。"——一次几乎不加掩饰的对希罗多德的嘲讽。

但即便是修昔底德也毫无异议地接受了特洛伊战争的历史性。只不过，作为严谨的史学家，他仍持怀疑态度，将荷马诗歌中的一些论断置于现实政治的判断之下（"我倾向于认为，阿伽门农之所以能够集结远征军，是因为他是当时最有权势的统治者，而不是因为海伦的求婚者向廷达瑞俄斯宣了誓的缘故"）。神话又一次既没有被当作纯粹的虚构，也不被视为不可挑战的真理。

哲学家

那些被我们称为"哲学家"的人也像历史学家那样，与神话世界展开了对话。处理古希腊哲学史的一个常见方法是将它作为一个故事来呈现，即一小群知识先锋与他们及其同伴所处的神话-宗教环境展开较量，并试图去推翻那种环境。这些先锋中最先出现的被统称为"前苏格拉底哲学家"——来自希腊世界中许多不同城邦的个体思辨者，活跃在公元前6世纪和公元前5世纪早期（因此得名"先于苏格拉底的"）。其中一位思辨者是色诺芬尼（Xenophanes），在他看来，荷马与赫西俄德的诸神是不道德的，他们"偷窃、通奸，还互相欺骗"。更为激进的是，色诺芬尼认为，不光是某类过于人类化的行为，这些拟人化的神祇连本性都必须被怀疑——想一想，人们关于神祇的观念是在自身（人）形象的基础上形成的：埃塞俄比亚的神有着塌鼻和黑色的皮肤，色雷斯的神则有着蓝色的眼睛和红色的头发。在反对传统神话的声音中（根据同一个"先锋"故事），柏拉图（公元前5/前4世纪）更是令人印象深刻，他不仅反对荷马与赫西俄德笔下神明的不道德行为，还提出了一种与这些无价值的故事相对立、更崇高、更绝对的神性观念，人们可通过辩证论证的力量得到这种观念。最后，亚里士多德（公元前4世纪）出场了，他把经验观察和逻辑论证作为智识上的优先项，没有给诗人和其他故事讲述者的想象留下任何空间。

上面这个故事是一种会误导人的简化。的确，一系列杰出的思想家——其中肯定有前苏

格拉底哲学家、柏拉图和亚里士多德——站在传统神话的对立面阐明了其思想立场的核心方面。然而，首先，对于更广泛被接受的、在社会上更普遍的对待神与英雄故事的态度而言，这些创新性思想策略的影响几乎不可辨识——也就是说，这类推测总体而言是不具代表性的。其次，这些思想家自身，在不同程度上，都与传统故事背后的假设有智识上的关联。诸如恩培多克勒和毕达哥拉斯等前苏格拉底哲学家，其许多看法既可以被描述为"哲学的"，也可以被描述为"神秘的"或"魔幻的"（"我，行走在你们所有人之中的不朽神明"，恩培多克勒写道，"不再是凡人"）。就柏拉图而言，他非常清楚故事（"秘索思"）能对探索真理做出的贡献，前提是人们记得这类故事本身并不是全然真实的。这便是他在《理想国》结尾讲述"厄尔的神话"所遵循的精神。这则神话思索的是推想凡人死后所面临的各种类型的命运，以及逝去的灵魂怎样才能选择他们即将重生的那个生命，这样一来，它也就闯入了更为正统的柏拉图式辩证法所无法涉足的领域。据说，厄尔在他的火葬柴堆上起死回生，继而讲述了他在"另一个世界"中的经历。

至于亚里士多德，他关于科学和逻辑学的著作，确实比修昔底德的调查还要更少地遵从于神话。然而，亚里士多德也承认，神话讲述者的证据需要时不时地被纳入考虑范围：的确，考虑到亚里士多德相信历史是循环的，"说秘索思之人"（即神话讲述者）的写作可能保存了当代科学家/哲学家需要知晓的早期的解释。而且我们也应铭记，即便如亚里士多德，也在孩提时代听过故事，也接触过各类被神话元素所装点的器皿，也在学校里学习过荷马，也进入过剧场，后来还创作了有史以来最具影响力的一部关于戏剧的论著《诗学》，他在其中对悲剧的杰出分析正是基于情节（plot）——在希腊语中与该词对应的正是"秘索思"这一惊人通用的术语——在悲剧中所扮演的角色。

柏拉图攻击传统神话

在以下的《理想国》节选里，苏格拉底与其对话者阿得曼托斯讨论了要是在理想的城邦里讲述一些关于诸神的传统故事，将会多么不受人欢迎。

苏：那么看来，我们首先要审查故事的编者，接受他们编得好的故事，而拒绝那些编得坏的故事。我们鼓励母亲和保姆给孩子们讲那些已经审定的故事，用这些故事铸造他们的心灵，比用手去塑造他们的身体还要仔细。他们现在所讲的故事大多数我们必须抛弃。

阿：你指的哪一类故事？

苏：故事也能大中见小，因为我想，故事不论大小，类型总是一样的，影响也总是一样的，你看是不是？

阿：是的，但是我不知道所谓大的故事是指的哪些？

苏：指赫西俄德和荷马以及其他诗人所讲的那些故事。须知，我们曾经听讲过，现在还在听讲着他们所编的那些假故事。

阿：你指的哪一类故事？这里面你发现了什么毛病？

苏：首先必须痛加谴责的，是丑恶的假故事。

阿：这指什么？

苏：一个人没有能用言辞描绘出诸神与英雄的真正本性来，就等于一个画家没有画出他所要画的对象来一样。

阿：这些是应该谴责的。但是，有什么例子可以拿出来说明问题的？

苏：首先，最荒唐莫过于把最伟大的神描写得丑恶不堪。如赫西俄德描述的乌拉诺斯的行为，以及克洛诺斯对他的报复行为，还有描述克洛诺斯的所作所为和他的儿子对他的行为，这些故事都属此类。即使这些事是真的，我认为也不应该随便讲给天真单纯的年轻人听。这些故事最好闭口不谈。如果非讲不可的话，也只能许可极少数人听，并须秘密宣誓，先行献牲，然后听讲，而且献的牲还不是一只猪，而是一种难以弄到的庞然大物。为的是使能听到这种故事的人尽可能的少。

阿：啊！这种故事真是难说。

苏：阿得曼托斯呀！在我们城邦里不应该多讲这类故事。……①

柏拉图笔下的苏格拉底继续将一些神话故事列为不合时宜，比如诸神与巨灵们的战争，以及诸神之间的其他各种争端。作为一个伟大的故事讲述者，柏拉图非常清楚关于神与英雄之壮举的想象性叙事的力量，无论好坏。

---

① ［古希腊］柏拉图著，郭斌和、张竹明译：《理想国》，北京：商务印书馆，2020年，第71—73页。

起源的故事

对起源的探寻是普遍存在的。就像个人会通过追溯谱系试图去建立自己的根源感一样，社会群体、社区，甚至整个文明也会通过声明他们从何处而来以使得他们在事物发展过程中的地位正当化与真实化。做这类声明最有效的方法之一就是利用神话，因为神话似乎能为自然秩序中的正当地位提供根据，将纯属偶然的当下追溯至一个处于更加权威和"决定性"的时代的开端。但是神话所讲的并非只有社会秩序的起源。它们同样也追溯了人类，以及宇宙本身的起源。

希腊人讲了许多关于起源的故事。有些讲述的是特定城邦或社会群体的起源；有些是人类的起源（"人类谱系"）；有些再进一步，去追问神明的起源（"诸神谱系"）或宇宙本身的起源（"宇宙谱系"）。本章将讨论所有这类神话，先从探索关于一个终极问题的神话开始：宇宙是如何起源的？

阿佛洛狄忒从海上泡沫中冉冉升起，她诞生于天空之神乌拉诺斯被割下的生殖器。衣物垂褶非凡的感官之美使这座大理石浮雕成为了女性美的象征（"路德维希宝座浮雕"，可能为祭坛的一部分，公元前5世纪中期）。

第二章　起源的神话传说

宇宙谱系

关于宇宙起源与演化的记叙可见于全世界许多文化。我们当代的"科学"世界有着自己讲述这类故事的方法，即宇宙学理论。与其他文化中的民族一样，古希腊人讲述了他们自己关于万有之起源的故事。这类故事在全部希腊神话中占比不大，因为希腊神话关注更多的还是神与英雄在业已形成的世界中的举动。但偶尔会有一些推测，确实追溯到了终极起源。一个令人震惊的例子就是现存最早的一部希腊文学作品。

赫西俄德的《神谱》

自称知晓了终极起源就意味着声称掌握了超乎寻常的知识。在古希腊，诗人——灵感来自缪斯们——是一个可以发出这类声明的群体。现存最早的希腊人推测宇宙谱系的作品是赫西俄德的诗歌《神谱》（公元前 8/ 前 7 世纪）。其主题有暴力冲突、欲望，以及在宙斯统治下的奥林匹斯山诸神的最终胜利。在诗人所处的时代，人们认为宙斯仍然统驭一切。我们将仔细考察这一复杂的叙事。

在万物开始之初，有卡俄斯（Chaos）。它的意思并非"无序"，而是"深渊"，即一个黑暗、裂开的空间。随后产生了该亚（"大地"）和厄洛斯（"性欲之爱"），厄洛斯这一原理的存在是一切后续繁衍行为的先决条件，正是通过繁衍宇宙才逐渐变得人丁兴盛。从他们三个之中（根据对赫西俄德文本的一种解读，可能还应加上塔耳塔洛斯，一个恐怖、骇人的地下

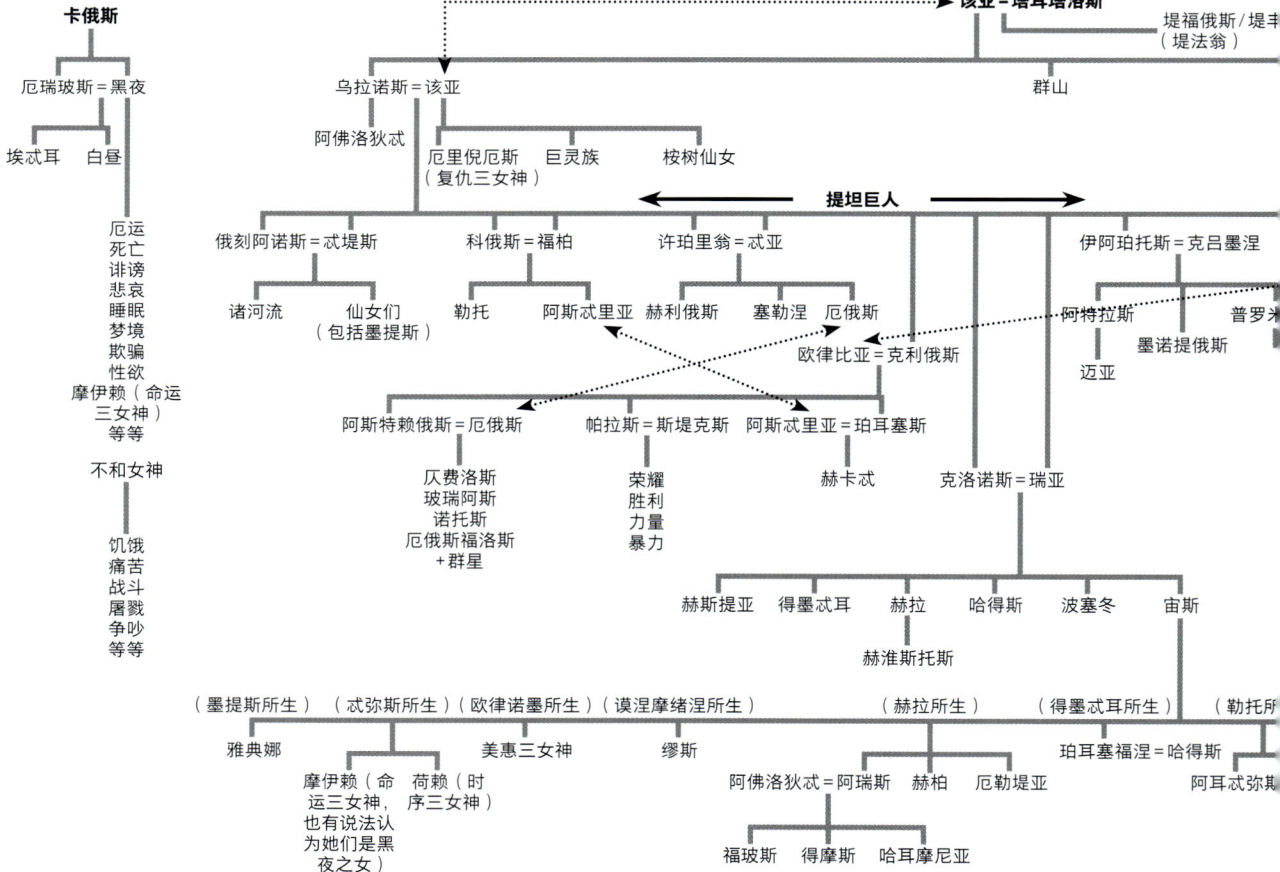

诸神的谱系

卡俄斯

厄瑞玻斯 = 黑夜
埃忒耳 　白昼

厄运
死亡
诽谤
悲哀
睡眠
梦境
欺骗
性欲
摩伊赖（命运三女神）
等等

不和女神

饥饿
痛苦
战斗
屠戮
争吵
等等

乌拉诺斯 = 该亚

阿佛洛狄忒

厄里倪厄斯（复仇三女神）　巨灵族　桉树仙女

该亚 = 塔耳塔洛斯　　堤福俄斯/堤丰（堤法翁）
群山

提坦巨人

俄刻阿诺斯 = 忒堤斯
诸河流　仙女们（包括墨提斯）

科俄斯 = 福柏
勒托　阿斯忒里亚

许珀里翁 = 忒亚
赫利俄斯　塞勒涅　厄俄斯

伊阿珀托斯 = 克吕墨涅
阿特拉斯　普罗米
墨诺提俄斯
迈亚

欧律比亚 = 克利俄斯

阿斯特赖俄斯 = 厄俄斯
仄费洛斯
玻瑞阿斯
诺托斯
厄俄斯福洛斯
+ 群星

帕拉斯 = 斯堤克斯
荣耀
胜利
力量
暴力

阿斯忒里亚 = 珀耳塞斯
赫卡忒

克洛诺斯 = 瑞亚

赫斯提亚　得墨忒耳　赫拉　哈得斯　波塞冬　宙斯
赫淮斯托斯

（墨提斯所生）（忒弥斯所生）（欧律诺墨所生）（谟涅摩绪涅所生）　　（赫拉所生）　　（得墨忒耳所生）　（勒托所

雅典娜　摩伊赖（命运三女神，荷赖（时序三女神）也有说法认为她们是黑夜之女）　美惠三女神　缪斯　　阿佛洛狄忒 = 阿瑞斯　赫柏　厄勒堤亚　　珀耳塞福涅 = 哈得斯　阿耳忒弥斯

福玻斯　得摩斯　哈耳摩尼亚

领域）产生了现存的一切。

接下来出现的更多地定义了世界的空间和时间特征。卡俄斯产下了厄瑞玻斯（类似于塔耳塔洛斯的黑暗、阴间领域）和黑夜，后者又与厄瑞玻斯结合，产下了埃忒耳（介于"光"和"空气"之间的某物）和白昼。该亚独自产下了乌拉诺斯（"天空"），他将是一块恒久的、与她匹配的覆盖物；她还独自产下了群山和蓬托斯（"大海"）。从故事后续发展的角度来看，更为重要的是该亚与乌拉诺斯所生的孩子，包括一个被称为提坦巨人的神族。他们当中有俄刻阿诺斯（也就是大洋，一条环绕世界的大河）和克洛诺斯，后者是该亚后代中最小和最不正派的；以及强大的独目巨人库克罗普斯们，他们是雷电的锻造者；还有三位可怕的百臂巨人，他们每个人都有五十颗脑袋和从肩膀上长出来

俄刻阿诺斯是一条围绕着大地流淌的巨川，也是一切淡水之源。以人类形象出现的俄刻阿诺斯是一个有胡子的老人，他在罗马时代变得令人尤为熟悉。这幅插图来自一只大型银托盘的中央，它是公元4世纪米尔登霍尔宝藏（The Mildenhall Treasure）的一部分。

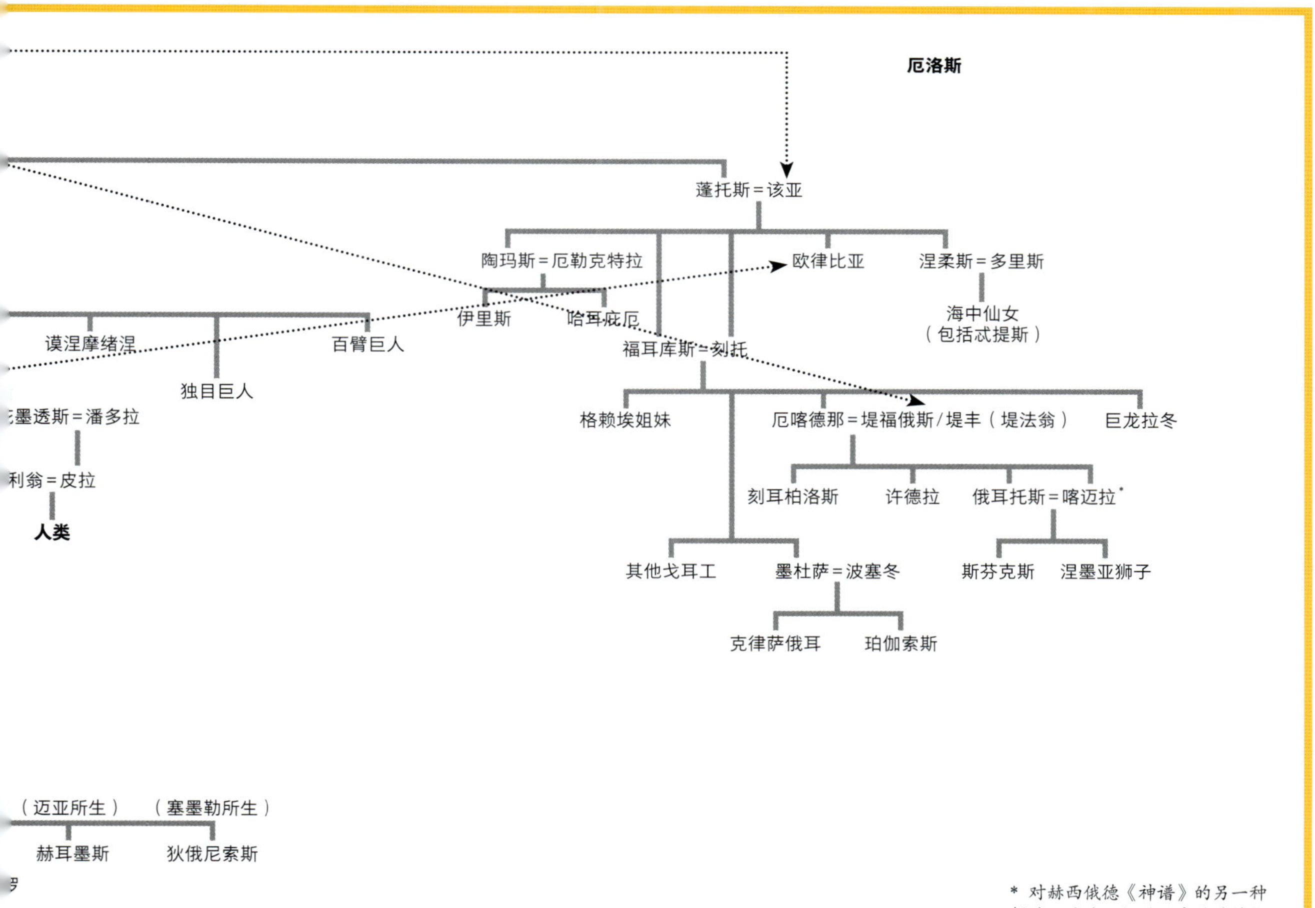

厄洛斯

蓬托斯＝该亚

陶玛斯＝厄勒克特拉 　 欧律比亚 　 涅柔斯＝多里斯

海中仙女（包括忒提斯）

谟涅摩绪涅 　 百臂巨人 　 伊里斯 　 哈耳庇厄 　 福耳库斯＝刻托

独目巨人

墨透斯＝潘多拉 　 格赖埃姐妹 　 厄喀德那＝堤福俄斯/堤丰（堤法翁） 　 巨龙拉冬

利翁＝皮拉

人类

刻耳柏洛斯 　 许德拉 　 俄耳托斯＝喀迈拉*

其他戈耳工 　 墨杜萨＝波塞冬 　 斯芬克斯 　 涅墨亚狮子

克律萨俄耳 　 珀伽索斯

（迈亚所生） 　 （塞墨勒所生）

赫耳墨斯 　 狄俄尼索斯

罗

* 对赫西俄德《神谱》的另一种解读认为喀迈拉的母亲是许德拉。

45

的一百条手臂。

诸神的更替

现在，舞台已经搭建好，用来呈现诗歌的一个中心主题：夺取继承权的暴力斗争。神祇不会主动让渡权力，而权力也不会随年纪增长而减弱。因此他们便陷入了一场似乎无法胜利的与其神圣后代的战争中：不可撼动者对抗不可抵抗者。然而，《神谱》的叙述却表明，老一代神祇可被年轻一代智取，只要后者表现出足够的机智和勇气。这说的便是乌拉诺斯与克洛诺斯。

乌拉诺斯试图阻止他与该亚所生的后代出现在阳光之下：每个人出生后，都被他藏在了该亚/大地的一个隐蔽处。这一藏匿行为与乌拉诺斯的另外一个方面是对应的，即与该亚不停交合的欲望——换一种表述就是，在"以前"的时间里，大地与天空是一个不可分割的整体。

乌拉诺斯的一个儿子为改变这种状况而采取了一次蓄谋已久的可怕暴力行动。当乌拉诺斯再次伸展肢体进行交合时，克洛诺斯从藏身处跳出来，用一把由燧石（一种坚硬得不可想象的物质）制成的镰刀割下了他父亲的生殖器。当克洛诺斯将割下的生殖器远远抛开时，分离的行为

就完成了。尽管如此，乌拉诺斯的生殖能力尚未完全丧失。精血相融所产生的强大繁殖能力又产生了新的生命。从那块被抛开的血肉中落下的每滴精血都使该亚受了孕，这便产生了复仇三女神（厄里倪厄斯）、巨灵族和桉树仙女。至于生殖器本身，则创造出了女神阿佛洛狄忒，她被孕育的方式暗示了她的本性之精髓：性欲。

赫西俄德的《神谱》：谱系

乌拉诺斯与该亚的分离开启了一个决定性的变化：自此之后，被囚禁的提坦巨人们便能运用自己的权力，并且生育自己的后代了。然而，在到达叙事高潮之前，赫西俄德还填充了谱系的另一部分，列举了两位原始神——黑夜与蓬托斯/大海的后代（以及后代的后代）。两组后代中都呈现了清晰的"神话逻辑"。

黑夜的冷酷后代中有厄运、死亡、诽谤和悲哀（因为黑夜是阴郁的）；还有睡眠、梦境、欺骗和性欲（因为它们发生在黑夜）；以及命运三女神（因为人的命运是以死亡结束的，它也属于黑夜）与不和女神，后者继而生下了诸如饥饿、痛苦、战斗、屠戮和争吵这些生存中不可避免的方面。

蓬托斯/大海繁衍了许多或可爱或可怕的生

阿佛洛狄忒的诞生

"路德维希宝座浮雕"（见第42—43页）的雕刻者的技艺凸显了阿佛洛狄忒迷人的魅力。

……忽然一簇白色的浪花从这不朽的肉块周围扩展开去，浪花中诞生了一位少女。起初，她向神圣的库忒拉靠近；尔后，她从那儿来到四面环海的塞浦路斯。在塞浦路斯，她成了一位庄重可爱的女神，在她娇美的脚下绿草成茵。由于她是在浪花（"阿佛洛斯"）中诞生的，故诸神和人类都称她阿佛洛狄忒［即"浪花所生的女神"或"库忒拉的华冠女神"］；由于到过库忒拉，因此也称"库忒瑞亚"；又因为出生在波涛滚滚的塞浦路斯，故又称塞浦洛格尼亚；又因为是从男性生殖产生的，故又名"爱阴茎的"。无论在最初出生时还是在进入诸神行列后，她都有爱神厄洛斯和美貌的愿望女神与之为伴。她一降生便获得了这一荣誉。她也在神和人中间分得了一份财富，即少女的窃窃私语和满面笑容，以及伴有甜蜜、爱情和优雅的欺骗。（选自赫西俄德《神谱》）[①]

[①] ［古希腊］赫西俄德著，张竹明、蒋平译：《工作与时日·神谱》，北京：商务印书馆，1991年，第33—34页。

物，他们居住在世界上，尤其是在海水里。正义的海中长者涅柔斯是蓬托斯的一个儿子，他与俄刻阿诺斯的女儿多里斯结合，生下了五十个可爱的海中仙女。他的另一个儿子陶玛斯（意为"非凡的"）与厄勒克特拉有着类似的结合，他们的孩子中有风一样迅疾的哈耳庇厄们和伊里斯，后者是神使和彩虹女神。蓬托斯的第三个儿子福耳库斯则与自己的妹妹刻托（"海怪"）结合，生下了一群可怕的怪物：格赖埃姐妹（一出生就是老妇人）、戈耳工们，可能还有（文本并不明确）穴居的厄喀德那，她在腰部以上是仙女，以下却是蛇；厄喀德那自己的后代中则有喀迈拉和斯芬克斯。可怕的结合会产生可怕的后代是希腊神话谱系中的一种规律。

现在，叙事又重新回到提坦巨人们，即乌拉诺斯和该亚的后代身上。环绕一切的大洋神俄刻阿诺斯，与他的姐妹提坦巨人忒堤斯结合，他们的后代是大小河流，以及号称有3000人之众的仙女们。赫西俄德列举了其中一些名字，显示了这种"仅凭"一份名单就能对听众产生影响的咒语般的魔力：

珀伊托、阿德墨忒、伊安忒、厄勒克特拉、多里斯、普律摩诺、形象似神的乌拉尼亚、希波、克吕墨涅、洛狄亚、卡利洛厄、宙克索、克吕提厄、伊底伊阿、派西托厄、普勒克索拉、伽拉克索拉、可爱的狄俄涅、墨罗玻西斯、托厄、漂亮的波吕多拉……①

这些仙女并非全都与水有着可察觉的关联（见第184—185页）。其中确有关联的一位是斯堤克斯，在宙斯治下这条河里的水拥有令人生

① 《工作与时日·神谱》，第38—39页。

老海神涅柔斯骑着一头"马头鱼尾兽"，一种深海里的奇异杂交生物，巡视他的领域。阿提卡陶杯，约公元前520年。

位于克里特岛的伊得山（今普西罗里提斯山）是传统所认为的宙斯的出生地之一。它海拔2500米，是克里特岛最引人注目的景观之一。

再现克洛诺斯神话的最震撼的古代作品之一便是这座大理石浮雕（公元2世纪）。瑞亚将一块包裹好的石头献给了克洛诺斯——他相信襁褓里是他的幼子宙斯。人物的平静表情掩饰了笼罩着这一幕的野蛮气息：克洛诺斯一个接一个地吞下了他的孩子，以防止他们篡夺自己的权力。

畏的力量，众神都要以她之名来起誓许诺（见第209页）。

赫西俄德的《神谱》：宙斯的诞生

　　提坦巨人们处在一个既是"过去的"又是"过渡的"时期——那时候世界的物理框架仍处于创造过程中。于是当两位提坦巨人，忒亚和许珀里翁结合的时候，他们就有了赫利俄斯（"太阳"）、塞勒涅（"月亮"）和厄俄斯（"黎明"）这几个孩子，厄俄斯继而生下了风和群星。另外两对提坦巨人则将赫西俄德的叙述带到了奥林匹斯山诸神时代的开端。福柏与科俄斯的后代是勒托，很快她就会生下阿波罗和阿耳忒弥斯。更重要的还是瑞亚与克洛诺斯的结合，它预示着宇宙朝代更替的斗争将进入下一阶段。

　　瑞亚为克洛诺斯生下了赫斯提亚（"炉灶"）、得墨忒耳、赫拉、哈得斯、波塞冬，以及最小的宙斯。乌拉诺斯曾将他的后代置于大地（该亚）深处，试图以此阻碍权力更替。克洛诺斯的计策则是把他的孩子们整个吞下去：由于他无法杀死永生的神祇，却又从乌拉诺斯和该亚那里得知应该警惕被自己的孩子推翻，因此他就吞下了他们。瑞亚看到新生儿们接连消失很是伤心，于是便去父母——乌拉诺斯和该亚那里寻求建议。在他们的启示下，当快要生下最小的孩子宙斯时，她就自己跑去了克里特岛。在一个山洞里——赫西俄德说它位于吕克托斯，但别的资料却说是狄克忒山或伊得山——她生下了她的儿子。为瞒过贪吃的克洛诺斯，她用襁褓将一块石头包裹起来，克洛诺斯同样吞下了这个"孩子"。宙斯的力量很快就变得强大。他让克洛诺斯吐出了之前所吞下的一切：先是那块石头（宙斯将它放在德尔斐"作为未来的纪念，和让凡人惊叹的事物"），然后便是孩子们。

赫西俄德的《神谱》：宙斯的权力

　　《神谱》的其余部分详细讲述了宙斯确立其权力的途径。首先，他智克了提坦巨人伊阿珀托斯的儿子，普罗米修斯（见第54—56页）。然后，以强大的百臂巨人作为盟友，宙斯领导奥林匹斯山诸神在一场真正宇宙级别的战斗中对抗了提坦巨人们："无边的火焰一直窜到了明亮的高空，雷电的耀眼闪光刺瞎了所有强壮提坦神的眼睛。"[①]终告败北的提坦巨人们被关进塔耳塔洛斯，囚禁再一次替代了屠杀，因为永生之神是不会死去的。但即便如此，宙斯的权力仍受到威胁，这次则是来自该亚与冷酷的塔耳塔洛斯（既是一个人也是一个地方）所生的孩子，堤福俄斯：

　　　　肩上长有一百个蛇头，口里吐着黝黑的舌头。在他奇特的脑袋上、额角下，眼睛里火光闪烁；怒目而视时，所有的脑袋上都喷射出火焰。他所有可怕的脑袋发出

① 《工作与时日·神谱》，第48页。

各种不可名状的声音。[1]

堤福俄斯最终也屈服于雷电之下，并被关进了塔耳塔洛斯（在某些记叙中，是在埃特纳山下）。

在最后的谱系章节里，赫西俄德概述了宙斯用以巩固其统治的政治联姻。他的首任妻子是墨提斯（"机智"）。当宙斯得知她在生下长女雅典娜之后将孕育的儿子会统治诸神与人类时，他便采取了毫无新意的措施，即吞下他的妻子，这意味着马上要降生的雅典娜将由宙斯自己生下（实际是从他头顶生出来的，而根据不同版本，挥斧劈开他脑袋的则是赫淮斯托斯或普罗米修斯）。现在权力的更替就被彻底阻断了，且从此之后宙斯缔结的婚约只会产生通常都是支持而非反对其大体统治架构的孩子。他跟忒弥斯（"法律"）生下了可爱的荷赖（时序三女神），她们叫欧诺弥亚（"秩序"）、狄刻（"正义"）和厄瑞涅（"和平"），以及摩伊赖（命运三女神），她们叫克罗托、拉刻西斯和阿特洛波斯；跟大洋仙女欧律诺墨生下了卡里忒斯（美惠三女神）——阿格莱亚、欧佛洛绪涅和塔利亚；缪斯们则是宙斯与谟涅摩绪涅（"记忆"）相爱的结晶。

其他结合则带来了几位主要的奥林匹斯山新神：阿波罗和阿耳忒弥斯（勒托所出）、阿瑞斯（赫拉所出），以及赫耳墨斯（伊阿珀托斯之子阿特拉斯的女儿迈亚所出）。赫淮斯托斯则是赫拉独自生下的，颇有点与宙斯独自生下雅典娜针锋相对的意思（尽管在荷马的版本中，赫淮斯托斯的父母并没有那么反常，就是宙斯与赫拉）。至于狄俄尼索斯，他被认为是一位后来者，因为他的母亲塞墨勒只是个凡人——这就要讲到关于人类的问题了（见第54页）。

宙斯的权力现在已完全确立起来。诗中并未暗示他的政权是暂时的：在这一对世界状态的理解中（赫西俄德的观点是大多数希腊人所表达的典型观点），并没有"诸神的黄昏"，即北欧神话中的Ragnarök（即世界毁灭之日，在这一天，众神之王奥丁将被可怕的巨狼芬里尔吞食）。在赫西俄德的架构中，宙斯便是君主，且宙斯的统治将永远存续。

宇宙起源和诸神谱系的其他版本

赫西俄德关于宇宙起源的记叙是现存最早、最详细，在古代还被视为特别有影响力的版本，但它并未被认作唯一的权威。仍然存在着大量变体，有些是对赫西俄德的补充，有些则与他有相当大的偏差。

阿佛洛狄忒：阿佛洛狄忒的父母的身

---

[1]《工作与时日·神谱》，第52页。

基克拉迪群岛中狭小且低洼的提洛岛是传说中阿波罗与其孪生姐姐阿耳忒弥斯的出生地。尽管在地形上并不重要，提洛岛在宗教上却很重要：它是崇拜阿波罗的一个中心。

勒托的头部以一种痛苦的姿态前倾，她手扶一棵棕榈树作为支撑，生下了阿波罗和阿耳忒弥斯。她身后是分娩女神厄勒堤亚，面前则是雅典娜。这是一幅画在一个皮克西斯盒（pyxis）上的画，这种盒子通常被用来盛放香水或其他女性饰品（公元前4世纪早期）。

份是一例很小却很重要的差异。根据荷马的《伊利亚特》，她并不是从乌拉诺斯被割下的生殖器中诞生的，而是经由一个更加传统的途径：她的父母是宙斯和女神狄俄涅，对于后者这一鲜为人知的角色，我们有大量证据将其与宙斯位于伊庇鲁斯的多多那神庙里的伴侣联系起来。由此，荷马的谱系便将重点从作为宇宙法则的阿佛洛狄忒转到了作为人形神明的阿佛洛狄忒。的确，荷马的阿佛洛狄忒非常人性化：当她被凡人英雄狄俄墨得斯所伤时，她冲出了战场去寻求母亲的安慰，如同一个在院子里玩耍时伤到自己的孩子一般。

堤福俄斯/堤丰（堤法翁）： 另一处与赫西俄德不同的记述则关注了宙斯可怕的对手堤福俄斯，其他资料又称之为堤丰（Typhon）或堤法翁（Typhaon）。在有关他父母身份的各种版本中，有一个说他是由赫拉独自生下的，与宙斯所生的雅典娜相对应。在被归于阿波罗多洛斯名下的神话学著作《神话全书》，以及由安东尼努斯·莱伯拉里斯汇编的变形故事中，有一个关于堤丰对抗奥林匹斯山诸神的有趣记述被保存了下来。在这个版本中，众神飞去了埃及，并变身为动物以免被发现（希腊人将埃及人视作信仰"动物神明"之人，这种认知在这个故事中无疑发挥了作用）。在与宙斯的短兵相接中，堤丰割断了对手的肌腱，然后便将他带回自己位于奇里乞亚（小亚细亚南部）的洞穴之中。宙斯找回肌腱——堤丰将之藏在一块熊皮之中——并由此重获力量之后，最终得以力克劲敌，还将埃特纳山扔向堤丰，从而将他困在山底下。

《荷马颂歌》

在其他情况下，我们所找到的神话叙述更多都是对赫西俄德进行补充，而不是偏离于他。最好的例子便是《荷马颂歌》里有关几位奥林匹斯山主要神明的诞生的叙述。这些作品（尽管其作者不详，在古代却被归于荷马名下）中的每一篇都赞颂了一位特定神明的起源与壮举，很可能是用于有关这位神明的节日表演的。

阿波罗： 许多区别甚微的故事都讲述了阿波罗与其孪生姐姐阿耳忒弥斯的诞生。最早且最著名的版本便是《荷马颂歌·致提洛岛的阿波罗》。女神勒托曾在希腊流浪了很长一段时间，为的是寻找一个容她分娩之处。但她的努力全是徒劳，因为善妒的赫拉的愤怒一直追赶着她，就像它追赶着宙斯的许多其他爱人一样，每个地方都拒绝了这位悲伤的准母亲。但最终，基克拉迪群岛中狭小且低洼的提洛岛却同意接纳她，因为勒托许诺它很快将成为阿波罗一座光荣神殿的所在地。根据卡利马科斯（公元前3世纪）在《提洛颂歌》中的一个版本，提洛岛接纳勒托的回报是这座从前一直漂浮在海上的岛屿此后将会永远固定下来。然而，勒托所受的苦难却远未结束：在赫拉的设计下，一连九天九夜，分娩女神厄勒堤亚都对勒托的痛苦毫不知情。但厄勒堤亚最终还是到达了提洛岛，于是阿波罗才降世："她伸出双臂抱住一棵棕榈树，屈膝跪在柔软的草地上；大地在她身下微笑。那孩子跳入阳光之中，所有女神都齐喊出声。"（根据阿波罗多洛斯的记叙，阿波罗的孪生姐姐阿耳忒弥斯先于他出生，随后还做了弟弟出生时的助产士。）自此以后，阿波罗便与低洼的提洛岛紧密相联了，正如他与德尔斐的山峰和峡谷紧密相联一般。

赫耳墨斯： 阿波罗的兄弟赫耳墨斯也是一位奥林匹斯山神明，《荷马颂歌》用了很长的篇幅赞颂他的出身。他是宙斯与仙女迈亚的儿子，出生在位于阿卡狄亚的库勒涅山的一个山洞里。他于黎明时分来到这世上，到中午就会使用其标志性的诡计了。他发现有只乌龟在山洞外爬行，转眼之间就从龟壳中剔除了它的血肉，再加上芦苇、一块撑开的牛皮和用羊肠制成的琴弦，就成了最早的里拉琴。可当傍晚来临时，赫耳墨斯便厌倦了他的音乐玩具。他以令人震惊的速度赶到希腊东北部的皮埃里亚，当时阿波罗的牛群就在那里放养着，他从中偷走了五十头牛。为迷惑追踪者们，他让那些牛倒着走，并穿上用树枝编成的凉鞋掩盖了自己的足迹。赫耳墨斯，这位对立面的大师就这样融合了向前和向后——以及婴儿时期与成人时期，因为他在回到山洞的同时也返回了婴儿状态。然而，阿波罗却

俄耳甫斯教的另一种记叙

尽管赫西俄德的叙述备受推崇，但它绝非唯一流传开来的关于"起源"的记载。另有一种非常不同的、包含了人类起源和宇宙起源的叙述，被归在传说中的诗人俄耳甫斯名下。直到最近，我们对所谓"俄耳甫斯教诗歌"的认知还主要依赖于晚期新柏拉图主义作者的大量引用，他们注意到了这些诗歌对他们自己的哲学的许多预见。但在1962年，出现了一个新的进展：载有部分公元前4世纪时对俄耳甫斯教神谱的评注的莎草纸残篇在马其顿的德尔维尼镇出土。我们如今仍在消化这一发现所带来的结果，甚至仍在等待莎草纸文本的权威学术版本。但可以肯定的是，在希腊化时期早期，甚至可能比那时还要早上许多，人们就已经在讲述一个关于宇宙衍化的非赫西俄德式的观点了。

俄耳甫斯教关于起源的叙述与赫西俄德在两个主要方面有所区别。其一，它认为创造中的一个根本角色是个神圣人物，不仅早于乌拉诺斯，还早于黑夜。这个人物有时被称为普洛托戈诺斯（"最先出生者"），有时是法涅斯（"使之现身者"或"现身者"），有时又被叫作其他名字（厄洛斯、布洛弥俄斯、厄里刻帕伊俄斯、墨提斯、宙斯），以与自己是包含一切存在之人相匹配。那么最先出生者自己的起源又是什么呢？根据晚些时候的资料，时间创造了一个宇宙蛋，最先出生者就是从蛋里出来的，有翼且雌雄同体——他本身即隐含着随后将会出现的一切。

第二个跟赫西俄德叙事的区别则更为彻底。根据俄耳甫斯教的神谱，宙斯的统治被传给其子狄俄尼索斯，后者是宙斯与自己的女儿珀耳塞福涅结合的产物。在嫉妒的赫拉的怂恿下，提坦巨人们将婴儿狄俄尼索斯煮熟并吞食了；作为报复，宙斯用他的雷电击中了提坦巨人。正是在这里，神谱变成了人谱，因为人类就是从被焚烧的提坦巨人的烟灰中形成的。至于狄俄尼索斯，他注定会被宙斯重新生下，从而再次降生于世，这还得感谢提担巨人们将那婴儿的心脏藏了起来。

俄耳甫斯教神谱的最后这一部分将人类的起源与狄俄尼索斯的死亡和重生结合在了一起。如此一来，它便与某些跟俄耳甫斯之名相关的特定祭仪相契合了。被称为俄耳甫斯入会者（Orpheotelestai，"传授俄耳甫斯教秘仪之人"）的个体，以及参与了纪念狄俄尼索斯的"秘密"祭仪的群体，都关心"末世论"，即对来世的信仰。为使成功过渡到死者世界的机会最大化，一个人需要完成特定的程序，其中一些程序在记录于薄薄的金箔上的仪式规则中有详细说明，而那些金箔是死者的陪葬品。从意大利南部（见第212页）和忒萨利亚的遗址中留存下来的金箔来看，狄俄尼索斯似乎被视为代表死者的强大调停者，因为（遵循俄耳甫斯教的谱系）他或许能够说服她的母亲，冥后珀耳塞福涅。

要理解俄耳甫斯教信仰，将会继续遇到问题。一些学者曾相信确实存在过一个"俄耳甫斯宗教"，它与城邦的"正规"宗教存在着实质上的对立。这一观点在今天看来已不太可信。但不可否认的是，"俄耳甫斯教神话"的独特存在为希腊神话的丰富性与多元性提供了又一明证。

德尔维尼莎草纸，它保存了关于古代宇宙起源观念的独特证据。

识穿了这个骗子的诡计，一路追查至这个小贼的洞穴。在宙斯的调解下，这场兄弟之间的纷争平息了，结果是赫耳墨斯把里拉琴送给阿波罗做礼物，而作为交换，赫耳墨斯接管了那群牲畜。

狄俄尼索斯：最后加入奥林匹斯山诸神之列的普遍被认为是狄俄尼索斯，阿波罗多洛斯将他的诞生记录了下来：

> 宙斯爱上了塞墨勒，瞒过了赫拉与她同床了。宙斯曾经应允她有什么请求都给她做，现在她受了赫拉的骗，请求他像是当初对赫拉求婚的那么样到她这里来。宙斯不能够拒绝，乃到她新房里来，坐在车上，带着雷电，打了一个霹雳。塞墨勒却因了恐怖而死去了，宙斯乃从火里抓起六个月流产的婴儿来，缝在他的大腿里边。……但是在月分满足的时候，宙斯打开所缝的线，生下狄俄尼索斯来，交给了赫耳墨斯。①

作为宙斯方面又一段婚外关系的产物，狄俄尼索斯几乎不可能避开赫拉的嫉妒。当赫耳墨斯将那个婴儿交给塞墨勒的姐妹伊诺和她的丈夫阿塔玛斯当作女孩养大时——狄俄尼索斯作为跨界者的生涯开始得很早——赫拉却让夫妇二人发了疯病，导致他们在疯狂的状态下杀死了自己的两个亲生儿子。但宙斯的后代不可能如此轻易地被根除。宙斯先是通过将他变成一个小孩从而救下了自己的幼子，然后又让赫耳墨斯把他交给仙女们照顾，她们住在一个尤为神圣的叫作尼萨的地方。根据不同资料，那地方位于虽有所不同却同样"遥远"的地区，可能是埃塞俄比亚、阿拉伯半岛或斯基泰。婴儿狄俄尼索斯的另一位养父则是西勒诺斯，他是羊人们年迈且丑陋的领袖。

巨灵：诸神与巨灵之间的战斗是神之"史前史"中，另一个我们必须越过赫西俄德去探寻的篇章。乌拉诺斯被阉割后，鲜血落到该亚身上，产生了一群可怕的巨灵。他们对奥林匹斯山诸神的权力发起挑战，就像之前的提担巨

人一样。有些记叙所描绘的巨灵体型巨大且毛发蓬松，投掷着诸如岩石和树木之类典型的"未开化"的武器。而另外一些资料，包括几种视觉艺术作品，都将他们描绘成令人敬畏的、拥有更加正规的铠甲和武器的勇士。他们的大本营是帕勒涅/佛勒格拉半岛，就是哈尔基季基半岛三个尖头中最西边的那个。与巨灵的强大相匹配的是他们响亮的名字：帕拉斯、波耳费里翁、阿尔库俄纽斯、恩克拉多斯……但奥林匹斯山诸神最终还是战胜了他们，这要归功于宙斯的雷电，其子赫拉克勒斯的弓箭，以及雅典娜的一些非凡技艺：她剥下帕拉斯的皮，将他那富有韧性的皮肤做成了一枚盾牌（另外还采用了他的名字，称"帕拉斯·雅典娜"），并把西西里岛扔向恩克拉多斯，从而迅速解决了他。

① ［古希腊］阿波罗多洛斯著，周作人译：《希腊神话》，北京：中国对外翻译出版公司，1999年，第164页。

在用一道雷电摧毁孩子的母亲塞墨勒后，宙斯将未出生的狄俄尼索斯缝进自己的大腿里——这是在用一种非常亲密的方式承认自己的父亲身份。这幅意大利南部的瓶画（约公元前400年）描绘了狄俄尼索斯再现于世，以在奥林匹斯山诸神中占有一席之地。

狄俄尼索斯被交托给狂野的自然世界中的神明抚养长大，这与他作为一位属于"外界"之神的身份颇为相称。在这里，赫耳墨斯——可从其头盔和靴子上的翅膀辨认出来——将婴儿交给了西勒诺斯，一个类似大羊人的角色。阿提卡陶瓶，约公元前430年。

人类的起源

在我们到目前为止已经考察过的一些记叙中，凡人只是偶尔出现，有时几乎就是附带着出场。现在，是时候关注那些专门讲述人类起源的希腊神话传说了。这些神话数量确实不多，而且常常还被掩埋在重点在于别处的文本之中，想找到跟《旧约·创世纪》同等经典的故事必将徒劳无功。事实上，与希腊神话中尤为典型的地域差别一致的是，我们更有可能听到诸如"第一个阿尔戈斯人"或"第一个阿卡狄亚人"之类的例子，而不是第一个男人或女人。然而，希腊的神话讲述者们确实会不时地思索人类的普遍起源。

五大种族

构想人类之过往的一个方式是，将之视为在一系列不同类型的族群之间跳跃的产物，而其中差别可用一组金属间的对比来象征。这一构想与其他古代文明的思想有很强的相似性，尤其是琐罗亚斯德教；而且它还在一个流传甚广的信仰中享有影响深远的来世，即相信人类从天堂般的"黄金时代"渐次衰落。

赫西俄德在其《工作与时日》中所讲述的版本是，诸神创造出一个"黄金种族"，这是五大种族的开端。这些生灵既不知劳苦亦不知老迈，生活主要由飨宴构成，死亡则如同睡眠一般来临。那是完美的存在，且出现在克洛诺斯的统治之下——由此可见，尽管流传着那些有关前奥林匹斯山诸神阉割和吞噬的可怕故事，想象"前宙斯时代"的一种方式却是将之想象成可爱的田园生活。

过了一段时间，"黄金种族"逝去，变成了守护大地的善良神灵。其后继者是同样由诸神创造出的"白银种族"，一个低等一些也不甚成熟的族群：

> 这个种族的孩子在其善良的母亲身旁一百年长大，语言贫乏，在家里孩子气十足地玩耍。但是，当他长大成人，渐渐步

入风华正茂的青春期时，他的成人经历非常短暂，并且由于愚昧无知而使悲伤始终与之相伴。他们不能避免犯罪和彼此伤害，又不愿意崇拜神灵和给幸福神灵的祭坛献上祭品。——这是无论居住在哪儿的凡人都应该做的。[1]

此时的宇宙由宙斯统治，他气愤地终止了这一"白银种族"。

第三个出现的"青铜种族"是宙斯用白蜡树创造出来的。白蜡树的强度使其十分适合被制成长矛的杆。这是一个全身心崇拜着战神阿瑞斯之所作所为的武士种族。在赫西俄德的版本中，他们本身并不是青铜制成的（在其他版本中则是），但他们的铠甲、房屋和工具却肯定都是用那种金属制成的。诸神根本没必要去制止他们的攻击：青铜种族的人自己通过无休止的打斗终结了自身。

现在，这一金属系列的逻辑就要被打断了，因为宙斯创造出的下一个种族乃是英雄种族，即在忒拜和特洛伊战斗并牺牲的强大的凡人。他们在许多方面都与青铜种族类似，却赢得了很多荣耀，而且据说其中有些人甚至还获得了死后在福岛上生活的奖赏，那岛屿就位于世界边缘，在俄刻阿诺斯（即大洋）边上。这与接下来的黑铁种族形成了多么强烈的对比啊——这便是我们的世界，当今的世界。劳苦与悲伤即我们的命运，而且还会变得更糟。未来将没有尊重或虔诚可言，而且将充斥着各种罪恶。

普罗米修斯与火

我们还可以看到另一套与衰落的故事情况相似——但并非与之无缝结合成一个整体——的传统，这种传统将人类起源和伊阿珀托斯与大洋仙女克吕墨涅之子，提坦巨人普罗米修斯（意为"先知先觉的"）联系在一起。然而，普罗米修斯在人类起源故事中的确切位置是一个存在争议的话题。阿波罗多洛斯曾顺道提及普罗米修斯用水和土做成了人，而这个故事尽管没有出现在现存的早于公元前4世纪的资料中，

---

[1] 《工作与时日·神谱》，第5页。

这副罗马石棺的雕刻者将普罗米修斯描绘为一名正在创造小型人类的工匠。这一场景由雅典娜监督，她本身就最为精通各种技艺。

（下）创造者普罗米修斯，正在制作一个与他自己相似得不可思议的人，连胡子都非常相似。希腊化时期宝石。

却可能古老得多，且必曾广为流传。旅行家鲍萨尼阿斯在位于福基斯的小村落帕诺佩乌斯观光时，曾见到过两块据说闻着像是人类血肉的岩石，据说它们便是普罗米修斯用以制造人类的黏土的残余。然而，更常见的版本是将普罗米修斯视作人类的支持者，而非创造者。根据埃斯库罗斯所著悲剧《被缚的普罗米修斯》中这位提坦巨人自己的说法，他将一切技艺都传授给了人类，从算术到航海，从医药再到预言。但有件礼物却尤其突显了他作为对人类施恩者的形象：火。

赫西俄德的这段叙述十分著名：当宙斯把火藏起来不让凡人找到时，是普罗米修斯将它偷出来并用一根中空的茴香秆传递给了他们。有了火人类才能举行祭献动物的仪式，在希腊人眼里，正是这一仪式而非一切其他的仪式才使得他们成为人。在墨科涅（据说是西库翁城的古称，位于伯罗奔尼撒半岛东北部的科林斯

普罗米修斯双手被痛苦地绑在脑后，任凭老鹰将喙部插进他的身体。埃特鲁里亚宝石，公元前5世纪。

附近），普罗米修斯施行了一次欺骗。事实证明，这不仅对他自己而言是灾难性的，对人类而言也是祸患之源。他在宙斯面前摆出两份食物，一份自此之后将属于诸神，另一份则将属于凡人：一份是一盘鲜美的肉和内脏，由于被一只牛胃盖住而显得毫无吸引力；另一份则是一堆白骨，却因为有一层脂肪的覆盖而显得美味可口。与希腊神话经常展现出的复杂逻辑一致，宙斯既看穿了这一诡计，又做出了有悖于诸神利益的选择。从那天开始，祭品的分配就固定了下来：骨头用来烧给诸神，而上等的肉和脂肪则归于凡人。

普罗米修斯这一鲁莽行为的结果对他自己和对他支持的人类而言都十分可怕。宙斯为这位犯了错的提坦巨人设计了一种既痛苦又持久的折磨。正如埃斯库罗斯悲剧《被缚的普罗米修斯》所生动展现的那样，工匠之神赫淮斯托斯和克拉托斯（"力量"）、比亚（"暴力"）一起，受命用一副无人能挣脱的枷锁将普罗米修斯捆绑在高加索山一块偏僻的峭壁上。那儿，在近乎永恒的每一天里，都会有只可怕的老鹰前来啄食他的肝脏（被希腊人视为强烈激情之所在的人体部位）。而每天晚上，肝脏都会重新长出来，好使这种折磨在千年之中不断重复，直到最后宙斯自己的孩子解放了他：那只老鹰将会被赫拉克勒斯一箭射落。

漫长的噩梦走向了尽头。赫拉克勒斯朝老鹰连发数箭，而普罗米修斯则被绑或钉在一根柱子上，无助地观望着。阿提卡陶瓶，公元前6世纪中期。

潘多拉

对人类而言，普罗米修斯蔑视诸神的结果就更加影响深远了。这次的代理执行者仍然是掌管不朽之技艺的赫淮斯托斯。正如普罗米修斯在其他神话传说中做过的那样，赫淮斯托斯也用泥土做了一个生灵。这一创造物跟普罗米修斯呈给宙斯的那两份食物一样，也拥有欺骗性的外表，但令人不快之事正在其中。这便是第一个女人，希腊神话中最接近"夏娃"的人物。每一位奥林匹斯山的神明都赐予了她一样礼物，所以她的名字是潘多拉（意为"所有礼物"）。普罗米修斯曾预见到宙斯会给人类制造麻烦，于是提醒他心不在焉的兄弟厄庇墨透斯（意为"后知后觉的"）要小心来路不明的礼物。可他还是晚了一步。神圣的中间人赫耳墨斯已将潘多拉带到了人间，厄庇墨透斯更是对她大张双臂以示接受。接下来发生的事"解释"了世上痛苦的由来。然而，至少在其叙述的某些地方，这一神话传说既令人难忘又令人困惑。

"潘多拉的盒子"这一习语早已变得众所周知（感谢文艺复兴时期的学者伊拉斯谟），但在我们的希腊资料里，第一个女人所带来的并非一只盒子，而是一只"皮托斯"（pithos）——一种巨型存储罐，往往随着考古发掘而重见天日。潘多拉的关键举动是打开了她的罐子，让先前就装在其中的东西逃散到世界上来——唯一的例外是厄尔庇斯（"希望"或"期望"）。但罐子里究竟装了些什么呢？而"逃散"又象征着什么？根据古代一位不甚出名的作家巴比里欧斯（公元2世纪的一位寓言讲述者）的说法，罐子里本来装着美好的事物，当盖子被掀开时，所有这些美好都逃离了人类的掌控，最

（上）根据古代的记叙，潘多拉不小心打开的是一只大型存储罐——图中的这只来自克里特岛的马利亚——从而让各种不幸飞出，祸害人间。

后只剩下希望——它便是我们仅存的能安慰自己的东西了。但是，赫西俄德却讲述了一个大相径庭的故事。在这个版本中，罐子里本来装着许多罪恶，它们的逃散意味着在世上游走，好让人类碰到它们，只有希望被留在了里面。但那是否相当于在说人类的确还有希望（因为它仍在存储罐里，为他们所支配），抑或是他们已经没有了呢（因为跟罪恶不同，它并未飞到世界上来）？潘多拉的神话完美展示了希腊神话传说的几个关键特征：它们拥有激起兴趣、让人参与却时而令人困惑的能力，同时也拥有产生全新的、有时却相互矛盾的变体的力量。

大洪水

许多传说都探索过大洪水的主题，从古代美索不达米亚的史诗《吉尔伽美什》（其中唯一的幸存者是乌特纳皮什提姆），到希伯来圣经（诺亚），再到美洲印第安人的许多故事。希腊的记叙中也同样记载了一场史前大洪水的发生，其影响便是灭绝了之前就存在的人类，并且产生了一个新的种群，后来的所有人类都是其后代。

这场大洪水的幸存者是（根据阿波罗多洛斯等人的记载）丢卡利翁和他的妻子皮拉。这对夫妇的谱系——丢卡利翁是普罗米修斯之子，而皮拉则是厄庇墨透斯与潘多拉之女——似乎暗示着他们被视为普罗米修斯和潘多拉的"翻版"。实际上，一种对丢卡利翁角色的解读就是认为他的作用类似于普罗米修斯：像那位提坦巨人一样，他也成功规避了宙斯的意志，支持

了人类。根据阿波罗多洛斯的说法，宙斯想消灭青铜种族（近东的记叙，包括《创世纪》，也有类似的主题），便发动一场洪灾淹没了大地（当然，赫西俄德笔下的青铜种族通过自我消灭省去了宙斯的麻烦）。在其父亲普罗米修斯的建议下，丢卡利翁造了一只箱子，并和皮拉一同爬了进去。水位上涨，但那只箱子却继续漂浮，直到九天九夜之后，它才在俯瞰德尔斐的帕尔纳索斯山登陆。有趣的是，根据亚里士多德保存下来的一个变体，那场大洪水发生在"多多那和阿刻罗俄斯河附近"的区域，这会不会是德尔斐和多多那的两座重要神庙所争着宣称的希腊最早有人居住的地方？

与他父亲不同，丢卡利翁还是谨慎地向宙斯献了祭。作为回报，后者帮了他一回：让人类在大地上繁衍。正如阿波罗多洛斯所记："在宙斯的指引下，他捡起石头扔过头顶。丢卡利翁扔出去的石头变成了男人，皮拉扔出去的那些则变成了女人。"后来洪水从整个希腊退去，只在集体信仰里留下了些许痕迹：在雅典的奥林匹亚宙斯神庙，有人为旅行家鲍萨尼阿斯指出地上的一条宽阔裂缝，说那就是大洪水过后水流走的地方。对希腊而言，它是一个新的开始。在石头人类的后代里，出现了希腊神话中许多伟大的男女英雄。

帕尔纳索斯山，丢卡利翁和妻子皮拉的"方舟"最后停下的地方。即便在这个不乏壮美景色的国度，也鲜有景致比此处更为动人心魄。这里的确是个适宜全新开始的地方。

地方性起源

蚂蚁与蛇

  作为希腊文明许多方面的特征，多元性同样在有关文明起源的神话传说中有所反映。比起整个人类种族的起源，人们对单个族群的起源表现出了更大的兴趣。

  这类故事的一个模式是解释某一区域或城市不仅古老，而且以某种方式被自然地嵌入当地人所生活的土壤中。有一个族群的起源神话就提供了一个很好的例证。总体而言，这个族群在我们对于古希腊的认知中并未占据显著位置，它就是坐落于阿提卡和阿尔戈里德地区之间的埃癸娜岛。故事说，岛上的第一个居民是宙斯与仙女埃癸娜之子埃阿科斯，仙女与岛同名——埃阿科斯的"根"不能比这更深了。但他非常孤独，因为岛上除他以外并无其他人。出于怜悯，宙斯将埃癸娜岛上的所有蚂蚁（murmekes）都变成了人类，他们后来被称为"密耳弥冬人"（Myrmidons）。他们将拥有作为武士的光荣历史：埃阿科斯之子珀琉斯后来成为阿喀琉斯的父亲，在特洛伊战争中，阿喀琉斯是密耳弥冬人强大的领袖——他们那时已向北迁徙到了忒萨利亚南部的佛提亚。至于埃阿

科斯，他将与米诺斯和拉达曼堤斯一起，被尊为死者灵魂的审判官之一，这与品达给予他的"大地上最好的人"之称很是相称。然而即使是在这一点上，我们也能注意到希腊神话不可磨灭的多元性：在阿里斯托芬以令人无法抗拒的喜剧视角写就的《蛙》中，埃阿科斯被描绘成舞台上的超级恶棍，为哈得斯看门人这一角色所赋予他的残忍而陶醉不已。

  蚂蚁——密耳弥冬人最初的、前人类的形态——在大地上生活，蛇亦如此。神话表达根基性——以及神圣性，因为人们觉得蛇拥有某种能将它们与超越人类的事物连接起来的精神力量——的一种常见方式便是将某一族群的祖先与蛇联系起来。雅典最早的国王之一，刻克洛普斯就被想象为拥有人的上半身和蛇的尾巴。他是土生性的完美化身（阿波罗多洛斯明确表示刻克洛普斯诞生自大地）；而凭借其矛盾的形态，他又是自然与文明之间分歧的调停者。通过二元化的外形，刻克洛普斯体现了人类是由动物生长而来的观点。据说他对雅典人向诸神献祭的方式做了一系列重要的创新，还引入了婚姻制度。

忒拜的建立

  想象人类发展的一个更关键、更暴力的方法是将之描绘成一场富有攻击性的对动物性的

这只陶瓶（意大利南部，公元前4世纪）描绘了冥界的一幅场景，埃阿科斯站在特里普托勒摩斯与拉达曼堤斯之间，后面这两人都是死者的审判官。

征服——可以说是宙斯打败堤丰，以及我们稍后将见到的（见第75页），阿波罗打败巨蟒皮同夺取德尔斐神庙的人类版本。忒拜复杂的建城神话便生动地展现了这点。

传说中，忒拜的建立者是腓尼基国王阿革诺耳之子卡德摩斯。卡德摩斯的妹妹欧罗巴被宙斯拐走后，阿革诺耳就派他的儿子们出发去全世界寻找她。卡德摩斯到了希腊，他在那里问询了德尔斐的神谕。卡德摩斯绝非唯一听到德尔斐女祭司给出未曾预料到的答案的问询者，他收到的指示是跟着一头有特殊标记的母牛，并在它躺下休息的地方建立一座城市。在找到并跟上那头母牛后，卡德摩斯最终来到了未来忒拜的所在地，位于玻俄提亚。由于向诸神表达感激之情的最佳方式是将那头母牛献祭给他们，而献祭不仅需要火，还需要净化过的水，卡德摩斯就到附近的山泉边找水去了。但希腊的泉水都是神圣的（见第188—189页），这一处属于战神阿瑞斯，一条可怕的巨龙盘踞在那儿，充当凶狠的守卫者。卡德摩斯杀死了那条龙，并在女神雅典娜的指引下将它的牙齿种入地里，随后从地里跳出了一批全副武装准备战斗的勇士。在雅典娜的提示下，卡德摩斯又朝他的对手们扔了一块石头。出于惊恐，他们互相攻击并互相杀戮——剩下的五人最终成了后世忒拜人的祖先，并被称为Spartoi，即"播种出来的人"。

到目前为止，忒拜人的起源已经足够复杂了：神话传说中的他们既发源于希腊以外的地区（腓尼基人卡德摩斯），又发源于希腊内部的深处（那些从一条"土生"的龙衍生出来的生于大地的祖先们）。但其复杂性仍远甚于此。在卡德摩斯娶妻时，诸神很眷顾他：他获准跟阿瑞斯与阿佛洛狄忒之女哈耳摩尼亚结婚。诸神参加了他们的婚礼，为他们祝福，他们的结合还生下了五个孩子。由于播种出来的人跟卡德摩斯与哈耳摩尼亚的后代们相互通婚，忒拜人可以说是从动物性、人性和神性结合的种子里生长出来的。

即便杰出如卡德摩斯也未能过上未被哀伤浸染的一生，有哪个凡人能做到呢？他四个女儿的命运虽然各不相同却又同样不幸：塞墨勒因为乞求见到爱人宙斯的真身而被雷电击中；伊诺在被赫拉逼疯后杀死了自己的孩子；奥托诺厄和阿高厄分别是阿克泰翁和彭透斯的母亲，他们都因冒犯神灵而凄惨地死去。卡德摩斯的独子——波吕多洛斯的一个后代则是俄狄浦斯，后者的德尔斐之旅导致了超乎想象的不幸。

可以说，忒拜起源故事的最后一个篇章又把我们带回了开始的地方。因为卡德摩斯和哈耳摩尼亚都变成了蛇，并像其他一些英雄们那样避开了死亡，在极乐净土得以永生。他们的人类属性消失了，只剩下了一种动物性和神性的特殊混合物。

（左）神话中的雅典国王刻克洛普斯与雅典娜一起出现，部分是蛇的外形表现了他土生的特点。他们之间有一棵橄榄树，它是雅典和雅典娜的象征。阿提卡陶瓶，公元前5世纪末。

（下）当着上方诸多神明之面，卡德摩斯准备朝守护阿瑞斯之泉的巨龙扔一块石头。巨龙右边有个人，很可能是忒拜城或山泉自身的拟人化形象。意大利南部陶瓶，约公元前330年。

文化的引入者

福洛纽斯、佩拉斯戈斯与文明

我们已经看到，人们相信提坦巨人普罗米修斯的功劳不仅包括引入火种，还包括引入了被希腊人视作人类文化所必需的各种技艺与习俗（见第54—55页）。但普罗米修斯远非唯一一个这类神话中的文化引入者。鉴于希腊人精神世界中最为基本的多元性，不同地区甚至不同城邦都有各自的关于谁引入了社会生活必要事物的观点这一事实，也就不令人感到诧异了。

鲍萨尼阿斯告诉我们，伯罗奔尼撒半岛上阿尔戈斯城的文化英雄是福洛纽斯。尽管有关他的传说很少被保存下来，但很显然，人们觉得他并不逊于埃阿科斯或刻克洛普斯，同样植根于自己的故土之中：他父亲是阿尔戈斯当地的河神伊那科斯。福洛纽斯在当地就相当于普罗米修斯，是火的引入者（阿尔戈斯人保留着为纪念他而燃烧的"福洛纽斯之火"）和人类社会发展之基本特质——在"波利斯"（即"城市""城邦"）中共同生活之艺术的创始人。

阿卡狄亚人也有一个同样精彩的故事。对其他希腊人而言，阿卡狄亚是一个落后地区；

位于阿卡狄亚一个偏远地区的吕凯昂山。这里据说是吕卡翁因铸成大错而被变形为狼的地方。

但对他们自己而言，阿卡狄亚却自有其关于文明发祥的叙事。他们说，最开始有一个当地的土著居民佩拉斯戈斯。（作为希腊人愿意用常识来审视其神话传说的典型，鲍萨尼阿斯评论道："看上去可能还有其他人跟佩拉斯戈斯一起，而并非他独自一人，要不然他又能统治谁呢？"）他教导人们建造小屋，穿羊皮服，弃食树叶、牧草或根茎并转食橡子，从而开启了社会化的进程。佩拉斯戈斯的儿子吕卡翁则进一步推动了文化移入的进程：他建立起吕科苏拉城，并引入了为纪念宙斯而举办的体育竞赛。可进程中却充斥着危险：吕卡翁在吕凯昂山的宙斯祭坛上献祭了一个人类孩童，铸成大错，所以被

在一些希腊神话传说中，特里普托勒摩斯是在死后被委以特殊角色的几个凡人之一。他成了死者的审判官，但他的主要职责是农业的丰产。在这块希腊化时期的宝石上，他一手持犁，另一只手里则握着罂粟和谷穗。

罚变成了一匹狼（见第88—89页）。然而最后，阿卡狄亚文化重获前进的动力，因为吕卡翁之孙阿耳卡斯又引入了一系列文明的标志：种植农作物，制作面包，以及纺织。

　　且不说普罗米修斯赠送的那些礼物，单是被归在阿尔戈斯和阿卡狄亚的文化英雄名下的创新就展示了一种有时被称为"第一位发现者"的典型模式：在某种程度上被视作人类社会生活中典型或不可或缺的一种物品或惯例都被归在神话中某个具体人物的名下。有时候，这类发明源自诸神的巧思，比如赫耳墨斯用龟壳和羊肠制成的里拉琴，或是雅典娜制成（随后又因吹奏它会使她看上去很丑而丢弃）的阿夫洛斯管（类似于双簧管的双管乐器）——赫耳墨斯与雅典娜本就是诸神中与聪明才智这一概念最为相关的神明。其他发明尽管具有高度复杂性，却仍被视作纯粹是人类智慧的产物。没有人能在这方面超越代达罗斯（见第92页），在他的杰出发明中，据说就包括了创造人物雕塑的"行走姿态"这一项。尽管人们觉得这类创新对于"有教养的"生活十分重要，但它们很难与特里普托勒摩斯所带来的礼物相提并论，因为这位得墨忒耳的凡人门徒将谷物及其种植技艺传授给了人类。

殖民地

（下页）海拔超过3300米的埃特纳山是欧洲最高的活火山。它在古代就是活火山，人们相信其持续喷出的烟雾和岩浆源于宙斯可怕的敌人堤丰。他虽已被战胜，永远被囚禁在这座火山下面，却愤怒依旧。

希腊人通过建立新的波利斯（城市）向地中海世界的其他地区输出他们的文明。殖民行为在古风时期尤盛，在其之前和之后很久也都一直存在。仪式贯穿了建立这些新社区的整个过程，从向神谕寻求初步问询（经常是去德尔斐的阿波罗神庙）的标准做法，到新定居点开创时预言家所扮演的重要角色，再到圣火从母邦的炉灶里传递至子城邦中相应的地点。除仪式以外，神话也起到了确认文化经验从母邦延续至新定居点的作用。正如希腊本土城邦将它们对古老性与文化优越性的主张建立在神话传说上一般，那些"二级"定居点——常常被称为"殖民地"——也被编入同一套故事之中。于是，这就有了另一类由神话来使之合法化的

西西里岛上的卡马利纳城是叙拉古的一块殖民地，叙拉古本身又是由从科林斯来的希腊人建立的。卡马利纳和叙拉古的居民都用神话传说来表达其城邦身份。这里所展示的银币（公元前415—前405年）来自卡马利纳。它的一面（上图）描绘的是雅典娜驾驭着一辆战车，以及有翼的尼刻（"胜利女神"）在她上方拿着一顶冠冕；另一面（下图）毫无疑问描绘的是身披狮皮的赫拉克勒斯。

起源。

这类合法化的一个例证是公元前5世纪时西西里岛上埃特纳城（Aitna）的建立。当僭主希隆建立起一个由他儿子统治的新社区时，这的确是个新开始。品达将这一事件编入一首诗里，即关于希隆取得公元前470年皮提亚战车竞赛胜利的诗歌（第一首《皮提亚竞技胜利者颂》），进行了一系列复杂的类比：一方面是希隆的建邦之举——他在一处原始而未开化之地进行严格管控和广泛统治，而另一方面则是宙斯对其百首强敌堤丰大获全胜。这一强敌尽管已被永远压在埃特纳山下，却保留了品达所说的，喷出"源于隐秘之地深处的不可触碰之纯粹火焰"的可怕威力。这首诗歌的神话意象不仅加强了埃特纳城的建立所代表的非凡成就感，更使人类能够一劳永逸地驯化这不可预知之地的断言显得十分脆弱。

若想再看一个神话讲述者们如何塑造人们对殖民地之认知的例子，我们可以回想一下忒拜城建立的故事。该故事讲述了在新城邦得以建立之前，卡德摩斯先是跟随一头母牛来到建城点，然后打败了阿瑞斯之龙取得胜利。可以说，忒拜是个"一级"定居点——位于希腊本土的中心。但毫不夸张地说，有数十个关于更偏远地区殖民地的建城叙述都使用了相同的故事模式。母牛经常充当向导，但也有其他动物来引领建邦者前往他们未来的定居点，包括乌鸦、狗、鸽子、老鹰、狐狸、老鼠和海豹。在战胜一个残暴的对手这一具有象征性的情节里，蛇（龙）——那些生活在土壤里的典型"土著"——就常会出现。但我们也听说过许多其他动物。拜占庭的建立者拜扎斯战胜了一头公牛；塞琉古一世（公元前4/前3世纪时位于希腊化东方的塞琉古王朝的统治者）则杀死了一头朝他冲去的野猪，并用它的鲜血标记出了位于叙利亚北部的新城市劳迪凯亚的边界。

纵观整个古代，希腊的神话传说提供了一种通过援引起源这一概念来获得合法性的表达方式。任何新定居点都需要它所能得到的一切实际的和象征性的帮助来支持自己去对抗潜在的敌人。为了这一目的，神话中丰富的象征宝库被运用到了极致。

神话与崇拜中的神

纵观整个古典时代，从希腊世界的一端到另一端，居住在奥林匹斯山上的诸神都是崇拜的对象。通过献祭、还愿祭、祈祷、起誓、诅咒和念咒，凡人使他们的神明参与了每一项可以想象得到的人类活动，从政治到性爱，从战争到葬礼，从体育竞赛到公开的戏剧和音乐表演。因此，在"宗教"与"社会"之间并没有一条清晰的界线，它们是互相渗透的。

崇拜与神话为希腊人对于神圣的认知做出了哪些独特贡献呢？

对神的崇拜倾向于关注神圣权力的具体特征，即挑出某位神明所凭倚的特殊能力：宙斯·霍尔基俄斯（Horkios，即"掌管誓言的"），波塞冬·希庇俄斯（Hippios，即"掌管众马的"），雅典娜·波利俄科斯（Poliouchos，即"守护城塞的"），等等。另外，不同地区会强调同一位神明的不同特征。因此，仅凭崇拜这一项证据，我们不能说存在一个单一的、同质的希腊宗教。

相反，在神话叙事中——正如我们常做的那样，在这里首先会想到荷马与赫西俄德的诗歌——我们可以探知一种将离散的仪式行为表述为一个近似相互关联之系统的倾向，这种表述展现出了一个共有的，有时甚至是"泛希腊的"（panhellenic）关于神之权力与行为的观点。但是，这一系统内部一致性的程度却不该被夸大：我们绝不能低估希腊文化的多元性。正如仪式存在着地域上和历史时期上的差别，不同的神话讲述者描绘那些想象中的强大形象，即奥林匹斯山诸神的方式也各不相同。

狄俄尼索斯斜倚在他的新娘阿里阿德涅身上，后者是个凡人女子，后被提升至不朽神明之列，这样她就能永远地做酒神的可爱伴侣了。来自一只大型青铜调酒瓮（约公元前330年），在塞萨洛尼基附近的德尔维尼出土（见第83页插图）。

第三章　奥林匹斯山诸神：
权力、荣耀、性欲

权力与掌管的领域

宙斯

从词源学上讲，宙斯（Zeus）与其他的印欧天空之神（比较印度神话中的天父底尤斯［Dyaus pitar］、罗马神话中的狄斯匹特［Diespiter］／朱庇特［Jupiter］）相关。在他的中心有一组我们可称之为"自然现象"的配置：不仅是天空，还有天气、风暴、闪电和霹雳。在荷马那里，这位神明的一个称号便是nephelegereta，即"云的召集者"。凡人女子塞墨勒吸引住了宙斯流盼的目光，当她乞求爱人以真身出现在她眼前时，他被迫作为雷电之神出场，毫不意外地带来了致命的后果。无数图像都将宙斯描绘为手持雷电的样子。

这种可怕的力量转化成了其他各种至高无

上的权力。首先是纯粹体力上的主导权。我们可以看看《伊利亚特》，在一节诗里，宙斯吹嘘自己比其他奥林匹斯神明要优越得多：

你们把一根黄金的索子从天上吊下去，
你们全体天神和女神抓住索子，
可是你们不能把最高的主谋神从天上
拖到地上，尽管你们费尽力气。
在我有心想往上面拉起来的时候，
我会把你们连同大地、大海一起拖上来，
然后把索子系在奥林匹斯山上，
把全部东西一起吊在天空中间。
我比天神和凡人就是强大这样多。[1]

除了至高无上的武力，还有至高无上的统

---

[1] 罗念生、王焕生译：《荷马史诗·伊利亚特》，北京：人民文学出版社，1994年，第168—169页。

宙斯权威的一个象征是鸟类中最强大的老鹰，正如这只约公元前560年所造的拉科尼亚杯子所描绘的那样。宙斯是一个蓄须、长发，坐在王座上，身披精致披风的形象。

希腊诸神及其主要特征

神明	活动领域	特征
宙斯	天空、天气；社会生活的许多方面，包括待客、乞援、起誓；"天神与凡人之父"	雷霆、老鹰、权杖
赫拉	宙斯的伴侣；因其持续不忠充满嫉妒；支持婚姻的完整	常常是一根权杖或一顶花冠；孔雀
波塞冬	海洋；地震；马与公牛的原始力量	三叉戟；通常被海洋生物簇拥着
哈得斯	冥界之主	他的帽子能使戴它的人隐身；尽管他的角色"令人憎恶"，但哈得斯却被表现为一个手持权杖的帝王形象
阿佛洛狄忒	性欲、爱	激发爱欲的腰带；鸽子、麻雀
得墨忒耳	谷物与大地的丰产；同她的女儿珀耳塞福涅一起，是厄琉西斯秘仪的保护女神	常常拿着火把或谷物
阿耳忒弥斯	狩猎；野生动物；妇女生育时的助手	弓与箭
阿波罗	音乐；占卜和预言；净化；治疗；后来被认为是太阳神	弓与箭；里拉琴；月桂
雅典娜	技艺，尤其是木工；狡猾；战争，比如被用于保护全体公民	头盔和长矛；用蛇作为流苏的胸甲（"埃癸斯"），上面有戈耳工的形象；猫头鹰
阿瑞斯	战争的暴怒	头盔、长矛、盾牌
赫淮斯托斯	身体残疾（瘸腿）与作为工匠的杰出技艺并存；尤其擅长锻造金属，因为他与火有关联	斧子、锻钳、铁砧
珀耳塞福涅	哈得斯的新娘，因此为冥界之后；与母亲得墨忒耳一起，接受厄琉西斯秘仪的崇拜	象征着生长的谷物和水果
赫斯提亚	炉灶（中的火）	
赫耳墨斯	诸神的调停者；信使；将死者灵魂引入冥界的向导；为牧群带来繁殖能力	信使的手杖（即双蛇杖）；有翼的靴子或凉鞋；宽边帽
狄俄尼索斯	狂喜；醉酒的疯狂；葡萄酒；动植物本性中的蓬勃生机与危险	常春藤；葡萄藤；豹子；酒神杖（thyrsos）——顶端用常春藤绑起来的一根茴香枝
潘	孤独、原始的荒野之神；诱发"恐慌"（panic）	半羊半人的形象
普里阿波斯	唤起性欲之神	天生能持久勃起到很大
厄洛斯	性欲	弓与箭

治权。宙斯在动物世界里对应的象征是百鸟之王老鹰。这位神明的另一特征则是赋予人类统治者以权威的权杖。然而，凡人的统治权可比宙斯逊色多了，因为后者只需点一点头便能颁布他的旨意。

至于宙斯统治权的另一个方面，我们必须关注家庭的背景。一个经常被用在宙斯身上的称号是"天神与凡人之父"。对大部分凡人而言，这一父权只是一种隐喻，但许多神明却的确是他的子嗣。他位居奥林匹斯山诸神家族——一个难以驾驭的家族——之首，但其成员却颇有能力挑战他们首领的权威，哪怕只是暂时的。作为人类社会制度的一种模型，神圣家族的概念（与诸如神作为雷电的概念不同）

是一幅图像，它使诸神的行为至少部分存在于可理解的范围之内。

宙斯的权威在何种程度上可以说是道德的呢？这是一个非常复杂的问题。一方面，神话（比如赫西俄德的神话）将他描绘为狄刻（Dike，即"正义"）的父亲与忒弥斯（Themis，即"秩序"）的伴侣，他同时也是毁誓之人的惩罚者（作为Zeus Horkios，即宙斯·霍尔基俄斯）与那些拒绝乞援者之人的惩罚者（作为Zeus Hikesios，即宙斯·希刻西俄斯）。而另一方面，宙斯自己的行为却大大超出了人类的道德规范——他与自己的姐姐赫拉乱伦，以及他持续的不忠行为，就是证明。众神之父形象的核心里存在着一种对立，因为他能被想象为正义的源泉，同时也能被想象为一切的源泉。

与宙斯的道德问题同样难回答的还有其权力之极限的问题。这里有个关于希腊神话的多元性能产生什么影响的最好例证。一些文本将宙斯说成是完美和圆满的。在这些文本中有斯多葛学派的克雷安泰（公元前4/前3世纪）非凡的《颂歌》，他将宙斯提升到了宇宙准则的高度：

围绕大地运转的整个宇宙都跟随着您的引导，并自愿为您所主宰……没有您，神明，这世上一切都不会发生，无论是在神圣的天空中，还是在大海里，除去恶人们干下的蠢事以外。

但其他文本所描绘的宙斯却显然存在于事件的因果关系之内，而非凌驾其上。同样是《伊利亚特》——后世希腊信仰多股线索的源泉——触及了事情的核心。在一个关键且极为感人的场景中，宙斯俯视着自己的一个儿子，特洛伊勇士萨耳珀冬面临即将到来的死亡的一幕。理论上，宙斯是能够插手救他的，尽管这将颠覆"命定"之事。但正如赫拉迅速指出的那样，如此一来他便会激起其他神明的敌意。故而即便是宙斯，也必须对不可避免之事低头：

女神这样说，天神与凡人之父不反对。
他立即把一片蒙蒙血雨洒向大地，
祭祀儿子，因为帕特洛克罗斯就要
把他杀死在远离祖国的特洛伊沃土。①

---

① 《荷马史诗·伊利亚特》，第379页。

赫拉

作为宙斯的姐姐和伴侣，伟大的女神赫拉在整个希腊世界的圣所里都受到了崇拜。其中尤为著名的是萨摩斯岛上的一座神殿，以及一座位于阿尔戈斯和迈锡尼之间的神殿。她在奥林匹亚，在科林斯附近的佩拉科拉，以及意大利南部的克罗顿、帕埃斯图姆和塞莱河口等地也拥有主要的神殿。在这些圣地里所举办的赫拉祭仪的典型变化便是从处女到新娘的转变。在有些地方，祭祀仪式将她作为帕耳忒诺斯（Parthenos，即"少女"）来赞颂；在另一些地方，她司掌婚姻制度这一属性（如作为祖吉娅 [Zugia]，即"使人结合的"）才是崇拜者关注的焦点；而在其他地方，她在上述两方面都受到了崇拜，比如据鲍萨尼阿斯所记，她在玻俄提亚的普拉泰亚城就有两座雕像，一座称为宁芙俄墨涅（Numpheuomene，即"新娘"），另一座称为忒勒亚（Teleia，即"已完婚的"）。

赫拉圣所的地位突出，分布广泛，而她在神话中的地位却相对次要，事实上在每个方面都受到宙斯伴侣这一角色的影响，这就多少有些矛盾了。有关她的神话传说偶尔会回顾她的婚前时光，比如宙斯化作布谷鸟向她求爱的时候。但更多时候，她的神话都围绕着一个与婚姻相关却更为阴郁的主题：她对宙斯的情人以及他们的孩子的恶毒报复。她无情地追得怀有身孕的女神勒托在整个希腊世界流亡，直到小小的提洛岛最终愿意接纳这位痛苦的孕妇——勒托很快便将生下她光荣的孩子阿波罗和阿耳忒弥斯。当她在阿尔戈斯的凡人女祭司伊娥得到宙斯的宠爱时，赫拉的怨恨找到了一种巧妙

的形式：伊娥变成了一头母牛，四处流浪，并被赫拉派来对付她的牛虻叮咬而疯。宙斯与另一名凡人女子塞墨勒的关系也激起了赫拉同等的愤怒。她先是设计骗她的对手，让她要求见到爱人宙斯的真身，即令人震惊的宇宙力量，从而将其置于死地。接着她又将注意力转移到塞墨勒与宙斯所生的儿子狄俄尼索斯身上。她使之陷入疯狂，并导致两个凡人（阿塔玛斯和他的妻子伊诺）在精神错乱的情况下杀死了自己的孩子，因为他俩竟敢抚养婴儿时期的酒神。

赫拉的复仇名单还可以相当详细地展开，但与她对宙斯与其另一位凡人情人阿尔克墨涅之子——赫拉克勒斯那吞噬一切的恨意相比，

其他复仇可就逊色多了。当阿尔克墨涅即将生产时，宙斯在众神面前宣布（见《伊利亚特》第19卷），统治迈锡尼的荣耀将是他本人那即将出生的后代与生俱来的权利。宙斯相信他所预言的荣耀正该属于赫拉克勒斯，可他未曾考虑赫拉的干预。另一个名叫欧律斯透斯的孩子很快也将降生于伯罗奔尼撒，作为宙斯另一个儿子——珀耳修斯——的孙子，他同样有资格被称为"宙斯的后代"。赫拉劝说厄勒堤亚（分娩女神）阻止阿尔克墨涅的生产，直到欧律斯透斯的母亲早产生下他。自那时起，赫拉便从未放松对赫拉克勒斯的迫害——他的名字带着莫大的讽刺，意为"赫拉的荣耀"。尽管屈从于不及他的、胆怯的欧律斯透斯，赫拉克勒斯却完成了惊人的壮举。但他在达到胜利的巅峰时被赫拉逼疯了，并因此杀死了自己的妻子和孩子们（见第121页）。

赫拉的崇拜仪式和神话传说主要都与婚姻的主题有关，但它们却有截然不同的侧重点。关于她的崇拜仪式强调的是这一社会-心理学转变的根本必要性，其神话传说探索的却是这幅图景的反面——当被冷漠对待的苦涩抹去了婚姻的满足感时会发生什么。但在关于这位奥林匹斯山伟大神后的悖论中，最重要的却是，其胜利只是暂时的。即便是被她步步阻碍和羞辱的赫拉克勒斯，最后也成功加入了奥林匹斯山诸神的行列。

波塞冬

当克洛诺斯的遗产被分割时，他的儿子们得到了各自那份将永久定位和塑造他们此后的权力的礼物。宙斯得到了天空，哈得斯得到了冥界，大海则被分给波塞冬。地中海，尤其是爱琴海，在过去和现在都是两面的：头一天如明镜般平滑，第二天却是波涛汹涌。相应地，人们所想象的波塞冬的统治也表现为平静的威严与原始的、易爆发的暴力并存。没有哪处比荷马的《奥德赛》更加形象地描述了后一种力量。当波塞冬要为被奥德修斯弄瞎的独目巨人（波塞冬之子）复仇时，他用上了所拥有的一切武器去阻挠奥德修斯返回家乡伊塔刻：

他说完立即聚合浓云，手握三叉戟，搅动大海，掀起各种方向的劲风的暴烈气流，用浓重的云气沉沉笼罩陆地连同大海，黑夜从天空跃起。东风、南风一起刮来，反向的西风和产生于太空的北风掀起层层巨澜。[①]

作为其风暴之力的象征，波塞冬使的是三叉戟，渔民用它来刺中猎物，但深海之神却用它来掀起惊涛骇浪。

尽管波塞冬的力量主要集中在海上，但他在陆地上同样能够搅起自然界的动荡。他是恩诺西盖俄斯（Ennosigaios），即"震撼大地者"，喜欢让其敌人站立的地面开裂从而惩罚对方。这类行为绝不仅限于"很久以前"，据修昔底德所记，公元前464年，人们仍然将发生在斯巴达的灾难性地震归咎于波塞冬。

波塞冬所代表和释放的第三种自然力量是动物之力。在对波塞冬·希庇俄斯的崇拜中，他与马的联系尤为紧密。多个神话故事用生动的性描述来表达这种关系。例如，根据一个与忒萨利亚和雅典有关的故事，当海神的精液喷洒在一块岩石上时，第一匹马才得以被孕育。另一则有着类似暗示的神话故事发源于阿卡狄

① 王焕生译：《荷马史诗·奥德赛》，北京：人民文学出版社，1997年，第96页。

（下）波塞冬这一挥舞三叉戟的形象来自一枚约于公元前530年在波塞冬尼亚（即那不勒斯东南边的帕埃斯图姆）铸造的钱币。上面所刻的"POS"代表着城邦与海神名字的头几个字母。

亚：当得墨忒耳将自己变成一匹母马以逃避波塞冬的关注时，他化作一匹种马，从而满足了自己的欲望。

若想看看将波塞冬的力量表现为野兽的凶猛之力的可怕的戏剧，我们只需去看欧里庇得斯的悲剧《希波吕托斯》。英雄希波吕托斯为其生父忒修斯（他错误地相信前者已经玷污了自己的妻子，即希波吕托斯的继母淮德拉的名誉）所诅咒，被迫流亡。当他的战车沿着海岸线行驶时，一头可怕的公牛突然从海中现身，令希波吕托斯的马匹陷入狂乱从而引发了致命的坠落。将那头公牛召唤出来的诅咒正是由波塞冬（在这一版本中，他是忒修斯之父）授予忒修斯的。汹涌大海与可怕野兽的相似性也体现了波塞冬在希腊人的神圣世界中的地位。

得墨忒耳

作为与谷物相关联的女神，得墨忒耳象征着构成希腊人主食的面包的来源。尽管"丰产女神"的概念在古代宗教研究中已被滥用，但在得墨忒耳这里，这一说法有一定的合理性。在她主要的、流传甚广的节日地母节上，社区的妇女会举办一年一度的秋季（也就是播种之前的时间）祭仪，其明确功能便是提高来年丰收的成功率：小猪被扔进深坑里，它们腐烂的残骸被取回并放置在祭坛上；"人们相信"（据作为我们主要资料来源的古代评论家所记），"取出它并将它与种子一起播撒的人会有好收成"。

但得墨忒耳远不止跟谷物和丰产有关。她也是一位母亲——实际上可能是整个希腊神话中最强大的母亲形象。有一则神话故事比其他所有神话都更好地表达了希腊人对这位女神的想象，那就是冥界之神哈得斯绑架了她的女儿珀耳塞福涅后，得墨忒耳如何反应的故事。在或许可追溯至古风时期的《荷马颂歌·致得墨忒耳》中，我们可以看到对得墨忒耳的悲伤及其部分缓解的详细描述。在世上四处寻找女儿之后，她最终来到了位于雅典和麦加拉之间的厄琉西斯。她乔装成一名老妇人，受到了国王刻勒俄斯及其家人的热情接待。她甚至得到了照料刻勒俄斯与妻子墨塔涅拉所生男孩得摩福翁的特权。为回馈她受到的款待，得墨忒耳在暗中着手将神之属性授予得摩福翁：她为他涂上了神圣物质安布罗西亚（ambrosia），并把他放在炉灶上用火清除他身上的凡人属性。然而，根据希腊神话传说的逻辑，神与凡人的界限是很难跨越的。当吓坏了又不理解她在做什么的墨塔涅拉发现了这一举动时，得墨忒耳便显露出她女神的身份，并命令厄琉西斯人为她建造一座宏伟的神殿。当仍在为女儿哀悼的得墨忒耳退回神庙之中时，一切丰饶也都随她一起从大地上消失了。最后只能由宙斯出面，要求哈得斯将珀耳塞福涅还给她的母亲，以避免发生灾难，但也仅仅是在一年的部分时间里：死亡之神引诱她的新娘吃下了石榴籽，因此她就必须在每年的四个月（在有些版本中是六个月）里回到他身边，届时大地又将被丰产女神遗弃。

（左）庄严的权威与控制植物生长的力量结合在一起——这就是这只科林斯盘子（公元前5世纪）的画匠创造的得墨忒耳形象给人留下的印象。女神的右手拿着一支火把，左手则是罂粟和谷穗，前面——可能是在一个祭坛上——有一只石榴。

阿波罗与紧绷的弦之间的联系既可以表现为暴力（弓与箭），又可以像在这里一样，表现为里拉琴的和谐。阿提卡陶瓶，约公元前430—前420年。

德尔斐的阿波罗神殿。通过其女祭司皮提亚的声音，阿波罗说出神谕来回复问询的人们。但人的思想却是易犯错的，神的信息总是容易被误读。

阿波罗

作为年轻男性之美的化身，阿波罗（宙斯与勒托之子）常被视为"希腊理想"的代表。但他仅仅是希腊的一位神明，而非希腊之神。正如其他所有神明一般，他也有自己特定的活动领域，这将他与其奥林匹斯山的同伴们区分开来。他与音乐、治疗、净化和预言的联系尤其紧密；在后世的希腊思想中，他还被跟太阳联系在了一起。

两个地点组成了阿波罗崇拜及其相关神话的中心：提洛岛与德尔斐。位于基克拉迪群岛中心的提洛岛，至少从公元前8世纪开始便是向

神庙坐落于帕尔纳索斯山下。关于神庙建立的神话讲的是阿波罗战胜了一条可怕的巨蟒，巨蟒的尸身后来腐烂（putrefied），因此他得到了"皮提亚的阿波罗"（Pythian Apollo）的称号，为纪念阿波罗而在德尔斐举办的竞技会则被称为"皮提亚竞技会"（Pythian 的词源 puthein 在希腊语中意为"导致某物腐烂"）。

一条贯穿阿波罗许多神圣力量的线索是和谐的秩序。这一特质在他司掌音乐这一点中不证自明，尤其是里拉琴音乐。希腊人将阿波罗那抚慰人心的里拉琴声与跟狄俄尼索斯相关的、被认为更有异域风情和更能令人狂喜的音乐做了清楚的区分。（这便是阿波罗与狄俄尼索斯之间的对立——尤其突显于哲学家弗里德里希·尼采的著作之中〔见第235—236页〕——能在古代资料中找到一些理由的一个方面。）另一种和谐是健康的身体，在这方面阿波罗也发挥了他作为疗伤者的能力，即修复由疾病所带来的紊乱失调；他的儿子阿斯克勒庇俄斯则是一位典型的医生。根据希腊人的信仰，秩序能在其中得以恢复的第三种背景是净化，它能纠正宗教上的"污染"状态。提供这种全新的开始是阿波罗的另一项职权。最著名的例子是，俄瑞斯忒斯在杀死他母亲克吕泰涅斯特拉之后，作为不洁的流浪者来到了德尔斐的神庙之中。

阿波罗、他的姐姐阿耳忒弥斯以及他们的母亲勒托献祭的地点。相应地，正如我们已经见到的那样，有则神话讲述了当其他地方都拒绝了勒托的恳求时，小小的提洛岛却敢于独自承受赫拉的怒火，接受了那位绝望的孕妇。阿波罗与德尔斐的联系同样很紧密，这一令人惊叹的

尽管要与依法追逐每个犯有弑亲罪之人的复仇三女神对峙，阿波罗还是保护了深陷弑亲之网之中的俄瑞斯忒斯，并使他最终得以挣脱（这个故事被埃斯库罗斯《俄瑞斯忒亚》三部曲中的第三部出色地呈现了出来）。

由于知识可被视作秩序的一种表现形式，人们也许会觉得阿波罗对预言的掌管是这位神明展现其控制和协调经验之能力的另一方面。但在整个希腊神话——尤其是悲剧所探索的神话——当中，一个最为引人注目的主题便是人类不可能准确地预见未来。当一个凡人——不管是俄狄浦斯还是其他什么人——前来问询神谕时，神的声音是通过会犯错的人类解释者间接转达的。阿波罗有个绰号就叫"罗克西阿斯"（Loxias），它可被翻译为"含糊其辞的"。

对秩序与和谐的强调并不应该被拿来暗示阿波罗不同于宙斯或波塞冬，是仁慈和非暴力的。正好相反，阿波罗杀死皮提亚巨蟒的行为已经说明了他的力量有时会如何显露出来。就像宙斯驱使雷霆，以及波塞冬挥舞三叉戟那样，阿波罗同样手持一种作为其个人标志、具有杀伤力的武器——一张弓，他十分善于使用它来捍卫自己的荣耀和利益。当他的祭司克律塞斯在特洛伊被希腊人羞辱时，神明立即回以致命

的愤怒，"如黑夜一般"从奥林匹斯山大步迈下（根据《伊利亚特》），将染有瘟疫的箭矢同时射向凡人和野兽。治疗能力的反面便是用疾病来摧毁的能力。这种攻击由于是在远处发起的，因而显得更为骇人：一个在语言上相关的常被用来形容阿波罗的绰号可被翻译为"从远处射箭的人"。无论他表现出的是仁慈还是攻击性，阿波罗身上总有一些遥不可及的东西。

阿耳忒弥斯

如果试图以其在宗教活动中的地位为基础，来描绘阿波罗的姐姐阿耳忒弥斯的概貌，那么我们能得到的最接近统一图式的便是"过渡到成年"这一概念。对青年男女而言，从年轻的斯巴达男性在阿耳忒弥斯·俄耳提亚（Orthia）神庙中的成人礼，到年轻女孩们在阿提卡的布劳隆为阿耳忒弥斯所表演的扮成"熊"的仪式，这位女神的圣殿都是过渡性仪式的焦点。人们认为阿耳忒弥斯在其中发挥了作用的一种相关的过渡形式是分娩。在有些地方，她被认为与女神厄勒堤亚是一样的，而分娩正是后者的特殊职权。阿耳忒弥斯的一些圣殿往往坐落于沼泽或海岸边等边缘区域，一些学者便将这一点与"过渡"这一概念联系在一起，从而强调了这一概念。反过来，这一点又与阿耳忒弥斯崇拜之象征意义的另一方面不谋而合，即"野性"。正如熊这一形象所暗示的那样，阿耳忒弥斯被认为是野生动物的主人。事实上，帕特雷（位于伯罗奔尼撒半岛的北部海岸）的阿耳忒弥斯·拉芙利亚（Laphria）节上还曾举办过一场令人瞩目的庆典，一位处女祭司驾驶着鹿拉战车，主持一场屠杀野兽的祭祀。

含有阿耳忒弥斯身影的神话传说都反映和折射出了这些主题。当荷马在《奥德赛》中试图描绘年轻的瑙西卡公主的纯真之美时，他就将她比作了无与伦比的女猎神阿耳忒弥斯：

> 有如射猎的阿耳忒弥斯在山间游荡，
> 翻越高峻的塔宇革托斯山和厄律曼托斯山，
> 猎杀野猪和奔跑迅捷的鹿群享乐趣……①

---

① 《荷马史诗·奥德赛》，第107页。

（左）阿耳忒弥斯注视下的阿克泰翁之死。阿克泰翁自己的猎犬们相信他是头牡鹿，从而将他撕成了碎片，他肩膀上悬挂的鹿皮暗示了这一变形。来自西西里岛塞利努斯 E 神殿的排档间饰，约公元前 460 年。

（右）类似这一"头像方碑"所呈现出的直立／勃起状态既是权力的标志，也是性的标志。

尽管阿耳忒弥斯热爱野兽，但她也像其弟阿波罗一样手持弓箭。她会猎杀那些野兽，而且向来箭无虚发。一个类似的悖论可见于伊菲革涅亚——阿伽门农（希腊人远征特洛伊的指挥者）贞洁的女儿——的辛酸故事中。当阿伽门农冒犯了阿耳忒弥斯时——据某一版本所载，他吹嘘自己是比她更好的猎手——女神要求他将伊菲革涅亚献祭以作补偿。一旦自己的神圣荣耀受到威胁，这位年轻女孩们的保护女神便会毫不犹豫地要求杀死她们。不过在这则神话的一个版本中，女神的态度在最后时刻缓和了，她迅速地将伊菲革涅亚带至安全处，并用一头用于祭祀的鹿替代了她。

"过渡"与"青春期"的关键概念，以及与动物的关联，都可在对阿耳忒弥斯有年轻的未婚男女猎人们相伴的反复叙述中找到回响，尽管女性狩猎这一点与现实生活中的实践形成了强烈对比。这些猎人——男性如希波吕托斯、俄里翁和阿克泰翁，女性如卡利斯托——都受到这位处女猎神的保护，因为他们跟她一样，都尚未过渡到婚姻中完整的两性生活；从社会意义上说，他们仍然处于"野生状态"。然而，阿耳忒弥斯与贞洁的关联却远非清楚明了的。正如她在崇拜中的一个角色是分娩女神这一事实所提示的那样，她绝不是与性隔绝得密不透风的。她的贞洁极为脆弱，尽管从未真正被侵犯，却一直处于潜在的威胁之下。

神话传说从两方面表现了这种脆弱。首先，女神年轻的猎人同伴们对团体的依恋常常会因为性而受损。比如，卡利斯托曾是阿耳忒弥斯的信徒，却被宙斯（他狡猾地化身为阿耳忒弥斯）强暴。根据一个版本，她受到的惩罚是被阿耳忒弥斯亲手射死。另一个受女神宠爱的同伴是强大的猎人俄里翁，但他同样因为性关系而失宠：一说他强暴了一名少女，另一说他跟黎明女神厄俄斯有染。在故事的一个版本中，正是阿耳忒弥斯设计了他的死亡，她派去一只巨蝎杀死了他。

而在俄里翁故事的另一个变体中，是阿耳忒弥斯本人被俄里翁吸引，这次是阿波罗介入，杀死了那个莽撞的越界者。这便指向了神话用以强调阿耳忒弥斯贞洁之脆弱的第二种方式，即有些故事说是阿耳忒弥斯自己，而非她的同伴们，令人不快地靠近了一段性关系。关于阿克泰翁冒犯女神的性质，有多种不同说法：一说是他渴求着她，更加温和的说法则是，他在无意间撞见她和她的仙女同伴们在山间清泉中沐浴。而无论如何，阿克泰翁对阿耳忒弥斯的神圣空间的侵犯都足以为他定罪：在变成一头牡鹿后，他被自己的猎犬们撕成了碎片。巨人俄托斯与厄菲阿尔忒斯也因试图分别赢得阿耳忒弥斯与赫拉的心而犯下类似的致命错误。正是阿耳忒弥斯发挥了毁灭他们的作用。她化身为一头鹿，在两人之间奔跑；两位巨人各投掷了一杆标枪，没有射中鹿，却杀死了对方。

赫耳墨斯

通过其典型雕像，即一根顶部为半身像且正面有一根勃起的阴茎的方形石柱，宙斯与仙女迈亚之子赫耳墨斯变成了一个对希腊人而言真正家喻户晓的词。这类坚硬有力的"头像方碑"（herm）可在许多地方找到——在城里、乡间、交叉路口——但最具代表性的场景还是作为边界的标志，出现在普通希腊人家的门外。公元前415年，在对西西里岛的伟大军事远征的出发前夜，叛乱者毁坏了雅典城内的头像方碑，该事件被认为预示着灾难——这毫不令人讶异，因为作为划分每个人拥有的土地的神圣标志，头像方碑清晰地表达了城邦的基本架构。

赫耳墨斯的神话既与头像方碑的图像意义形成对比，又对它有所补充。一方面，神话中的赫耳墨斯是移动、旅行、在对立状态之间迅速转换之神——不同于头像方碑的固定，他在本质上是运动的。而另一方面，神话中的赫耳墨斯又是——正如头像方碑的外形和地点所暗示的那样——丰产之神（尤其是牛羊之丰产）和界限之神。

荷马史诗中的三个情节展现了赫耳墨斯在对立面之间摇摆不定的背景。首先是《伊利亚特》的最后一卷，乔装后的赫耳墨斯引领年迈的特洛伊王普里阿摩斯从他被围困的城市来到希腊军营，以求赎回他心爱的儿子赫克托耳的尸体。换言之，赫耳墨斯在"无人之地"活动。第二个情节出现在《奥德赛》的第五卷，即赫耳墨斯从奥林匹斯山飞身而下，为居住在大地尽头一座岛屿上的女神卡吕普索带去一条信息。由于赫耳墨斯能跨越天空与陆地、高山与大海，他是一个完美的信使。最后，临近史诗的结尾，就在那些谋划夺取奥德修斯的家宅、与他妻子结婚的求婚者被归来的英雄屠杀时：

> 库勒涅的赫耳墨斯把那些求婚人的魂灵召集到一起。他手里握着一根美丽的金杖，他用那金杖可随意使人

双眼入睡，也可把沉睡的人立时唤醒，他正用那神杖召唤，众魂灵啾啾跟随他。[①]

生与死，睡与醒，奥林匹斯山与冥界：赫耳墨斯最钟爱的角色便是在这类两极之间游移。

这种能力从他在阿卡狄亚的库勒涅山上出生时便跟随于他。正如我们在美妙的《荷马颂歌·致赫耳墨斯》中见到的那样，宙斯与仙女迈亚所生的足智多谋的新生儿，用一次偷牛行动庆祝了自己降生于世，而受害者正是他的异母兄弟阿波罗。任务完成后，年轻的神明穿过其藏身地的洞口退回到他的基地：这便是掌管边界的一个终极证明。

赫耳墨斯的职权为偷盗、诡计和手艺。他缺乏其他奥林匹斯山神明通常所拥有的蛮力，其标志性象征——手杖，是一种不具攻击性的武器。是他建议奥德修斯使用仙草摩吕（moly）作为解药来避开女巫喀耳刻的魔药；也是他在杀死有许多只眼睛的阿耳戈斯（被赫拉派去监视宙斯的爱人伊娥）前，先诱使他的眼睛一只接一只地闭上——他又一次偏向使用诡计而非未经调停的暴力。

还有最后一个角色值得强调。凭借他作为信使和传送者的能力，赫耳墨斯经常扮演其他神明之间的调停者。当赫拉、雅典娜和阿佛洛狄忒需要人带路前往伊得山找帕里斯做裁判（见第132页）时，是赫耳墨斯带她们去了那里；当珀耳塞福涅从冥界归来与她的母亲得墨忒耳团聚时，如果不是赫耳墨斯，该是谁来为她引路呢？但是，一个人的忠仆在另一个人的眼里也许就是走狗。在埃斯库罗斯的《被缚的普罗米修斯》中，普罗米修斯表达了一位神明对另一位神明最为尖刻的谴责——他辱骂了赫耳墨斯，因为后者听从天上的新暴君宙斯的命令。

阿佛洛狄忒

一般来说，只将一个称号用在一位希腊神明身上是一种具有误导性的简化，但在阿佛洛狄忒这里，"性之女神"的描述却正中要点。有关其谱系的说法并不一致。在荷马的《伊利亚

---

① 《荷马史诗·奥德赛》，第438页。

78

特》里，她是宙斯和女神狄俄涅的孩子，完全没提及赫西俄德那个说她是从乌拉诺斯被割下的生殖器中诞生的血腥故事。关于她和另一位象征着性爱的神明厄洛斯之间的联系也有许多不同版本：赫西俄德的叙述将厄洛斯的出现置于宇宙之初，阿佛洛狄忒是后来出现的；但其他的神话讲述者，比如罗得岛的阿波罗尼俄斯，则让厄洛斯扮演一个永恒的孩子，即阿佛洛狄忒那被宠坏的，而且（凭借他那例无虚发的情

欲之箭）十分危险的后代。然而所有变体都有一个共同之处，那便是人们认知中的阿佛洛狄忒是"阿佛洛狄西亚"（aphrodisia），即性行为这一概念的化身。

这一特质主导着阿佛洛狄忒的许多祭仪，无论是在她位于塞浦路斯岛（她经常出现的称号"库普里斯"[Kypris]，即"塞浦路斯人"，便由此而来）南部海岸的帕福斯和阿马图斯的主要圣所里，还是在其他地方。在她的诸多称呼里，有"波耳涅"（Porne，即"妓女"）和"赫泰拉"（Hetaira，即"性伴侣"）。但我们不应就此推断阿佛洛狄忒在公民生活方面被边缘化了。恰恰相反，一些地方的宗教仪式强调了其社会重要性，比如在婚礼祭仪的背景中；或通过"潘德摩斯"（Pandemos，即"全体人民的"）这一称号作为社会和谐的象征。

几则神话故事展现了阿佛洛狄忒可在最亲密的情感场景中施展不可抗拒的力量。这类故事中最著名的便是"帕里斯的裁决"。当赫拉、雅典娜和阿佛洛狄忒为谁最美丽而争论不休时，她们将决定权交给了一个凡人：特洛伊王普里阿摩斯的儿子帕里斯。他要在摆在面前的贿赂

位于罗得岛林多斯的雅典娜神庙矗立于海边的一块绝壁之上。它以多立克风格建造，可追溯至公元前4世纪。

（左上）橄榄曾经是并始终是希腊景观的一大特征。它是雅典娜的圣物，也是她所保护的雅典城的一种财富来源。对于索福克勒斯悲剧《俄狄浦斯在科罗诺斯》中的歌队而言，它是一种"并非由人类种植，而是自生的、为敌人的长矛所畏惧的树木"。

（右上）当特洛伊公主卡珊德拉在雅典娜的祭坛边被希腊勇士俄伊琉斯之子埃阿斯强暴时，女神的愤怒久久不能平息：她在希腊舰队胜利回航的途中歼灭了它，而埃阿斯的船也在其中。来自意大利南部的水罐，约公元前330年。

中做选择——赫拉给出的是权力，雅典娜给出的是胜利，而阿佛洛狄忒给出的则是世间最可爱女子的爱情——他的决定看来早就注定了：阿佛洛狄忒拿走了奖品，帕里斯带走了海伦，从而引发了特洛伊战争。

尽管嫁给了瘸腿的工匠之神赫淮斯托斯，阿佛洛狄忒却因为她与阿瑞斯的情事而臭名昭著：在《奥德赛》中，得摩多科斯吟唱道，当那可怜的戴了绿帽子的神明决定展开报复，将他们牢牢绑在一张用神奇工艺制成的网里时，这对通奸的男女就被紧锁于彼此的臂弯中。哪怕是宙斯都不能抵挡这位女神的魅力。阿佛洛狄忒的腰带被她系在紧贴乳房的位置，它有一种让众生倾倒的魅力。在《伊利亚特》中的一个关键时刻，它曾被赫拉借去助她引诱自己的丈夫，来转移他在战场总体规划方面的注意力。

但是，放任自己或其他神明被阿佛洛狄忒操控而不进行反击并非宙斯的本性。有一次，他决心证明她也有可能成为欲望的受害者。正如《荷马颂歌·致阿佛洛狄忒》所叙述的那样，宙斯让她与一名凡人牧羊人坠入情网，从而令她自损身份。他名叫安喀塞斯，在特洛伊附近的伊得山上照管他的牧群。女神先是退回她位于帕福斯的圣殿之中沐浴，并用一种甜美到难

以形容的香水抹遍全身。接下来，她乔装成一个凡人，去找安喀塞斯。他们交合的结果是生下了埃涅阿斯，他是少数几个从毁于希腊人之手的城里逃出来的特洛伊人之一。至于安喀塞斯本人，当他醒来见到以真身出现的女神时，她便警告他永远不要泄露发生过的事情。但在神话传说中，这类禁令就是用来被打破的，这次当然一如既往：某天安喀塞斯喝醉了，脱口说出了他的秘密。由于他已经不可宽恕地折损了阿佛洛狄忒的荣耀，惩罚是无法避免的。根据不同的版本，宙斯要么弄瞎了他，要么弄瘸了他，从而再次确定了界限——没有哪个凡人能够越过这界限而不受责罚。

雅典娜

作为宙斯与墨提斯（"机智"）聪明、机智又勇敢的孩子，雅典娜全副武装地从宙斯脑袋里跳出来，是一位处女勇士。她在军事上的标志是头盔、长矛，以及最重要的"埃癸斯"，即她披在肩膀上的带流苏的羊皮胸甲，上面有恐慌的灌输者戈耳工的狰狞形象。

不同于"从远处"行动的阿波罗，人们觉得雅典娜离得"很近"，尤其是跟她所钟爱的英雄们。荷马史诗早就说过是雅典娜在支持阿喀

琉斯和奥德修斯。当阿喀琉斯跟阿伽门农的争吵即将演变为一场致命的决斗，势必危害希腊人的战果时，是雅典娜拽住阿喀琉斯的头发制止了他。至于奥德修斯，也是雅典娜在他返回家乡伊塔刻的流浪过程中多次帮助了他，有时赞扬、有时斥责这个跟她拥有诸多共同点的狡猾的门徒。

雅典娜不仅跟英雄们"很近"，也因其作为波利阿斯（Polias，即"城塞女神"）的身份而跟社区离得"很近"。有时整个城邦的命运都取决于她的存在：当她的守护雕像被狄俄墨得斯和奥德修斯从特洛伊偷走时，那座城池才被围攻者们攻陷。阿尔戈斯、斯巴达和林多斯（在罗得岛上）的主要神庙都是献给她的，举世闻名的雅典卫城中宏伟的帕特农神庙也一样，甚至雅典娜可能就是因雅典城而得名的。即使一些学者认为，命名的过程是反过来的——是雅典城因其保护神而得名——城邦与女神之间的关联也是十分紧密的：她的圣鸟猫头鹰就是雅典钱币上的一个典型形象。至于雅典娜与雅典联系起来的原因，神话提供了一种解答。雅典娜曾跟波塞冬争夺该城主神的角色。波塞冬的

三叉戟在卫城光秃秃的岩石上击出一个洞，让一股海水流了进来；雅典娜给出的礼物却更为持久，也更具经济价值：一棵栽培的橄榄树，它当然为她赢得了这次胜利。

事实上，培育——将自然带入人类生产活动领域的过程——是理解雅典娜的一个关键概念。她保护纺羊毛的妇女；她待在木工左右，他们将原木变为一艘适航之船，如阿耳戈号，又或是做成只此一件的作品，如特洛伊木马；她还启发着驯服马匹和制造战车的人。自然与驯化的对立，以及与其相关的生食与熟食的对立——许多人类学家将这些对立视为人类思考世界的基本方式——与这位女神所行使的特殊权力密切相关。令她无比震惊，乃至放弃支持她最钟爱的英雄之一堤丢斯的事件是，她见到了他生吞下敌人脑子的情形。

尽管她愿意接近人类，但她的愤怒却可以吞噬一切。当阿拉克涅吹嘘自己能在纺织方面超越雅典娜时，这个鲁莽的女孩便被变成了一只蜘蛛；当年轻的猎人忒瑞西阿斯撞见这位处女神裸身沐浴时，让他盲眼便是她所施加的惩罚；在洗劫特洛伊的过程中，当俄伊琉斯之子

（左下）狄俄尼索斯效仿动物本性的能力有时表现为可怕的野性。在这里他不可思议地轻松肢解了一头鹿。阿提卡陶瓶，约公元前490—前470年。

（右下）狄俄尼索斯的两组跟随者，狂女和羊人，由于后者急迫的欲望，有时会靠得很近。从狂女以及标志性的"神杖"堤耳索斯驱使下的野生动物中可以清楚地看出这幅阿提卡陶杯（约公元前490年）上的图像所具有的酒神式氛围。

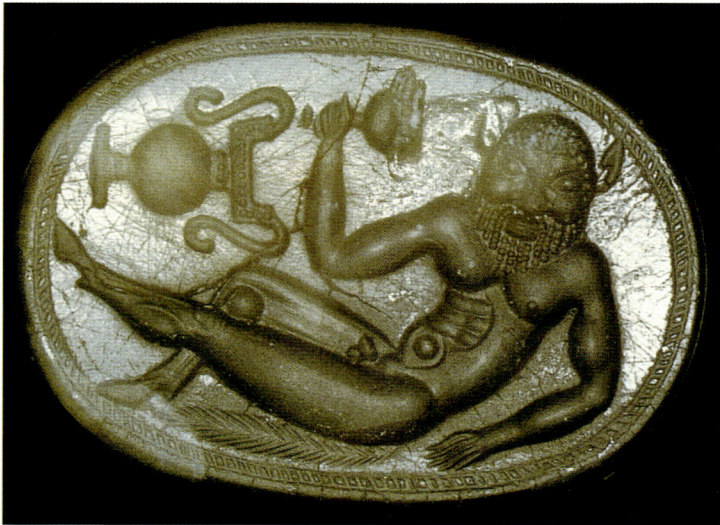

圣甲虫形玛瑙（约公元前530年）上的凹雕羊人似乎已经喝干了杯中连同罐中的酒。羊人们和狄俄尼索斯一样醉酒，却没有后者身体上的吸引力。

埃阿斯（通常被称为"小埃阿斯"，以区别于忒拉蒙之子埃阿斯）在雅典娜的祭坛边强暴了女预言家卡珊德拉时，他的鲁莽行为致使女神与波塞冬联手击沉了返航中的希腊舰队。后两个故事暗示了这位女神跟性离得很远，而这也是贯穿了许多有她身影的神话传说的一大主题。她的贞洁始终完好无损，其神圣形象以一种特殊却并不奇怪的方式将男性气质与女性气质结合在了一起。

有则神话故事既强调了女神顽强的贞洁，又强调了她与雅典城的紧密关系，那就是赫淮斯托斯向她求欢的故事。这位跛足的工匠之神曾用他的斧子劈开宙斯的脑袋，好将雅典娜带到世上，但他对她的兴趣却并未随着她的出生而结束。有一天，当其性欲被挑起时，他便开始追逐她，但就像常常发生在赫淮斯托斯身上的那样，一切都在一场反高潮中结束了：他的精液洒在了她的大腿上。雅典娜用一些羊毛将其拭去，随后又将羊毛扔在地上。在羊毛落下的地方，大地受了孕，生出了一个将成为雅典最早的国王的孩子厄瑞克透斯，有时被称为厄里克托尼俄斯。这位女神与其热烈拥护的城邦之间的纽带既多面又坚固。

狄俄尼索斯与其追随者们

没有哪一部关于希腊神明的文学作品可在纯粹的魅惑力上与欧里庇得斯的悲剧《酒神的伴侣》比肩。这部戏剧关注的是忒拜王彭透斯，

他拒绝认可一个刚从东方来的能创造奇迹的"陌生人"。当那个陌生人诱使全城妇女抛弃她们的家庭，并到附近的喀泰戎山上去崇拜新神狄俄尼索斯时，整个社会瓦解了。领头的妇女为伊诺、奥托诺厄和阿高厄（彭透斯之母），她们是狄俄尼索斯之母塞墨勒的姐妹们。狄俄尼索斯使她们三人发了疯，因为她们否认塞墨勒孩子的父亲实际上就是宙斯。那个陌生人——正是狄俄尼索斯本人——实施了可怕的报复，让阿高厄在一场不可理喻的暴力狂欢中将她的儿子撕成了碎片。

神话中的狄俄尼索斯的主要特征都被包含在《酒神的伴侣》之中。他带来的疯狂是集体而非个别的，围绕在他身边的成群的信徒（在《酒神的伴侣》中，这些人是他的"迈那得斯"[maenads]，即疯狂的女人）便是这一事实的象征。他被与一种"狂喜"（ecstasy）的状态联系在一起，这个词的字面意思是"站在自己之外"。他是这样一类神：凭借自己的颠覆力，先是激起抵抗，接下来又毫不怜悯地击碎它。在其象征物中，有醉人的葡萄以及永远青葱和生机勃勃的常春藤。简而言之，他既可爱得难以形容又危险得令人敬畏。

所有这些特征都在其他关于狄俄尼索斯的神话传说中得以呈现。我们将依次列出每个特征。

（右）埃克塞基亚斯的这只著名的杯子（约公元前530年）内部描绘着狄俄尼索斯为惩罚绑架了他的海盗，而将他们变成了海豚。这一场景是对变形的大师级展现：船桅变成了一棵葡萄树，而船体则变成了海豚的模样。

集体崇拜：有两类跟随者陪伴在酒神左右。他的女性跟随者，狂女迈那得斯出现在许多文学叙述和无数视觉作品之中。狂女的典型姿态——头在狂喜中尽情后仰——与其狂野的装束十分匹配。她们会将有斑点的鹿皮挂在脖子上，有时还用蛇来扎头发或是绑裙子。狂女常常被表现为抓着野兽，甚或在被称为sparagmos（即"英雄被撕裂"）的祭仪中将它们撕成碎片，这体现了酒神式的贴近自然。狄俄尼索斯的男性信徒羊人不似狂女那般可怕，而是带有一种近乎荒诞的怪异。他们的外表本身就体现了一种对动物世界的贴近，因为属于马或者（尤其在古典晚期的描绘中）羊的特征使他们显著的人神同态的特点变得生动起来。他们习惯于追逐仙女（即宁芙）或狂女，但其求爱却总是被拒绝——这大概不会令人讶异，因为他们那局部秃顶与夸张的毛发不均匀地混搭的样子可能不会符合每个人的品味。所有羊人中最丑的是西勒诺斯，这位老人据说是他们的领袖，而他那近乎永恒的醉酒状态象征着羊人沉溺于一种核心的酒神式欢愉。

站在外面：酒神式狂喜反映在不少故事当中，它们都将这位神明表现为从"外面"来的。这显然不是一个历史记忆的问题（以线形文字B刻成的石碑给了我们证据，证明酒神崇拜在希腊的出现至少可追溯至公元前13世纪），而是

酒神的异质被象征性地表现为"属于外部"的一个问题。因此，根据神话，狄俄尼索斯被嫉妒的赫拉（由于他是宙斯与塞墨勒通奸的产物）逼疯了，之后在许多希腊以外的土地上流浪，从埃及到印度，直到他最终返回希腊。

抵抗与惩罚：不少神话故事都叙述了狄俄尼索斯所激起的抵抗。梯林斯王普洛托斯的女儿们被逼疯并逐出了家门，因为她们未能承认狄俄尼索斯。比这更糟的是弥倪阿斯——俄耳科墨诺斯的建立者和统治者——的一个女儿的命运。她跟她的姐妹们偏爱纺织，以此纪念雅典娜，而非崇拜狄俄尼索斯；于是她也像阿高厄那样，将自己的儿子撕成了碎片。至于色雷斯王吕库尔戈斯，他对狄俄尼索斯的迫害则导致了（取决于不同版本）疯狂、盲眼，或者被野兽撕裂。

酒神的植物：令人陶醉的葡萄藤和生机勃勃的常春藤是典型的酒神植物。葡萄酒这份礼物有利也有弊：当酒神将它赐给阿提卡农夫伊卡里俄斯时，跟他分享了这种陌生液体的邻居却认为他毒害了他们，而非仅仅让他们微醉——于是他们便杀死了他。葡萄藤和常春藤一起出现的地方也是狄俄尼索斯出现的地方。一些莽莽撞撞地绑架了酒神的埃特鲁斯坎海盗发现，他们的船上长出了这两种植物的藤蔓。深感震惊并畏惧于同时出现在甲板上的野兽的倒霉的海盗们纷纷跳下船去，不可思议地变成了海豚。

危险与欢愉：酒神的许多神话传说都曾提及神明的危险性：惹恼他的人类可就处于危险边缘了。但他的出现同时也带来了甜蜜与安慰。忒修斯在带走克里特公主阿里阿德涅后，将她抛弃在了纳克索斯岛上。狄俄尼索斯

（左）塞萨洛尼基博物馆的荣光之一，来自附近德尔维尼的大型（高91厘米）青铜调酒瓮，其上有理想化的神话形象，显得光洁明亮。两幅赫拉克勒斯的头像浮雕装饰着瓮口的螺旋形部分，在其注视下，瓮身上的图像重点突出了狄俄尼索斯与其新娘阿里阿德涅的结合（见第66—67页插图）。

（下）与往常一样，阿瑞斯决心投入在希腊语中与他同义的行动：战争。他全副武装，活跃地摆出了行动的姿态。"弗朗索瓦陶瓶"，约公元前570年。

这只陶瓶（约公元前560年）的画匠描绘了少年时期的赫淮斯托斯骑在一头毛驴背上。图像以外往右是狄俄尼索斯，他正引领着赫淮斯托斯返回奥林匹斯山。左边顶部还有一个快活的羊人。

（右）对希腊人和罗马人而言，潘神是一个"外来"之神，令人紧张且暗藏危险。任何在不知不觉中碰到他的人都可能染上"恐慌"。潘神最亲密的伴侣便是仙女们，他与她们共享许多祭仪，尤其是在山洞之中。图为罗马帝国时期的潘神小金像。

登上一辆由异域野兽拉着的战车前去解救了她，这个故事造就了最惊人且最优雅的古代艺术品之一——德尔维尼调酒瓮，它上面的酒神与其新娘斜倚在华丽的环境中。

阿瑞斯与赫淮斯托斯

这两位神明虽在影响的范围上有着明显的区别，却共同承受着经常被其神圣同伴所毁谤的羞辱。阿瑞斯不为人所喜爱，因为他代表的是战争中无节制的残忍。他自己的父亲宙斯在《伊利亚特》中称他为"所有奥林匹斯山神明中我最最憎恶的"。尽管常被视作罗马战神玛尔斯的对应者，阿瑞斯在希腊诸神中的地位却远不及玛尔斯在罗马那么重要（见第218页）。据说他来自色雷斯——在某些其他地方的希腊人眼里，这不过是个半开化之地。他在与阿佛洛狄忒背着她的丈夫赫淮斯托斯通奸之后退回了色雷斯。这对通奸的男女定期相会，还生下了四个孩子：福玻斯（Phobos，即"恐惧"）、得摩斯（Deimos，即"惊恐"）、哈耳摩尼亚（Harmonia，即"和谐"）和（根据一个不同于赫西俄德的记载的变体）厄洛斯（Eros，即"性爱"）。前面两人继承了他们父亲的特征，后面两人则继承了他们母亲的特征——似乎父母之间的对比是如此强烈，以至于他们的后代都不能将二者混合。

工匠神赫淮斯托斯跟阿瑞斯一样，也被列为外来者，甚至双倍于此。首先，他跟爱琴海

北部的楞诺斯岛有关联，直到古风时期那里还居住着（正如铭文证据所示）不说希腊语之人。其次，他还是个跛子。根据某个版本，赫拉未跟宙斯在一起便独自生下了他，但是——正如在神话谱系的逻辑里太常发生的那样，非传统的受孕方式产生的是不完美的后代——她厌恶地将他扔下了奥林匹斯山。而他的报复却是复杂而非暴力的，他送给她的黄金宝座能用看不见的绳索将她绑住。最后还是狄俄尼索斯灌醉了他并让一头毛驴带他返回了奥林匹斯山。在那之后，他才同意放开他的母亲。

"扔下奥林匹斯山"的主题后来又重现了一次。当宙斯跟赫拉发生了极其骇人的争执时，他把她悬挂在山上并在其双脚上加了铁砧，这回赫淮斯托斯则站在了他母亲那边。宙斯费尽气力才将工匠神远远扔到他自己的楞诺斯岛上。可尽管如此，他还是再次不屈不挠地登上了奥林匹斯山，重回众神之列。虽然他继续被他们用粗野的幽默嘲弄，却也因为自己对金属和火那无可匹敌的掌控技艺而赢得了他们的尊重。

次要的神明：赫卡忒、赫斯提亚、潘神

赫卡忒在神话叙事中的角色相对不那么突出。阿波罗尼俄斯的《阿耳戈英雄纪》里一个令人难忘的场景展示了她与冥界邪恶力量的联系，即伊阿宋在赫卡忒的女祭司美狄亚的建议下，呼唤这位女神前来助他一臂之力。赫卡忒与夜晚，与狂吠的狗，以及与十字路口的无人之地之间的联系，全都强调了她神圣角色里可怕又神秘的本性。不过，像往常一样，过于肯定地概括希腊人对某个宗教现象的看法是不明智的。在其《神谱》中，赫西俄德为赫卡忒献上了一首杰出的、几乎个人化的赞美歌，用丰富的词汇将她颂扬为国王的合作者、胜利的授予者，以及繁荣的提供者。在我们的希腊神话图景中，必须始终为地域性的，甚至是异质的变体保留空间。

其神话角色同样不甚突出的还有炉灶之神赫斯提亚。实际上，"掌管炉灶的"是个误导——她就是炉灶，位于每个家庭和每个社区中心的圣火。（古希腊语并不区分"大写"和"小写"字母：hestia 一词既指"炉灶"，又指"女神赫斯提亚"。）她是个处女，性行为会玷污她火之本质的纯洁性。她的角色是重要且固定的。法国学者让-皮埃尔·韦尔南其实早已令人信服地指出了赫斯提亚跟移动与交易之神赫耳墨斯之间一个重要的对立兼互补之处。而另一个重要的对比是跟赫淮斯托斯。他代表着火的动态方面——生产性，如锻造，或攻击性，如《伊利亚特》第21卷中他与一位河神的剧烈冲突——而赫斯提亚则是不灭的焦点，是献祭行为必需的元素。在这个意义上，她跟其罗马"对应者"维斯塔之间又有一定的相似性，尽管赫斯提亚缺乏维斯塔在罗马的守护者，即"维斯塔贞女们"（见第218页）所赋予后者的社会重要性。如往常一般，希腊与罗马"对应的"神明这一概念可能更易误导而非帮助我们。

希腊神明的本性中暗藏着超越神人同形的能力。对许多神明而言，这种能力以自我变形的方式出现，如变成某种动物的形状。但在潘神那里，这种对人类和某种动物之样貌的混合并非暂时的变形，而是永久的混合状态，正如羊人的形态一般：半是人类，半是山羊。他的放纵对象是包罗万象的：没有哪个仙女能免于他的骚扰，牧羊少年，甚至是牧群中的动物都必须对他保持警惕。潘神游荡于社区之间的旷野，被希腊其他地方的人视为粗鄙原始之地

诗歌表演的传统启发者缪斯们，罗马石棺浮雕，约公元150年。人们相信缪斯们就居住在奥林匹斯山和赫利孔山上。

的阿卡狄亚就是与他最有关联的区域，但对他的崇拜却流传在整个希腊世界之中。他的名字（意即"全部"）有时甚至被拿来代表一种普遍的神圣力量。然而，其典型形象却更为质朴：长着羊角和羊蹄，在越轨之性行为之间的短暂间歇中平静地吹奏牧笛。

缪斯

由于我们关于希腊神话的许多资料都是由诗人创作的，因此我们便不再讶异于那些传统的诗歌表演的启发者——缪斯们总被人们称颂了。"从她们的嘴唇流出甜美的歌声，"赫西俄德吟咏道，"其父雷神宙斯的殿堂也听得高兴，白雪皑皑的奥林匹斯山峰、永生神灵的厅堂都

缭绕着回音。"她们是宙斯与谟涅摩绪涅（即"记忆"）之女：克利俄、欧忒耳珀、塔利亚、墨尔波墨涅、忒耳西科瑞、厄拉托、波吕许谟尼亚、乌拉尼亚和卡利俄珀。在古代晚期，特定的艺术类型被分派给了她们：历史归克利俄，悲剧归墨尔波墨涅，等等。尽管与歌唱、舞蹈和庆典紧密相联，她们却仍然像每一位神明那样都会愤怒。当游吟诗人塔米里斯鲁莽地宣称自己在歌唱和表演方面都能赢过她们时，她们不仅弄瞎了他，还夺走了他的诗歌技艺。同样果决的则是她们对马其顿统治者庇厄洛斯王九个女儿的挑衅的反应：当那些愚蠢的姑娘们要举办一场音乐比赛来进行挑战时，缪斯们先是赢得了比赛，根据一个变体，后来又将她们的对手变成了喜鹊。

命运三女神

与她们在北欧神话中的"对应者"诺伦三女神不同，命运三女神（摩伊赖，来源于表示"部分"或"份额"的单词）只偶尔出现在希腊神话之中。神话事件的起因通常都表现为诸神的旨意与人类或多或少的自由选择的交织混杂。

然而只在偶然的情况下，命运三女神的合作才会发挥作用。这三位女神分别是克罗托（即"纺线的女神"）、拉刻西斯（即"命运的安排者"）和阿特洛波斯（即"无法回避的女神"）。暗藏在这些名字中的象征意义即纺织、丈量和剪断一根线，而这根线的长度又恰好对应了一个凡人的生命年限。由于这一三重进程发生在人初生之时，因此在理论上便没有随后再议的余地。这完全体现在英雄墨勒阿革洛斯身上。"当他才七天大时，"阿波罗多洛斯记录道，"据说摩伊赖就出现了，并宣布墨勒阿革洛斯将会在火堆上的木块完全燃尽时死去。"他惊恐的母亲阿尔泰亚便取走并藏起了那方木块。然而有一天，在对儿子（他同她的兄弟们争吵并杀死了他们）的一阵怒火中，阿尔泰亚又重

新点燃了木块，从而使命运三女神的预言最终实现了。

然而——总有一种爱进行思想实验的神话——好几个故事都探索了使命定之事失效的可能性。我们已在《伊利亚特》中遇到过宙斯之坚持的例子，尽管他能够延长其子萨耳珀冬的生命，可权衡之后他却没有做出这样的选择，为的是避免激怒其他的神明。

同样有趣的是发生在欧里庇得斯的戏剧《阿尔刻斯提斯》里的情形。为回馈他在凡人阿德墨托斯那里得到的热情款待，阿波罗尝试着把命运三女神灌醉，诱使她们延长了阿德墨托斯的生命。而延长的条件却是阿德墨托斯要找到一个同意代他去死的替身，正是伴随这种替代而来的情感创伤构成了欧里庇得斯复杂而又感人的戏剧之基础。

复仇三女神

总体而言比命运三女神更加活跃的还是复仇三女神（厄里倪厄斯）。有时她们被认为是一个人数众多的集体，尽管后世的作者将她们表现为了一个三人组合，她们的名字分别是阿勒克托（即"无情的"）、墨该拉（即"忌恨的女

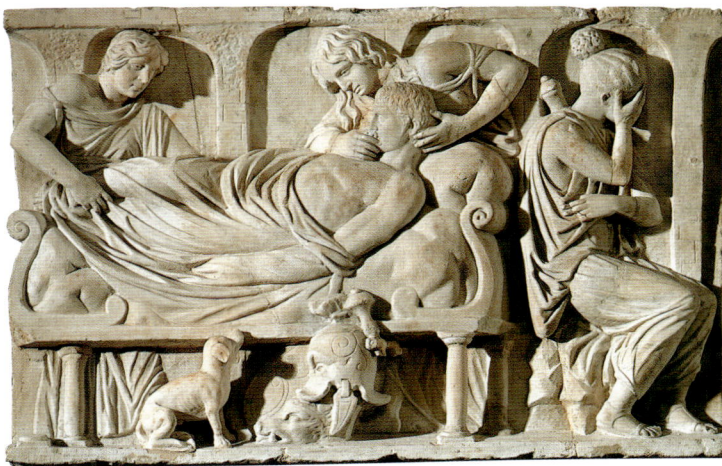

（上）墨勒阿革洛斯之死。摩伊赖（命运三女神）告诉墨勒阿革洛斯之母当木块燃尽时他就会死去。她将之藏了起来，但某天却又愤怒地重新点燃了它，由此实现了命运三女神的预言。罗马石棺浮雕，公元2—3世纪。

神"）和提西福涅（即"杀戮的复仇者"）。她们被认为来自远古时代——肯定比奥林匹斯山诸神"更老"。但她们却存活到了奥林匹斯山诸神的时代，原因正在于其体现的力量尚未被取代。每当谋杀行为发生时，尤其是在与凶手有血缘关系的人被谋杀时，她们就会自发采取行动。根据某一变体，从乌拉诺斯被割下的生殖器中滴落的血掉在大地上孕育出了她们。她们的外貌十分令人憎恶：像狗一样乱嗅和狂吠，头发中有蛇且眼中流出恶臭的液体。然而她们并不邪恶。她们有一份重要的工作要完成，即追猎那些犯下暴力罪行的凶手。

正如我们已经暗示过的那样，希腊神话的一大功能是进行思想实验：如果……怎么办？尤其是在悲剧当中，这些思想实验就集中于明显不能解决的困境上。一个经典的实例发生在埃斯库罗斯的《俄瑞斯忒亚》三部曲中，在戏剧的后半部分，复仇三女神就位于情节的核心位置。当俄瑞斯忒斯杀死了他母亲克吕泰涅斯特拉时，他就被复仇三女神追赶，即便他几乎不可思议的弑母行为是被克吕泰涅斯特拉对其丈夫，即俄瑞斯忒斯之父阿伽门农背叛性的谋杀所激起的。那么复仇三女神对俄瑞斯忒斯的迫害仍然正确吗？最后在雅典，这一困境在雅典娜本人的英明指引下得到了某种解决：俄瑞斯忒斯被判无罪，而复仇三女神非但没有蒙羞反而保持了她们的权力，并被赋予在雅典城的中心被优先崇拜的一席之地（见第185页）。即便处于奥林匹斯山诸神的全新统治之下，这些"老的"神明也仍被需要着。

（左）这座青铜小雕像（约公元前400年）来自维苏威火山附近的坎帕尼亚，它可能代表着一位厄里倪斯（即"复仇女神"的单数形式）或是埃特鲁斯坎人的冥界之神万特。无论如何，其翅膀和缠绕在手臂上的蟒蛇都传达出了一种具有神秘力量的感觉。

荣耀与边界

为描述被归于不同希腊神明名下的权力与活动的范围，我们便不得不时常遇到利益的冲突与边界的争议。现在我们将直接关注这一主题，既有它所触及的不同神明之间的关系，也有更为特殊的，关于神明与凡人之间的关系。

神明在他们各自的领域中自是至高无上的：除了赫淮斯托斯，还无人能够解开绑住通奸者阿瑞斯与阿佛洛狄忒的隐形绳索；而当赫拉戴上阿佛洛狄忒的腰带时，即便是宙斯都无法抵挡它的魅力。问题出现在边缘和边界处，当要做出选择之时，以及当一位神明的荣耀因此而岌岌可危之时。希波吕托斯的故事正好说明了这点。

希波吕托斯

希波吕托斯是个年轻的凡人，他热爱打猎与童贞胜过阿佛洛狄忒所掌管的追欢逐爱。作为阿耳忒弥斯的专属信徒，他含蓄地贬低了那位司性爱的女神。而神明们从不宽宥对自己的不敬，阿佛洛狄忒亦不例外。在欧里庇得斯的《希波吕托斯》——即拉辛的伟大剧作《淮德拉》以及后世许多改编之基础——中，阿佛洛狄忒让希波吕托斯的继母淮德拉爱上她的继子来报复那个轻慢了神明的人。当惊恐不已的希波吕托斯拒绝她时，淮德拉便上吊自杀了，但在那之前却写下了指控希波吕托斯的遗言（见第129页）。在对事件的真实过程一无所知的情况下，希波吕托斯之父忒修斯诅咒了他的儿子，而那个诅咒也正好导致了希波吕托斯的死亡。尽管该剧最后一幕场景描绘了阿耳忒弥斯与其濒死之信徒的依依惜别，但这部戏剧留给我们最为持久的印象却是阿佛洛狄忒的无情报复。唯一比它还要冷漠的则是阿耳忒弥斯发誓，但凡她能找到机会，便要对阿佛洛狄忒所钟爱的一个人施以类似的惩罚。

吕卡翁

有一种由神明介入才得以纠正的越界行为尤为重要，那就是凡人试图欺骗诸神以使他们越界。阿卡狄亚最早的神话居民之一吕卡翁的故事便是一个形象的例子。尽管存在数个变体，但一条共同的主线是吕卡翁或他的儿子们试图欺骗宙斯去吃一个被煮熟的人类小孩的肉。这是理应将主客双方连接起来的待客之道的一种邪恶堕落，而它也导致宙斯施加了典型的惩罚，分别表现为用雷电劈死吕卡翁的儿子们，发动

一场洪水，又或是象征性地将吕卡翁变为狼的样貌。该故事提供了一个关于神话传说与祭祀仪式之共生关系的范例。在阿卡狄亚吕凯昂山上举办的一场祭仪上，（实际上或象征性地）分享了人肉的参与者据说将脱离人的样貌而变形为狼；但如果他能做到九年不碰人肉，便可再次获得人的样貌。这项仪式的某些细节——男子在离开社区之前要脱光衣服并游过一个水池——暗示着我们在这里看到了某种入会仪式的再现，在某些时候它可能涉及各个年龄段的人而非仅仅一个人。在这座遥远的山上举办的这一神秘仪式也是一群阿卡狄亚的年轻男子将在野外度过一段时光的前奏。待这段时光期满，他们将重返社区，并且再也不是狼一般的外人，而是成熟的公民。

坦塔罗斯

一种跟吕卡翁类似的越界行为——尽管它招致了不同的惩罚——是西皮罗斯（位于吕底亚地区，以弗所以北）王坦塔罗斯所犯之罪。坦塔罗斯作为宙斯之子的优越地位使他能够与诸神同食，可他却滥用了它。根据某一版本，他用一个煮熟的人类小孩招待了诸神，那就是他自己的儿子珀罗普斯（孩子的肩膀被得墨忒耳心不在焉地吃下了，彼时她正在为珀耳塞福涅哀悼）；另有一说为坦塔罗斯披露了由于他能亲近诸神而得知的他们的秘密；又或是他将得到的仙馔蜜酒——安布罗西亚与内科塔——交给了凡人。第二与第三种越界行为明显越过了诸神与凡人之间的界限，而第一种则类似于同样能在吕卡翁的故事里找到的对待客之道的灾难性破坏。宙斯所设计的惩罚是永恒的：身处冥界的坦塔罗斯站在一池深水中央，每当他要去喝水时，池水便会排干。至于食物，他亦是同样地不幸：

> 他额前繁茂的树上结满如雨般坠落的硕果，
> 梨树、石榴树与苹果树上的果实正闪闪发光，
> 无花果香甜可口而橄榄也已熟透，可是每当
> 那老人欲直起身来并伸手摘取它们的时候，
> 风就会将它们吹跑，直吹向天边蔽日的浮云。

西西弗斯与伊克西翁

另外两个在冥界忍受着恒久苦难的凡人证明，真正招致诸神介入人类事务的是任何对其荣耀的威胁，这种荣耀则部分依赖于对区分他们与凡人之间界限的适当维持。科林斯城的神话建立者西西弗斯被判将一块巨石推滚上山以度过死后的生活，可是等他接近山顶时却只能眼睁睁看它滚回底部。其越界行为是质疑了诸神与凡人之间的根本区别：凡人会死，而诸神却不会。他曾试图利用两条诡计来略过这一区别。首先，他绑住了死神塔那托斯，使之无法作为。随后，他教唆妻子别为他举办葬礼，却对哈得斯说他应当办一个葬礼。当哈得斯允许他返回世间去修正这一错误时，他确实照做了——可直至他活到很大年纪，才费了一番力气再次回到冥界。

第三个典型的罪人所做之事则完美体现了究竟是凡人行为中的哪一点才能真正触发神怒。忒萨利亚王伊克西翁是犯下弑亲罪的第一人。然而宙斯非但没有惩罚他，居然还为他涤清了罪过。直到他迈开灾难性的一步，试图去强暴

伊克西翁由于试图性侵赫拉而受到永恒的惩罚。复仇女神们在一旁看着他无助地躺在那里，被蛇绑在一只轮子上。意大利南部陶瓶，公元前4世纪。

赫拉——这是对神圣空间的最终侵犯——时，他的命运才被最终确定。而他成功使之受孕的却不过是一朵被宙斯装扮成赫拉样子的云，这一怪异的结合产生了第一个马人肯陶洛斯。至于伊克西翁，他的死后生活没有半分欢乐，因为他被绑在了一只轮子上，永不停歇地在空中旋转。

与诸神竞争

凡人挑战或反抗诸神所能采取的方法的多样性与施加在他们身上的惩罚的严重性与独创性是相匹配的。"渎神的报复"是个常见主题。一个生动的例子便是关于埃律西克通的神话传说，卡利马科斯在他的一首颂歌里讲述了这个鲁莽凡人的故事，它后来又被奥维德详细描述。埃律西克通邪恶地毁坏了得墨忒耳圣林里的树木，于是谷物女神就使他极度饥饿以示惩罚，直到他吞下自己的身体才能终止饥饿。

另一种不断出现的类型则是不明智地与诸神展开竞争。有一天，弗里吉亚的羊人玛耳绪阿斯发现了阿夫洛斯管（双管），因为当其发明者雅典娜鼓起腮帮吹响它的时候会显得难

看，所以她就丢弃了它。可玛耳绪阿斯已经够丑了，因此他根本不在乎。于是他向阿波罗发起了音乐比赛的挑战，用乐管对战里拉琴。当里拉琴的演奏者成功做出远超于乐管演奏者的表演——把乐器倒过来演奏——时，阿波罗便充分利用了打赌所定的条件，即胜利者可以对被战胜者做他想做的任何事情。神明将那放肆的羊人倒挂在一棵松树上并活剥了他的皮，这一图景令人不安地重现在后古典时期的视觉艺术中。

如果说挑战阿波罗是鲁莽，那么挑战宙斯

就是愚蠢至极了，但那正是萨尔摩纽斯做过的事情。这位厄利斯（位于伯罗奔尼撒半岛西部）的一座城邦的国王自称为宙斯本尊，他将火把抛上天空模仿闪电，还用他的战车拖曳铜壶制造类似雷声的声响。于是宙斯用雷电同时消灭了萨尔摩纽斯及其子民。这便是由宙斯介入以维护自身荣耀的一个例子。但还有一次，在一个总体更为复杂的神话传说中，宙斯的介入则是为了维持神与人之间区别的大体完整性。阿波罗之子阿斯克勒庇俄斯是个伟大的治愈者，

可有一天他却将其超凡的医术用过了头，即令一具尸体起死回生。而宙斯的雷电则同时击中医生和病人，从而恢复了原状。但无论在神话传说中还是在祭祀仪式中，故事都并未结束。在神话传说中，阿波罗的报复是杀死了为宙斯制造致命雷电的独目巨人（而阿波罗回头也将付出代价，即成为凡人阿德墨托斯的仆从以示忏悔）。至于祭祀仪式，阿斯克勒庇俄斯之医疗技艺的持久价值则反映在整个希腊世界对他的崇拜中。位于埃皮达鲁斯的宏伟剧场邻近阿

埃皮达鲁斯的现代观光者们都对这座剧场惊叹不已（见第36页），其古代观光者亦是如此。埃皮达鲁斯吸引着数不清的来访者前往医神阿斯克勒庇俄斯的圣殿（上图）。病人将睡在一块指定的区域内，希望被赐予一个治愈之梦，然后能在第二天清晨康复离开。

（右）在艺术与文学资料中，希腊只为我们留下了很少的关于代达罗斯与伊卡洛斯的神话传说。但我们却从罗马得到了这块精美的浮雕（公元2世纪），它为我们展示的是那位父亲正仔细制作着儿子的双翼。

（下）老彼得·勃鲁盖尔，《有伊卡洛斯坠落的风景》，约1567年。那坠落的年轻人正渐渐消失于视野之中，被画家刻意安排在画面边缘，而牧人与农夫的日常劳作却丝毫未受其影响。

斯克勒庇俄斯的巨大神殿，不考虑其保存状况，后者的占地面积与这座剧场本身同样都令人印象至深。

代达罗斯与伊卡洛斯

与其对后世艺术与文学的巨大影响力相比，伊卡洛斯的神话传说从希腊的古代起却只留存于零星的记述之中，但它却清晰地构成了一个凡人因的确过于接近诸神而毁灭的另一个例子。伊卡洛斯的父亲是代达罗斯，这位神话中的技艺大师与克里特、雅典和西西里等不同地区都有所关联，且人们相信是他创造了从米诺斯王的克里特迷宫到纪念雕像之"行走"（即栩栩如生的）姿势的一切发明。实际上，其故事最为辛酸的部分正好集中在那座迷宫上。当雅典英雄忒修斯来到克里特杀死了人身牛头怪弥诺陶洛斯时，他与阿里阿德涅——米诺斯的女儿，为忒修斯所爱——为逃离迷宫而寻求了代达罗斯的帮助。代达罗斯给了他们一根线，让他们一边走一边放线，这样在返回时就能沿原路找到出口；而米诺斯的报复则是将代达罗斯与伊卡洛斯囚禁在那座迷宫里。总是那么足智多谋的代达罗斯为自己和儿子制造出了翅膀，他们飞离了米诺斯的掌控。可当伊卡洛斯忽略了父亲的警告而飞得过于接近太阳之时，热量熔化

92

了固定翅膀的蜡，于是那男孩便摔落而死。

法厄同

　　尽管不如阿斯克勒庇俄斯和萨尔摩纽斯的故事那么清晰，伊卡洛斯的神话传说却也告诫了凡人不要太过接近诸神。它还劝诫了儿子们不要以为自己比父亲们知晓得更多。类似的寓意还出现在一个几乎是伊卡洛斯故事的"复刻版"的故事之中，即太阳神赫利俄斯之子法厄同的故事。那个男孩莽撞地驾驶着他父亲的战车导致世界几近毁灭，直至宙斯以雷电击中战车，终止了他的行为。（在现存的希腊资料中，我们关于这一戏剧化故事的证据实在贫乏，罗马诗人奥维德提供了最早的详细记载。）

忒瑞西阿斯

　　作为神话传说如何探索凡人与诸神之间的界限，以及诸神如何嫉妒地守卫自身领域的最后一个例证，我们可以援引忒瑞西阿斯的神话传说。忒瑞西阿斯是希腊最著名的预言家之一，他出现在许多基于忒拜的神话传说之中，比如俄狄浦斯的故事。跟许多拥有超凡技艺的凡人一样，他也有一个起着平衡作用的身体缺陷——就好像将他降至了不能威胁神之最高权威的等级上。忒瑞西阿斯的缺陷是失明。

　　关于他是如何失明的就有好几种记载。

　　（1）包括诗人卡利马科斯在内的有些人说，他曾偶然撞见雅典娜在一泓山泉里沐浴。那么，为何他的死亡并未随即而至呢，就像阿克泰翁看见赤裸的阿耳忒弥斯时那样？这两个神话传说之间的微妙区别就在于忒瑞西阿斯的母亲，仙女卡里克罗是雅典娜的亲密同伴，并为她的儿子求了情。雅典娜虽不能撤回失明的惩罚——希腊诸神从未被视作无所不能——却补偿性地赐予了他预言的天赋，尤其是理解鸟语的能力。

　　（2）在神话传说的其他讲述者看来，忒瑞西阿斯之所以被诸神弄瞎，是因为他将诸神的秘密泄露给了凡人。这便使他成了普罗米修斯甚至坦塔罗斯一般的人物。这一变体所暗示的是其特殊能力先于其失明而存在。

　　（3）对他失明的第三种解释则更为复杂。

忒瑞西阿斯曾前往凡人会遇上神明的典型地点：一座山上（阿卡狄亚的库勒涅山）。他看见两条蛇正在交配，并用他的手杖击打了它们。这定然可被算作一种犯罪（可能因为它们所进行的活动"属于"阿佛洛狄忒，或者因为这两条蛇本身就是神圣的）。无论如何，忒瑞西阿斯遭受了在希腊人看来是一种贬低的惩罚：他被变形成了一个女人。过了一段时间，等他再次见到那两条同样在交配的蛇时，他才重获其男性特征。这两次越界行为使忒瑞西阿斯特别有资格去裁判宙斯与赫拉之间一个棘手的争论，即到底是男性还是女性在性爱中更加享受。曾体验过两种可能性的忒瑞西阿斯说，女性的享受有男性的九倍之多。这一回答为宙斯赢得了这场争论，因此赫拉就弄瞎了倒霉的忒瑞西阿斯。（正如帕里斯受邀去裁判三位女神谁更美丽时一般，被争执中的神明咨询这一荣耀是好坏参半之事。）作为补偿，宙斯将预言的天赋奖励给了忒瑞西阿斯，于是平衡（能力与缺陷）这一概念便再次出现了，就像它出现在其他版本中那样。然而，对该版本而言尤为特殊的一个主题则是被泄露的秘密并非关于诸神，而是关于女性的。忒瑞西阿斯的这个神话传说体现了某些反复出现在希腊神话中的关注点，也体现了它所典型地具有的叙事变体的丰富性。

在这枚年代约为公元前350—前300年的钱币上，迷宫成了克诺索斯的一个象征。克诺索斯宫殿群中"迷宫"遗迹的一些访问者曾在其中发现了神话中米诺斯的迷宫的起源。

神之性爱

诸神可畏之能力最令人震惊的展现方式之一是通过性爱。他们的力量与丰产经久不衰：即便是像赫淮斯托斯将精子射到雅典娜大腿上那般可笑的失误都导致了一个孩子的诞生。总体而言，诸神拥有涵盖全部范围的性癖好，从异性性爱（有无数例证）到姐弟乱伦（宙斯与赫拉）到同性性爱（宙斯与伽倪墨得斯，阿波罗与雅辛托斯）到兽交（潘神在牧群之中），再到普里阿波斯（粗野乱交之神，天生拥有一根巨大的阴茎）与赫耳玛佛洛狄托斯（赫耳墨斯与阿佛洛狄忒的孩子，拥有完整的两性生殖器和男女融合的身体）的形象所暗示的尺寸与变异，更别忘了由雅典娜、阿耳忒弥斯与赫斯提亚所成功守护的童贞。

性行为是诸神使即便是最有活力的凡人也黯然失色的一大领域。然而，神话却常常讲述跨越神和人界限的性关系，且这些关系以不同方式最大程度地揭示了希腊人对神明的认知。当然，对一位神明而言，与凡人坠入爱河将招致不可避免的悲伤，因为凡人迟早必有一死，他们所拥有的时限与诸神所享有的完全不同。我们须将另一个复杂的因素附加在这点之上——确实是个双重标准——即性别的因素。对女性神明而言，与凡人交合便承担着可能的羞辱与长期的忧愁；可对男性神明而言，同样的行为却并不会导致地位的丧失。

女神与男性凡人

阿佛洛狄忒：阿佛洛狄忒与安喀塞斯的短暂情爱（见第80页）为一位女神与其凡间爱人之间的关系提供了一种模式：身体的愉悦很快就被阿佛洛狄忒的羞愧，和安喀塞斯可能会脱口说出发生了什么（又是"泄露神之秘密"的主题）的风险所笼罩，后者更是自然地变成了现实，于是神之愤怒降临到了他头上。一个更为辛酸的故事则将阿佛洛狄忒与另一个年轻的凡人阿多尼斯联系了起来。关于他的家谱存在着不同的记载，但其中有一种认为他是一位国

王（塞浦路斯或亚述，或另一个"东方"国家的）与其亲生女儿乱伦结合所生的孩子。阿多尼斯因此便是一种极为怪异之性爱的产物——与阿佛洛狄忒自身别无二致。无论如何，阿佛洛狄忒都被这个年轻人狂热地吸引住了，还为他献了身。可是这段关系没能持续下去，他被一头野猪刺伤而亡。《哀阿多尼斯》一诗探究了女神不加节制的悲伤，这首由希腊化时期的作家彼翁所写的诗歌就像那桩情事本身一样短暂又热烈。诗人的家乡在士麦那，这座城市与阿多尼斯的母亲（又叫密耳拉）同名。

忒提斯：对女神而言，是否存在不同于这些过于短暂之邂逅的另一种选择呢？另一种模式似乎提供了更为持久的希望：与凡人结婚。这便是海中仙女忒提斯的最终命运。一开始，她曾被宙斯和波塞冬追求，可当他们得知忒提斯的儿子将比他父亲更加伟大的预言时却退缩

（右）这尊赫耳玛佛洛狄托斯的希腊化时期小雕像表现了男性与女性特征的一种奇异的结合。长袍的上半部分从左肩滑落，露出了一只女性的乳房；长袍的下半部分则被提起，展示了男性的阳具。

女神厄里斯将标有"献给最美丽者"的苹果扔到赫拉、雅典娜与阿佛洛狄忒中间才在象征意义上是合适的，它由此引发了帕里斯的裁判，以及特洛伊战争。

无论如何，女神与凡人的结合都构成了一种不稳定的配对。忒提斯试图通过使他们的孩子阿喀琉斯变得不朽来跨越这一鸿沟，其方法则说法不一，诸如用火，涂神食，或是（在一

（下）为尽力摆脱凡人追求者珀琉斯，女神忒提斯将自己变形为不同且惊人的形象。这里她变成了一头狮子，艺术家同时表现了女神与动物。米诺斯浮雕，约公元前460年。

（左）这面希腊化时期青铜镜上的装饰可能展现了阿佛洛狄忒正倚靠着她注定有一死的爱人阿多尼斯（他的靴子暗示着他是个猎人）。

了。那便为珀琉斯扫清了道路，他虽然英勇却只是一介凡人。跟其他一些海神一样，忒提斯也拥有连续自我变形的能力，她还使用这种能力来拒绝珀琉斯的激情，但最后她却屈服了。婚礼是在珀利翁山上举行的，奥林匹斯山诸神作为嘉宾出席。也许正是在这一场合下，不和

阿佛洛狄忒哀悼阿多尼斯

阿多尼斯崇拜是从近东经由叙利亚和巴勒斯坦传入希腊世界的。在希腊化时期的诗人彼翁《哀阿多尼斯》的这段节选中，其语言与其表达的悲恸之情皆自由而奔放。我们已很难想出比之更为痛苦的对神与人之间鸿沟的回忆了。

她一看，知道阿多尼斯的创伤已难医治，
她看见那大腿上四处鲜血殷红，已经萎缩，
她张开双臂叹息："阿多尼斯，你稍等候，
不幸的阿多尼斯，你等着我最后一次前来，
抱你在我怀中，让我的嘴唇和你的交融。
阿多尼斯，你醒一醒，再给我最后一吻，
就永远吻着我吧，像在你生前一样，
直到把你的灵魂，你的气息注进我的口，
吹进我的心，让我饮尽那蜜也似的
媚药，吸足你的爱情。我要永远留住
这一吻，如同留住你本人，你不幸离我而去，

离我而去，阿多尼斯，去到那阿刻戎河，
去到那森严可畏的冥王面前，而我却活着，
而且是天神。我欲随你而去却是不能。
珀耳塞福涅，请你收容我的夫君，比起我
你强大得多，一切美好的事物都有你一份额。
我太不幸了，我的忧伤将是无穷无尽，
我哭亡人阿多尼斯不说，还对你心怀恐惧。
我最思念的人，你一死，爱情如梦飞逝，
我成孀妇，诸爱神到我房中已无事可做，
我失去你也失去绣花腰带。你何苦去行猎？
你这美好少年竟和野兽去角逐拼搏？"
库普里斯这样哭喊，爱神也都一齐哀呼：
"可怜库特拉女神，俊美的阿多尼斯死了。"①

———————
① 水建馥译：《古希腊抒情诗选》，北京：人民文学出版社，1988年，第228—229页。

个后来被后古典时期的传统所信奉的变体中）浸入斯堤克斯河中。但珀琉斯却介入打断了这一进程，因为他是凡人，故不能理解发生了什么。荷马的《伊利亚特》的巨大感染力就部分体现在忒提斯的处境之中。现在她已被珀琉斯疏远，于是便回到了她原先生存的海底。不过，在她注定有一死且易受伤害的儿子阿喀琉斯的痛苦乞求下，她再三被拉回陆地，回到人类世界。

哈耳摩尼亚：另一位嫁给了凡人的女神是阿瑞斯与阿佛洛狄忒之女哈耳摩尼亚。她的丈夫是忒拜城的建立者卡德摩斯，但这一结合却并不完全是愉快的。一如珀琉斯和忒提斯的例子，诸神出席了婚礼以示赞成，可麻烦却也蓄势待发。送给哈耳摩尼亚的结婚礼物之一是根项链，它在后世为那些拥有它的人带来了祸端（见第167页）。

至于卡德摩斯和哈耳摩尼亚，他们的孩子大多注定要过上沾染着巨大悲伤的生活，尤其是伊诺（被逼疯）、塞墨勒（被一记雷电击中），以及奥托诺厄和阿高厄（她们是注定有一死的阿克泰翁和彭透斯的母亲）。最后，卡德摩斯和哈耳摩尼亚的确一起接受了永生的恩赐，尽管是被变形的永生：他们成为两条蛇定居于极乐净土。从建立忒拜城之前杀死阿瑞斯的圣龙（蛇）算起，卡德摩斯又回到了原点。

厄俄斯与塞勒涅：这些故事中充满了阻挡女神／凡人结合的障碍与为克服这些障碍而施展出的独创性。为与凡人缔结一段长期关系而付出最大努力的女神是黎明女神厄俄斯。但在她

的例子中，成功也是部分的。她对年轻人刻法罗斯（赫耳墨斯与刻克洛普斯一个女儿结合的后代）的欲望或是当她将其带上奥林匹斯山时成功实现，或是被他与妻子普洛克里斯之间的不朽爱情挫败。厄俄斯也爱上过强壮的猎人俄里翁，但诸神却使他悲惨地死去。

最富启示性，且因其混杂着真挚的痛苦与世故的现实而闻名的还是厄俄斯与提托诺斯的神话传说。厄俄斯掳走了特洛伊王拉俄墨冬英俊的儿子提托诺斯，她恳求宙斯让后者不朽。宙斯点头同意了这一请求，但厄俄斯还是太过匆忙了，她竟忘记要求赐予提托诺斯永恒的青春。《荷马颂歌·致阿佛洛狄忒》给出了故事的结局：

> 可当令人憎恶的老年完全占有了他时，他既不能移动也不能抬起四肢，对她而言这似乎已是她心中的最佳方案：她将他安置在一间房间并关上了闪亮的大门。他在其中不住地自语，却永不再活力四射，这活力曾经存在于他灵活的四肢之中。

而根据另一个版本，提托诺斯则被变作了一只蝉，整天不为人注意地叫个不停。无论是哪种情况，激情都消逝不见了——这就是黎明为何起得这么早的原因。

可能只有一位女神在其凡间爱情里是真正幸运的。月亮女神塞勒涅爱上了一个叫作恩底弥翁的年轻人。他的确很英俊，同时也很聪明。当被宙斯问到想要什么恩惠时，他请求能够长眠至永远，而且是长眠却不变老。于是每天晚上月亮女神都会欢快地来到恩底弥翁睡下的地方，即卡里亚（小亚细亚西南部）拉特莫斯山的一处洞穴里。

男性神明与其爱人

尽管女神们想要继续享有她们的凡间挚爱就得面对一番艰苦努力，但男性神明们却能随处享乐，并且最后还极少承受情感上的创伤，创伤是留给其爱人们去处理的。我们将重点关注宙斯和阿波罗与凡人的情事，他们是希腊神话中主要英雄们的祖先。

黎明女神厄俄斯惯于好色地追逐英俊的年轻凡人。这里，她正在追赶穿着猎人装束的刻法罗斯（或者也可能是提托诺斯）。阿提卡陶瓶，约公元前450年。

宙斯的凡间情人及其后代

尼俄柏=**宙斯**

阿耳戈斯　　墨利玻亚（大洋仙女）或库勒涅（山岳仙女）=佩拉斯戈斯（或为土生）

伊娥　　　　　　　　　　　　吕卡翁

50个儿子　　卡利斯托=**宙斯**

阿耳卡斯

阿卡狄亚人

宙斯=伊娥

厄帕福斯=门菲斯

波塞冬=利比亚

柏罗斯　　　　　　　　　　阿革诺耳=忒勒法萨

埃古普托斯　达那俄斯　　　欧罗巴=**宙斯**　　　卡德摩斯=哈耳摩尼亚*　　福尼克斯　　喀利克斯

林扣斯=许珀耳涅斯特拉　　　　　　　　　　　　　　　* 谱系参见第162—163页。

阿巴斯　　拉达曼堤斯　米诺斯*　萨耳珀冬　　塞墨勒=**宙斯**

阿克里西俄斯　普洛托斯=斯忒涅玻亚*　　* 谱系参见第195页。　　狄俄尼索斯

达那厄=**宙斯**　刻甫斯　　* 谱系参见第169页。

珀耳修斯=安德洛墨达

珀耳塞斯　阿尔开俄斯　厄勒克特律翁　等等

安菲特律翁=阿尔克墨涅=**宙斯**

赫拉克勒斯

阿索波斯

宙斯=安提俄珀*　　　　　埃癸娜=**宙斯**

安菲翁=尼俄柏　仄托斯　　　埃阿科斯

尼俄柏的子女们　　　　　赫西俄涅=忒拉蒙=（佩）厄里玻亚　珀琉斯=忒提斯

* 谱系参见第162—163页。　透克洛斯　　大埃阿斯　　阿喀琉斯

阿特拉斯=普勒俄涅

塔宇革忒=**宙斯**

拉刻代蒙

宙斯=勒达=廷达瑞俄斯

海伦　　波吕丢刻斯　　卡斯托尔　　克吕泰涅斯特拉

这四人的出身有不同的记载。

宙斯的爱人们

欧罗巴：面对宙斯的引诱，相对而言未受伤害的一个爱人是腓尼基少女欧罗巴。当她在海边的一块草地上采花时，宙斯发现了她，并且狡猾地将自己变成了一头俊美的公牛。它对少女情感的影响几乎立竿见影："于是她爱抚着他，"希腊化时期的诗人摩斯科斯在其情色诗歌《欧罗巴》中叙述道，"还用双手轻轻拂去他口中的大量白沫，并亲吻了那公牛。"她天真地爬上了那头野兽驯服的后背，这时那动物却突然飞驰过海，她再也来不及反抗了。他们在克里特岛着陆，她在那里为宙斯生下了三个儿子：米诺斯、拉达曼堤斯和萨耳珀冬。这一神话传说解释了两个方面的起源。首先，它解释了"欧洲"一词的语源，即这位不再是少女的女子将自己的名字赋予了它。（重要的是，"欧洲"这一名称的发明者是腓尼基人。值得注意的是，希腊早期的神话传说通常极少将"希腊人"与"野蛮人"区分开来，直至公元前5世纪早期的希波战争强化了希腊人对这一政治-民族差异的认知。）其次，这一神话传说构成了克里特岛与公牛之间关联的起源，这种关联不仅见于诸如与弥诺陶洛斯相关的神

勒达遇上化身为一只天鹅的宙斯拥有一段长长的艺术史。这块公元2世纪的大理石浮雕是身体上更为亲密的范例之一，它来自阿提卡的布劳隆。

话传说，也有考古学方面的证据。（关于克里特岛的更多内容见第194—199页。）

勒达与阿尔克墨涅：好色的宙斯侵入一个家庭的内部生活总能造成混乱，尤其是当其追逐的对象已经结婚时。在勒达（嫁给了斯巴达王廷达瑞俄斯）和阿尔克墨涅（珀耳修斯之孙安菲特律翁的妻子）那里的确如此。宙斯在勒达那里伪装成了一只天鹅。根据某些变体，她孵化了一两只蛋，所生的孩子为海伦、狄俄斯库里兄弟（"宙斯的孩子们"，即卡斯托尔和波吕丢刻斯）和克吕泰涅斯特拉。他造访阿尔克墨涅时的外形则更为狡猾，是她自己丈夫的样子。毫不意外的是，孩子们的父系是有疑问的，但神权的逻辑却暗示着强大的儿子赫拉克勒斯必由宙斯所生，而柔弱的伊菲克勒斯的父亲则是凡人安菲特律翁。

达那厄与安提俄珀：当宙斯所引诱的女性尚未婚配时，她们的父亲则倾向于对据说曾发生过什么抱持一种怀疑态度。阿尔戈斯王阿克里西俄斯便是一位这样的父亲。他曾接到过一

则神谕，说他女儿达那厄将生下一个会杀死他的儿子，于是他便将其禁锢于一间青铜牢房之中。但宙斯却化身为一阵黄金雨，渗透了牢房以及那被囚者。她生下了珀耳修斯，而他注定是个伟大的英雄。然而，就像任何不可理喻的凡人那样，阿克里西俄斯拒绝相信宙斯是孩子的父亲，于是他再次将他女儿和她的婴儿一起锁入一只方舟扔进海里漂流。古风时期的抒情诗人西摩尼得斯的作品留存下来的一个片断就精彩地表现了这一场景的孤独与柔情。（关于珀耳修斯之功绩见第104—105页。）两位稍逊一筹的英雄，安菲翁和仄托斯则是由安提俄珀被化身为羊人的宙斯强暴后所生的双胞胎兄弟。跟达那厄一样，安提俄珀也被她父亲，河神阿索波斯赶出了家门（关于安菲翁和仄托斯的更多奇遇见第156—157页）。

伊娥：多亏了她们英勇的孩子，达那厄与安提俄珀最终才得以历尽磨难顺利回归。神之引诱的另一受害者伊娥亦是如此，尽管她一路所忍受的苦楚是难以想象的。她曾受到过方方面面的攻击：先是被宙斯秘密接近；然后被她父亲，河神伊那科斯逐出了家门；最后又被赫拉迫害，尽管她曾在阿尔戈斯的赫拉神庙中担任过女祭司。为完全掩盖这一切，她被变成了一头母牛，这或是赫拉的报复，又或是宙斯本尊所为，目的是试图将她伪装起来以避开赫拉那种妻子特有的怀疑。

然而，赫拉却并未被愚弄，还派出百眼的阿耳戈斯去监视那头"母牛"。即使当宙斯的亲信赫耳墨斯杀死了那名监视者时，赫拉也没有被战胜：她又派出一只叮人的苍蝇逼疯了变成母牛的少女，并驱使她在全世界流浪。只有在到达埃及——正如常常发生在希腊神话传说中的那样，这里天生具有一种优良的特质——的时候，她才真正得到平静：宙斯将她变回了人的样子，并以可能是最温柔的方式，即通过爱抚她而与之交合。她的孩子厄帕福斯（"爱抚之子"）是达那俄斯的祖先，后者将开启从埃及返回阿尔戈斯的旅程，并在那里开创一个王朝。

卡利斯托：在许多和诸神与凡人的互动有关的希腊神话传说中，变形都会在其中起到一定作用，或是因为神明会采用一个"中介"形

奥拉齐奥·真蒂莱斯基,《达那厄与黄金雨》,约1621年。达那厄的身体被展现在这幅画的观众面前,而宙斯则化身为一场金币雨"买"了她。

象来使自己不会过于直接地出现在凡人中间(与塞墨勒和宙斯"真身"的致命相遇形成对比),又或是因为在神明介入后,凡人就已经剧烈地"动摇"了,以至于他们再也不能保持原有的样貌。宙斯对卡利斯托的引诱便体现了这两个因素,她是一位仙女,或是阿卡狄亚王吕卡翁之女。无论如何——因为非阿卡狄亚人所感知的阿卡狄亚是未开化的——她都来自"蛮荒之地",因此神话传说就将她描述为阿耳忒弥斯的信徒。为与她结合,宙斯或是化身为了阿波罗,又或是阿耳忒弥斯本人。宙斯希望能避开赫拉的注意,于是将卡利斯托变成了一头熊,这种动物的家园就在阿耳忒弥斯的游荡之地。以一种奥林匹斯山诸神内部斗争所上演的典型

达那厄与小珀耳修斯在箱子里漂流

希腊古代抒情诗人的作品,除去品达以及作品规模更小的巴库利德斯,只有少得可怜的片断留存于世。其留存理由通常也很特别。下面这一节选自西摩尼得斯(公元前6或前5世纪)一首诗歌的片断,被古代的一位文体家(哈利卡纳索斯的狄奥尼西奥斯,与奥古斯都同一时代,公元前1世纪)引用,他意图展示想要辨识一首用散文体写成的抒情诗的韵律究竟有多困难。尽管保存的动机并不寻常,但西摩尼得斯所作的这几行诗却把这段英雄神话传说中的人性内涵表现得尤为动人。

狂风吹打着那个精巧的方舟,
海上波涛汹涌颠簸,
她心惊胆战,脸上泪水不干。
她伸手搂着珀耳修斯说道:
"儿呀,你这样苦却不知道哭,
仍像乳儿般低头睡熟,

睡在这个铜钉钉成的木箱中,
睡在这光照暗淡的黑夜,
感觉不到浪花打来,
在你发间留下厚厚盐渍;
觉察不出海风呼号,
只管在这紫色襁褓中脸儿贴着我熟睡。
你如果知道可怕的事情可怕,
就会竖起小耳朵来听我说话。
我让你小宝贝安睡,让大海安睡,
让我们的无穷的灾难安睡。
天父宙斯啊,但愿快从你那儿
发来我们转危为安的兆头!
我这恳求,也许冒昧,
不近情理,请你宽恕。"[1]

① 《古希腊抒情诗选》,第169—170页。

报复方式，赫拉随后便诱骗阿耳忒弥斯亲自射死了她那变为熊形的先前的同伴。在一个符合阿耳忒弥斯神圣角色的变体中，这位贞洁的女猎手则因为卡利斯托放弃贞洁而亲自射杀了她。事情的结局具有双重典型性：他们生下的孩子，即阿卡狄亚人的祖先阿耳卡斯，将成为一个王朝的建立者；至于卡利斯托，在被变为大熊星座时，她便朝着远离凡人属性——却通往不朽声名——之路又迈进了一步。

伽倪墨得斯：宙斯对被卷入者造成较少困扰的一个爱欲行为是他拐走了特洛伊的年轻王子伽倪墨得斯。或是以自身形象，又或是将自己变成一只老鹰，诸神之王从地面掳走了伽倪墨得斯，并让他在奥林匹斯山上做了诸神的斟酒人，以及自己的"娈童"（catamite，参照埃特鲁斯坎语的catmite，拉丁语的catamitus，被动参与者）。在希腊社会中，人们对同性关系持有广泛的社会接受度，其中一名参与者被认为（比如在年龄或地位上）是"上位者"，而另一名则是"下位者"（见第174页）。因此，就反映真实生活之习俗的程度而言，宙斯对伽倪墨得斯的激情并未产生诸如通奸行为的道德问题，而通奸则会威胁丈夫的家庭完整性。尽管这男孩的家人必会以失去他而哀悼，但他们却也因为确信他将被赐予永生及（不像可怜的提托诺

斯，见第96页）恒久的青春而得到了安慰。

阿波罗的爱人们

卡珊德拉：与阿波罗有过性爱接触的凡间对象一点也不比宙斯的爱人们过得更好。两名阿波罗的受害者所经受的磨难曾被希腊悲剧广泛探讨。

跟伽倪墨得斯一样，卡珊德拉也属于特洛伊王族，尽管作为普里阿摩斯的女儿，她应该算是宙斯所爱之人的晚辈。当阿波罗与她达成了协议时——如果她将自己的贞洁交付给他，他就会赐予她预见力——她接受了那恩惠，随后却又鲁莽地违背了她的承诺。阿波罗的礼物是不能被退回的，但他却增添了一个条件：不会再有人相信卡珊德拉。在特洛伊战争之前和战争期间，她关于厄运的预言均没有被人理睬。而她自身也一直遭受不幸：在特洛伊被俄伊琉斯之子小埃阿斯强暴后，她被分派为特洛伊征服者阿伽门农的侍妾。跟他一样，她也在迈锡尼被他心存报复的妻子克吕泰涅斯特拉杀害了。

克瑞乌萨：克瑞乌萨（即"王后"）是数个神话女英雄的名字。被阿波罗引诱的这个克瑞乌萨来自雅典。欧里庇得斯的《伊翁》描绘了她的痛苦，这部戏剧得名自她为其引诱者所生的儿子。克瑞乌萨后来又嫁给了一个凡人，但他们却没有孩子。因此，就像许多普通的希腊夫妇一样（正如来自多多那的考古学证据所证实的那样，见下图），两人去一座神庙问询了他们组建家庭的前景。凑巧的是，他们所选神庙——德尔斐——里的一个侍从正是伊翁，他

（左下）当变形为一只威严老鹰的宙斯猛扑向特洛伊王子伽倪墨得斯并将他带上奥林匹斯山时，我们能以不同的方式来想象这个男孩的反应。他在这里的反应似乎是带着信任，甚至感官上的狂热。青铜镜盖，约公元前360年。

（右下）来自多多那的考古学证据，比如这块铅板（约公元前500年），证实了希腊人会在感到个人焦虑时问询神谕。在这个例子中，一个叫作赫蒙的男人问，他该向哪位神明祈祷才能跟他妻子生下"有用的孩子"。类似关于不育的焦虑则在欧里庇得斯的戏剧《伊翁》中，以更为极端的方式被探讨。

当特洛伊的征服者阿伽门农将普里阿摩斯之女卡珊德拉带走作为他的性奴时，阿伽门农之妻克吕泰涅斯特拉的反应必然是爆炸性的。在这只阿提卡陶杯（公元前5世纪晚期）上，卡珊德拉逃到了一座祭坛（很可能是阿波罗的，因为祭坛旁有他的圣树月桂树）旁边。但常被神话讲述者赋予一种类似男性之侵略性的克吕泰涅斯特拉，却正准备用一把斧子去结果她的竞争者。

刚出生就被赫耳墨斯秘密送到了那里。经过一系列复杂的误解，母亲与儿子终于重聚了，但这部戏剧的基调仍是苦涩而非甜蜜。阿波罗从未亲自现身，而且他对克瑞乌萨的强暴也无可辩驳地是可耻的。

科洛尼斯：目前为止我们已经回顾过的所有关于宙斯和阿波罗的故事，都证明了抵制神的接近是危险的。即便那姑娘屈从于性爱，危险也不曾消失。这便发生在来自忒萨利亚的科洛尼斯身上。阿波罗与她交合了，她也为他育有一子，就是伟大的治愈者阿斯克勒庇俄斯。可当她更爱其凡间爱人伊斯库斯而非阿波罗时，神明（或他的姐姐阿耳忒弥斯）便杀死了那个不甚明智的姑娘，连同她无辜的邻居们。

雅辛托斯：阿波罗在偏好上跟宙斯一样多样。在他追求过的年轻人中最重要的便是雅辛托斯。那男孩是如此美丽，以至于许多人都渴望着他——比如西风神泽费罗斯。雅辛托斯和阿波罗都热衷于运动和锻炼。同样，对讲述神话传说的希腊人而言，运动场是同性恋人邂逅的理想地点。但神话传说在反映生活的同时也折射着生活，雅辛托斯的故事类型依循了一种

熟悉的发展过程，即经由悲惨的死亡而通往变形：阿波罗在无意间掷出了一块铁饼导致其爱人死去（见第176—177页），但那个男孩却以另一种形式存活了下来——作为被希腊人称作雅辛托斯的百合般的花朵。在神话讲述者的世界里——至少如故事所暗示的那样——充满了被变形的凡人，其生命已被他们与诸神的相遇颠覆。

（下）两位神话中的爱人，雅辛托斯与有翼的西风神泽费罗斯，在一幅具有强烈感官性的画中温柔相拥。阿提卡陶杯，约公元前490年。

非凡的凡人

正如我们从神明同时是崇拜的对象这一事实中所见，涉及神明的神话叙事得到了更多共鸣。"英雄"们便以同样的方式，在神话讲述者生活的社会里持续发挥作用。从古风时代开始，就存在着对"英雄"人物的崇拜。依据详细的仪式规则举行的献祭是这种崇拜的组成部分。人们相信英雄们生活在神话时代，是所做壮举与所受磨难使之卓尔不群、令人缅怀的一群特殊的凡人。英雄崇拜的焦点往往在于传说中他们被埋葬的地方，因为人们觉得那里聚集着被崇拜者据说仍然能够操控的力量，不加以尊崇就会激起他们危险的愤怒。

英雄这一群体并非固定不变：在有记录的古希腊历史进程中，许多人都在死后被"英雄化"了。尽管如此，在被崇拜的英雄与传统神话叙事中那些令人难忘的人物之间仍有不少重叠。那些人之所以令人难忘，是因为无论善恶、成败，他们都在对人类经验之潜能的探索中有所作为且受过磨难。本章和下一章探讨的就是希腊神话的讲述者归功于这些伟大人物的个人和集体壮举。

工匠厄珀俄斯所造的木马。这匹被特洛伊人拖入其城邦的巨型带轮中空木马里藏着希腊人的武装部队；我们能看见有些人正从观察口向外窥视以及分发盔甲，而其他人则已经在外面准备战斗了。黏土浮雕广口陶坛，米科诺斯，约公元前670年。

第四章　英雄壮举

珀耳修斯

（右）戈耳工霉梦般的凝视。公元前6世纪的金匾。

历险的类型

希腊神话中凡人英雄最突出的特征并非他们所拥有的美德——因此我们应避免将他们与"圣人"类比——而是他们所做的壮举以及时而所受的磨难。他们测试了人类潜能的极限，达到了成功的顶峰，也探索了苦难的深渊。这才使得他们值得被铭记和被传颂。

本章我们将讨论神话传说中不断重现的两种故事类型。一种故事类型是探寻，常常由一群志同道合之人共同完成艰难的历程，为的是带回一件稀世珍宝，比如金羊毛或者特洛伊的海伦。第二种故事类型是与可怕的、怪物般的对手战斗，而斗争的方式使得英雄人物将他们的智慧与力量发挥到了极致。由于这些战斗总也免不了有众神的介入，因此便很难将"英雄传说"与"众神传说"严格区分开来。考虑到古希腊人对两性社会角色的设定，男性总是在进行探寻和战斗，而女性则总是扮演着被探寻的目标或帮助者的角色，便也不足为奇了。只有当我们在下一章中关注家庭这一背景时，女英雄们才会拥有更大的重要性。但是在本章中，我们有时也会发现女性角色活跃在神话壮举之中，无论是女猎人阿塔兰忒[①]那样非典型的人物，抑或是人生被英雄所为严重影响，从而加入到行动中来的女人们。

珀耳修斯的历险

像其他传说中的许多英雄人物一样——从罗慕路斯与雷穆斯[②]到摩西和耶稣基督——珀耳修斯也不得不经受早年间的迫害与羞辱。他的母亲达那厄曾被宙斯引诱，连同尚在襁褓之中的儿子，被暴怒的父亲阿克里西俄斯一起装进箱子里放逐海上，因为阿克里西俄斯曾在一则神谕中获悉自己将会被达那厄之子杀死。海

（下）襁褓中的珀耳修斯从关着他的箱子里恳求地望向他母亲。达那厄的父亲阿克里西俄斯以一种威严的姿态伸出一只手来，他很可能是在命令达那厄也爬进去待在她儿子旁边。阿提卡陶瓶，约公元前480—前470年。

浪将这对母子从阿尔戈里德的海岸朝东南方带往了塞里福斯岛，他们在那里被狄克堤斯（意即"撒网者"）打捞起来。当地的统治者，即狄克堤斯的兄弟波吕得克忒斯爱上了达那厄——这是个不祥之兆，因为他的名字（意即"全盘接收者"）就是哈得斯一系列绰号中的一个，为的是影射他毫无区别的"殷勤好客"。这就好像被宙斯引诱后，在神话的象征意义上，达那厄如今又正被他那更为可怖的冥王兄弟追求一样。无论如何，波吕得克忒斯没过多久便计划要摆脱已经长大成人的珀耳修斯，因为后者有碍于

---

① Atalanta，是古希腊神话中一位善于疾走的女猎人，因厌恶男性而没有参加几乎当时全希腊知名英雄都参加了的取金羊毛的历险，因此没有成为阿耳戈英雄。

② Romulus 与 Remus，是罗马城的建造者，在罗马传说与神话中他们是一对双生子。

他的欲望。他诱使这个年轻人同意去取回戈耳工怪物之一——墨杜萨的头颅。

戈耳工们住在大洋河①边上，即世界的边缘。这些蛇发怪物长着野猪的獠牙，以青铜为手、黄金为翅，会把任何看向她们的人变成石头。在赫耳墨斯、雅典娜以及不情不愿、令人厌恶的格赖埃姐妹（三个共用一只眼和一颗牙的干瘪丑老太）的帮助下，珀耳修斯集齐了完成任务的所有必需物：一把坚不可摧的镰刀、一只革囊、一双飞鞋和一顶隐身帽。靠着用盾牌映照出墨杜萨的影像，珀耳修斯成功避免了与她进行致命的对视。他用镰刀割下她的头颅，放入革囊之中，并戴上隐身帽，躲过了其他的戈耳工。

英雄在飞回塞里福斯岛的途中路过埃塞俄

① 即俄刻阿诺斯河。

比亚，他在那里救下了国王刻甫斯之女安德洛墨达。那姑娘被锁在一块大岩石上，将被献祭给威胁陆地的海怪。珀耳修斯迅速解决了海怪，并将安德洛墨达带回希腊做他的新娘。正是在希腊，他的命运又回到了原点。首先，在塞里福斯岛上，他用戈耳工的头颅将波吕得克忒斯变作石头，因为后者仍在逼迫达那厄。然后，他又通过放弃他的特殊武器朝恢复常态迈进了一步：他将飞鞋、革囊和隐身帽献给了赫耳墨斯，将戈耳工的头颅献给了雅典娜。现在还剩下达那厄的父亲阿克里西俄斯，他仍然恐惧着预言中的死亡。而他也确实应该恐惧：珀耳修斯在一场竞技比赛中掷出一块铁饼，却不小心砸死了他。尽管如此，即便珀耳修斯的生涯并未摆脱艰难困苦，有关他的神话传说在本质上讲述的却是克服障碍和恢复秩序。珀耳修斯和安德洛墨达生育了许多英雄后代，其中便包括最伟大的英雄赫拉克勒斯。

（下）珀耳修斯将墨杜萨斩首后飞速离开，雅典娜在一边旁观。戈耳工的头颅安稳地放在珀耳修斯的革囊里，他的手里还拿着用来完成这一行动的镰刀。许多人都察觉到了这里的幽默感，即通常很好战的雅典娜却用拇指和食指优雅地提起了她的裙子。阿提卡陶瓶，约公元前460年。

在一幅来自庞贝的壁画上，珀耳修斯从海怪手里救出了安德洛墨达。这幅画也许是基于希腊艺术家尼基阿斯的一幅公元前4世纪的作品而创作的。无论如何，这幅罗马绘画都创造出了它自身的优美与浪漫。

105

墨勒阿革洛斯、
阿塔兰忒和卡吕冬野猪

墨勒阿革洛斯的壮举与珀耳修斯相比就人性化多了。他的故事展现的更多的是在面对众神的力量与命运的不可抗力时，人类的局限与脆弱的一面，而非其波澜壮阔的一面。

墨勒阿革洛斯的家乡是位于埃托利亚的卡吕冬，它仅在希腊历史中零零星星地出现过几次。由于墨勒阿革洛斯的父亲，卡吕冬王俄纽斯未向阿耳忒弥斯献祭——这一失误为他们家族后来的命运奠定了基调——女神便派来一头可怕的野猪在境内肆虐以示报复。墨勒阿革洛斯与一帮忠实的同伴设法杀死了那头野兽，但其后事情却发生了激烈的、悲剧性的转折。他们为谁该拥有作为战利品的猪皮而反目，墨勒阿革洛斯还在争斗中杀死了他母亲阿尔泰亚的兄弟们。至于他自己的死亡，我们已知的便是

下面这个悲惨的故事：愤怒的阿尔泰亚将致命的木块[1]丢入火中结束了儿子的生命，家族内部斗争最终导致了英雄的早逝（见第86—87页）。

在与墨勒阿革洛斯一起猎杀野猪的同伴当中——确实，同伴远比他更加丰富多彩——我们不得不提及阿塔兰忒这一人物形象。阿塔兰

---

[1] 命运三女神曾在墨勒阿革洛斯出生后不久向他母亲预言，当火炉中的木块烧完时，她儿子的生命也将随之结束。于是阿尔泰亚便从火炉中取出那方木块，浇熄后藏在了密室里。

神话中那头被墨勒阿革洛斯和他那帮英雄同伴们所猎杀的强悍野猪的巢穴就位于卡吕冬附近的丘陵地带，即科林斯湾西端以北。

忒有点类似于人间的阿耳忒弥斯，除了最终她没能像女神那样保持童贞。她在孩提时代便被父亲遗弃于荒野之中，因为他想要的是个男孩。然而一头母熊哺育了她，因此长大后她的性情也酷似其养母。当她到了适婚年龄，就让追求者与她赛跑，跑不过她便意味着失败被杀。其中一名追求者墨拉尼翁（有时也被称为希波墨涅斯）狡猾地在她面前丢下几个阿佛洛狄忒送给他的金苹果从而跑赢了她：阿塔兰忒弯腰去

捡，墨拉尼翁便获胜了。但是，有关阿塔兰忒的一切都预示着她不能被局限在婚姻制度中，这也得到了印证。她与墨拉尼翁在外出打猎时偶然路过一座宙斯神庙，并在那里公然蔑视宗教礼仪，享受了鱼水之欢。作为惩罚，他俩双双被变为狮子，因此阿塔兰忒也就重新回归了她早年成长于斯的荒野之中。她的神话传说探索了古希腊人性别意识认知中的一种核心张力，也就是说，尽管女性身上确实存在"野性"的一面（因而必须被男性驯化），但他们的妻母角色与参与狩猎和战争的行为却是不能兼容的。阿塔兰忒的故事挑明了下面这个问题："如果一个女人明确展露了她潜在的野性将会怎样？"

伊阿宋、阿耳戈英雄和美狄亚

1922年，人类学家布罗尼斯拉夫·马林诺夫斯基出版了经典的民族志研究《西太平洋上的航海者——美拉尼西亚新几内亚群岛土著人之事业及冒险活动的报告》。他的隐喻[①]利用了人们对希腊神话中一件最著名壮举的联想。像许多其他神话传说中的探寻一样，伊阿宋取金羊毛的故事起源于一场骚动的危机，而这场探寻正是为了去拨乱反正。在这个故事中，骚动的起因乃是忒萨利亚城邦伊俄尔科斯内部有争议的朝代更迭：出于种种并不完全清晰的原因（家族内部的分歧很可能是其中之一），克瑞透斯的王位并未被他的儿子埃宋（伊阿宋的父亲）

（下页）这只青铜制的"菲科罗尼珠宝箱"（也可见第216页）描绘了数位阿耳戈英雄，尽管并非所有人都能被准确辨认出来。毋庸置疑的则是艺术家的大胆尝试。

_____
① 原书名用了 Argonauts 一词，将土著航海者比作阿耳戈英雄。

所继承，继位的是埃宋的异母兄弟珀利阿斯。在这一因素的基础上加入了如今大家已经熟悉的神谕主题，这则神谕警告珀利阿斯要小心一个外乡人：在这个故事中，是一个穿着一只鞋的外乡人。年轻的伊阿宋在过河时恰好弄丢了一只鞋，然后就这么出现在珀利阿斯面前。珀利阿斯的合理反应自然是送这个年轻人去执行一项不可能完成的任务。

取回金羊毛便意味着将一件有魔力的珍宝带回希腊。它原本位于黑海边上遥远的科尔喀斯王国，曾属于一只会飞的神羊，这只羊是克瑞透斯家族另一分支的所有物。克瑞透斯的兄弟阿塔玛斯结过两次婚，他的第二任妻子伊诺迫害了她的前任，以及第一段婚姻所生的两个孩子。由于希腊神话很喜欢将社会张力拉到极致从而使它们更为"显而易见"，因此对佛里克索斯和赫勒这两个孩子的迫害便毫无意外地上升为伊诺策划要谋害他们的性命。为避免被父亲献祭，他们只得依靠神使赫耳墨斯恩赐的神

伊阿宋的谱系

丢卡利翁（或宙斯）=皮拉
多洛斯　赫楞　克苏托斯
埃俄罗斯=埃那瑞忒
萨尔摩纽斯　涅斐勒（1）=阿塔玛斯=（2）伊诺　西西弗斯　等等
波塞冬=堤洛=克瑞透斯　佛里克索斯　赫勒　勒阿耳科斯　墨利刻耳忒斯　格劳科斯
阿耳戈斯　其他儿子们　柏勒洛丰
珀利阿斯　涅琉斯　埃宋=波吕墨得　斐瑞斯　阿密塔翁=厄多墨涅　阿德墨托斯=阿尔刻斯提斯
阿卡斯托斯　阿尔刻斯提斯　其他女儿们　涅斯托耳　赫利俄斯　欧墨洛斯
克瑞翁　埃厄忒斯
格劳刻（2）=伊阿宋=（1）美狄亚

羊，坐在它金色的后背上逃离了险境。唉，不幸的赫勒却坠入一片水域之中，那地方因此被称为赫勒斯滂（意即"赫勒之海"，今称达达尼尔海峡），而佛里克索斯则抓紧了羊背。神羊降落在位于世界边缘的科尔喀斯，那片土地由太阳神之子埃厄忒斯统治。由于献祭是一种旨在确保人与神进行适当交流的仪式，那么由神派来的金羊立刻被佛里克索斯献祭掉也是很合理的，这是对神进行"报偿"的一种方式。羊毛则暂时留在了科尔喀斯的埃厄忒斯那里。

阿耳戈号及其船员

与墨勒阿革洛斯不同，伊阿宋面对的是一场要将他远远带入未知之境的挑战。珀耳修斯亦是如此。然而，与珀耳修斯不同的是，伊阿宋可没法依靠会飞的交通工具。他需要一艘航船，而他的阿耳戈号，便是罗得岛的阿波罗尼俄斯关于取金羊毛的伟大史诗的核心。诗歌记述了它的建造、募员和出发，最后讲到它的归

来。在建造的过程中，阿耳戈号便显示众神参与了伊阿宋的历险，因为它的其中一根木料来自多多那的一棵能"说出"宙斯神谕的圣橡树。宙斯通过橡树叶沙沙作响的声音"说出"他的

阿耳戈号的航行

罗达诺斯河
（罗讷河）

厄里达诺斯河
（波河）

伊斯特洛斯河
（多瑙河）

科尔喀斯

黑　海

埃亚

发西斯河

楞诺斯岛

德瑞帕内岛
（科孚岛）

伊俄尔科斯

斯库拉和
卡律布狄斯

地
中
海

克里特岛

➡　去程
→　归程
（括号内为现代地名）

特里同尼斯湖

利　比　亚

赫拉克勒斯的年轻同伴许拉斯被一位好色的水中仙女绑架，这一事件导致赫拉克勒斯退出了阿耳戈号的远征。弗朗索瓦·热拉尔的《许拉斯与仙女》，约1826年，给人一种华丽的感官印象。

神谕，阿耳戈号的木料因此也拥有预言的能力。

它的船员由特洛伊战争之前那个时代最伟大的英雄们组成：俄耳甫斯、忒拉蒙、珀琉斯、赫拉克勒斯、卡斯托尔和波吕丢刻斯兄弟，以及许多名气稍逊却英勇不减的战士。当阿耳戈号离开帕加塞港（位于忒萨利亚的海岸边）朝北航行时，仁慈的马人喀戎从珀利翁山之巅为此番征途送来了祝福。他曾在伊阿宋幼年时教导过他，如今正在照看襁褓中的阿喀琉斯。在喀戎的教导下，他们从童年的青涩迈向了社会化，从而能够与其他勇士并肩战斗。半人半马的喀戎象征着将两极——未开化/开化——连接起来的状态，而两极之间便是英雄成长的必经之途。

出海之旅

阿耳戈英雄们的首个重要停靠点是位于爱琴海东北部的楞诺斯岛。那里发生的插曲之所以令人着迷，不仅因为它是神话叙事中的一环，还因为它是一段神话传说被视为与一种仪式相对应的实例。船员全是男性的阿耳戈号所停靠的这座海岛上居住的全是女性：当她们的丈夫由于宠爱从色雷斯本土来的女奴而背弃她们时，楞诺斯岛的妻子们便展开了血的报复，她们不但杀死了丈夫和女奴，还屠戮了岛上的其他男性。阿耳戈英雄们纷纷效仿伊阿宋，跟那些孤独的寡妇睡在了一起。伊阿宋选择的自然是楞诺斯女王，许普西皮勒。跟故事所对应的是岛上举行的一种仪式，那里的所有火种每年都要被熄灭一次，然后再由跨海而来的"新火"重新点燃。

尽管已然演完了他们繁衍后代的角色，阿耳戈英雄们却没有流露出丝毫要离开楞诺斯岛的意思。但赫拉克勒斯提醒了他们探寻的目标是什么，使他们感到万分羞愧而扬帆离去。然而赫拉克勒斯出现在船上的时间却并未持续多久。穿过"赫勒之海"进入普罗庞提斯（位于达达尼尔海峡和黑海入口之间的水域①）之后，

_____
① 即今天的马尔马拉海。

阿耳戈英雄们在密西亚人的海岸上登陆了。赫拉克勒斯有个名叫许拉斯的年轻侍从，他动身去野地里寻找清泉取水。但古希腊所有的泉水都是神圣的，而且神话中的泉水还是与诸神（见第188—189页）相遇的主要地点。当许拉斯找到一泓清泉时，泉中仙女却为他的俊颜所惑，将他拉入水底，搅进了自己的怀抱。赫拉克勒斯在得知许拉斯失踪的消息时，第一反应便是震怒不已（"汗水从他的太阳穴流下，浓黑之血在五内中沸腾"，阿波罗尼俄斯如是吟诵道），由此不难断定他与许拉斯之间存在着强烈的同性之爱。当阿耳戈号继续航行时，赫拉克勒斯却留了下来，将寻找那个男孩的无果之旅置于共同的征途大业之前。

随着航程继续东进，阿耳戈英雄们与圣者的相遇也变得更加戏剧化了。其中一例便是他们与盲预言家菲纽斯的会面。在阿波罗尼俄斯的记叙中，他受折磨的起因是他利用预言的能力向凡人泄露了众神的秘密。尽管他仍保有预言的能力，但却丝毫不能给他带来安慰，因为那些想要咨询他的人所带来的美味赠礼都被哈耳庇厄们弄得不能下咽了：这群污秽的鸟身女妖会弄臭他的食物，以加重使他盲眼的惩罚。当阿耳戈英雄们到达时，饿成皮包骨的菲纽斯却意识到即将解放他的人来了。他知道，众神已决定让两名阿耳戈英雄，即玻瑞阿斯（北风神）的两个儿子卡拉伊斯和仄忒斯，也就是菲纽斯首任妻子克勒俄帕特拉的兄弟，为他永远赶走哈耳庇厄们，而这也真的实现了。

值得一提的是——也是希腊神话同中有变这一复杂特性的又一证明——根据另一段完全不同的记述，反而是阿耳戈英雄们弄瞎了菲纽斯，以作为对他弄瞎跟克勒俄帕特拉所生之子们的报复。菲纽斯的这一残酷行径，是被他第二任妻子激发的，因为她对他的第一个家庭怀有敌意。它也提醒了我们，英雄壮举（本章所关注的）和家庭神话（下一章的主题）中存在无数重复的桥段。

在菲纽斯的建议下，阿耳戈英雄们奋力驶过了位于黑海入口处的可怕撞岩，然后沿着黑海南岸继续航行。历险至此，他们曾一度亲眼见到那只每天飞来啄食普罗米修斯肝脏的鹰，

阿耳戈英雄名单

不同的神话讲述者给出了关于阿耳戈号英雄船员的相当不同的版本。下面的名单引用自阿波罗尼俄斯的史诗《阿耳戈英雄纪》：

阿德墨托斯	伊阿宋
埃塔利得斯	卡拉伊斯
阿卡斯托斯	坎托斯
安菲达玛斯	卡斯托尔
安菲翁	刻甫斯
（阿卡狄亚的）安开俄斯	克吕提俄斯
（萨摩斯的）安开俄斯	科罗诺斯
阿瑞伊俄斯	拉奥孔
阿耳戈斯	勒俄多科斯
阿斯忒里翁	林扣斯
阿斯忒里俄斯	墨勒阿革洛斯
奥革阿斯	墨诺提俄斯
布忒斯	摩普索斯
厄喀翁	瑙普利俄斯
厄耳癸诺斯	俄伊琉斯
厄里玻忒斯	俄耳甫斯
欧斐摩斯	帕莱蒙
欧律达玛斯	珀琉斯
欧律提翁	珀里克吕墨诺斯
欧律托斯	法勒罗斯
赫拉克勒斯	弗利阿斯
许拉斯	波吕丢刻斯
伊达斯	波吕斐摩斯
伊德蒙	塔拉俄斯
（埃托利亚的）伊菲克勒斯	忒拉蒙
（忒萨利亚的）伊菲克勒斯	提费斯
（欧玻亚的）伊菲托斯	仄忒斯
（福基斯的）伊菲托斯	

有理由认为这只约公元前300—前275年的埃特鲁里亚调酒碗上的英雄形象表现的是阿耳戈英雄们。

而他的肝脏却能无休止地自我修复；他们甚至听到了那位饱受折磨的提坦巨人的惊声尖叫。

最终，阿耳戈英雄们在科尔喀斯上岸了。埃厄忒斯对他们到来的反应简直和珀利阿斯在面对年轻的伊阿宋时一模一样：他也派伊阿宋去完成一项"不可能完成"的任务。如果想赢得金羊毛，伊阿宋首先必须去给两头长着铜蹄还会喷火的公牛上轭，驾着它们犁地，然后在犁沟里种下龙——就是卡德摩斯在建造忒拜城时杀死的那条——的牙齿（雅典娜将一半的牙齿给了埃厄忒斯）。从种下的牙齿中收获的并非常规物品，而是一些全副武装的勇士。伊阿宋单凭一己之力当然不可能完成这些任务，但他得到了雅典娜与赫拉的帮助。她们想出的计划基于如下事实：埃厄忒斯有个名叫美狄亚的女儿，她是赫卡忒的女祭司，因而精通魔法、歌唱和炼药之类由赫卡忒所掌管的技艺。雅典娜与赫拉说服了阿佛洛狄忒去贿赂她那被宠坏的儿子厄洛斯，让他用爱之羽箭射中了美狄亚。于是美狄亚便不顾一切且不由自主地爱上了伊阿宋。

多亏了美狄亚的法术，她才使得伊阿宋能够暂时不受伤害。公牛上了轭，牙齿入了地，武士们也都被击溃了。当美狄亚哄睡了守护金

羊毛的巨龙，并让她的爱人取走了那件有魔力的珍宝时，这部戏剧的最后一出也就落幕了。如今，美狄亚已别无选择：跟许多希腊神话一样，这个神话描绘了一个姑娘因为情人/丈夫而背弃了自己的父亲。实际上，也确实没有哪场决裂像美狄亚的这么决绝。虽已跟奔逃的阿耳戈英雄们一起驶离了家乡，她却将追击而来的兄弟阿布绪耳托斯诱入埋伏之中，并冷眼坐视伊阿宋杀死了他。阿波罗尼俄斯所讲述的这个版本已经够糟了，可根据一个变体，是美狄亚亲手屠杀了阿布绪耳托斯，然后将他被肢解的尸体抛入海中。如此一来，包括她父亲埃厄忒斯在内的科尔喀斯人就不得不因为要去寻回那副悲惨的遗骸而暂缓追击了。

阿耳戈号的归来

阿耳戈号驶回希腊的旅程因其复杂性，也因其路线与出海时截然相反而十分特别。其中部分复杂性体现在文学而非神话层面。这是因为我们最翔实的记叙，即阿波罗尼俄斯的史诗，要比讲奥德修斯历险记的荷马史诗《奥德赛》晚约500年才完成。因此，尽管在"神话纪年"里，阿耳戈号的航行是早于奥德修斯的，但阿波罗尼俄斯却得以在他的奇遇故事中同时编入阿耳戈英雄以及奥德修斯一些最负盛名的敌人和帮手，比如斯库拉、卡律布狄斯、喀耳刻和塞壬们，又比如淮阿喀亚人的王后与国王，阿

瑞忒和阿尔喀诺俄斯（见第143页）。然而伊阿宋的归程却在地理方面超越了奥德修斯的归程。阿耳戈号在驶出黑海后向西沿伊斯特洛斯河（多瑙河）而上，由是（据信）进入亚得里亚海北部。而后这艘船又随风逐浪驶向了北非的岸边，直到船员们花费十二个日夜扛着它穿过沙漠，才又重回海上。

当阿耳戈号返回爱琴海水域时，他们与最后一种奇异生物的相遇突显了伊阿宋娶回家的这个年轻姑娘究竟拥有多么可怕的杀伤力。居住在克里特岛上的巨人塔罗斯是青铜种族的最后幸存者。（不同于赫西俄德对黄金、白银、青铜和黑铁种族的记述，阿波罗尼俄斯所描绘的塔罗斯是一种用金属制成的生物，而非一种使用金属或用金属来象征的生物。）塔罗斯几乎坚不可摧，但他的脚踝上却有一个弱点，因为这金属巨人的血液就是从那里的一根血管而流过，而血管上只覆盖着一层薄膜。当塔罗斯朝他们的船只猛掷石块时，阿耳戈英雄们都想不出可以向谁求助。正在此刻，美狄亚挺身而出。她只是盯着塔罗斯看，朝他眼中投入恶毒的直视，他就踉踉跄跄倒，擦伤了脚踝上唯一可以威胁他生命的弱点而殒命。

如今已没有什么再能阻碍阿耳戈号安全返回母港了——此处便是阿波罗尼俄斯的《阿耳戈英雄纪》结束之处。但其他一些资料继续展开叙事线索。当伊阿宋安然在外时，珀利阿斯已经清除了阻挡他王权的剩余障碍，杀死了埃宋（伊阿宋的父亲）和他的其他家庭成员。但伊阿宋和美狄亚的归来却预示着他的霸业走到了尽头。美狄亚展示了她神奇的魔法：一只公羊被她砍碎并烹煮了，随后却能从锅里完好无损地冒出来，还变得更加年轻。然后她便诱骗了珀利阿斯的女儿们，让她们以为也能在自己的父亲身上施展同样的魔法。当那一切发生时，他也就凄惨地死去了——被剁碎并烹煮了，却没能重返青春。伊阿宋和美狄亚从伊俄尔科斯逃往了科林斯。美狄亚再次成为破坏家庭的核心因素。欧里庇得斯在其悲剧《美狄亚》中将这个故事戏剧化得令人印象至深：伊阿宋决心

抛弃美狄亚，另娶科林斯王克瑞翁的女儿。在一次可怕的复仇行动中，美狄亚送给那姑娘（在某些资料中名叫格劳刻）一件淬了毒的礼服，其中炽热的毒液吞噬了她和前来救她的父亲的血肉。为加深伊阿宋的痛苦，她还杀死了自己的孩子们（尽管也有变体说是其他人，比如科林斯人，杀死了他们），然后坐上她祖父太阳神借给她的交通工具——一辆由飞龙拉着的战车，逃往了雅典（见第127页）。

（上）美狄亚使一只公羊变成羊羔的神奇回春法是用来给珀利阿斯（坐在左边）及其女儿们留下深刻印象的。很快珀利阿斯自己就将尝试他所认为的回春法——可事实上他将在一口锅里被活活烹煮而凄惨地死去。阿提卡水罐，约公元前510年。

（左）通过杀死他们的孩子来向伊阿宋复仇后，美狄亚坐着一驾由飞龙所拉的战车逃避了自身行为造成的后果。"东方化"的帽子与服饰指向了她的"异域身份"，光芒则强调了她与其祖父太阳神赫利俄斯的关联。意大利南部调酒杯，约公元前400年。

赫拉克勒斯

正如我们在讨论赫拉的神话时见到的那样（见第71—72页），希腊最伟大之英雄的壮举与苦难与他在赫拉手中所遭到的迫害是紧密相关的。赫拉克勒斯（罗马人称之为赫丘利）是宙斯与阿尔克墨涅风流韵事的产物，他因此招致了赫拉的嫉妒。可即便还是个婴儿，赫拉克勒斯就展现出了他的勇气：当赫拉派出两条巨蛇爬进摇篮里时，那婴儿便迅速勒死了它们。赫拉克勒斯后续的大部分功绩都被这一事件预示出来了：被赫拉迫害，与野兽战斗，通过强力而非诡计来反抗。

赫拉克勒斯是希腊神话中一个广受欢迎的

已然肌肉发达的婴儿赫拉克勒斯与赫拉派来对付他的两条蛇展开搏斗。铸造于基齐库斯的银币，该地位于普罗庞提斯的岸边（就在达达尼尔海峡以东）。约公元前390年。

角色。他的壮举出现在数不清的视觉形象之中，从瓶画到雕像到钱币再到宝石。但在我们的书面资料中他却是一个更为复杂的人物，而非行动导向型占主导地位的形象所表明的那样。有些神话讲述者，比如颂歌诗人品达称赞他是运动能力的明确标杆；对悲剧作家来说他又是一个即使在看似获胜之时都被灾难所折磨的人；而喜剧作家则将他表现为粗俗笑剧中一个欲望既多样又粗鄙的人物。简而言之，赫拉克勒斯是深刻矛盾着的：他是体力上的非凡功绩的开创者，然而他再三屈服于那些比他弱小之人，并且对自己的家庭施加的暴力不亚于对完成任务时他遇上的可怕动物所施加的暴力。作为英雄，他既典型又不典型。跟所有的英雄一样，他挑战了人类的极限，只不过他所达到的程度与采用的方法是没有哪个英雄能够与之相提并论的：其壮举将他带至大地的尽头，下至冥界，并最终上至奥林匹斯山。这一叙事上的无所不在更被如下事实呼应，即对一名英雄而言，唯独他没有坟墓，因此也没有可定位的、被划定的祭祀地点。无论哪里需要帮助，人们都能呼唤赫拉克勒斯。

英雄的青春期也遵行着他在摇篮里的壮举所预示的道路。尽管拥有最好的里拉琴指导者——利诺斯，俄耳甫斯的兄弟——赫拉克勒斯却没能克制住自己的攻击倾向：当利诺斯不仅批评了他的（根据一份资料）"灵魂上的惰性"，并且还动手打了他时，这名难以自控的学生便用里拉琴猛击了老师的头部并致其死

赫拉克勒斯的谱系

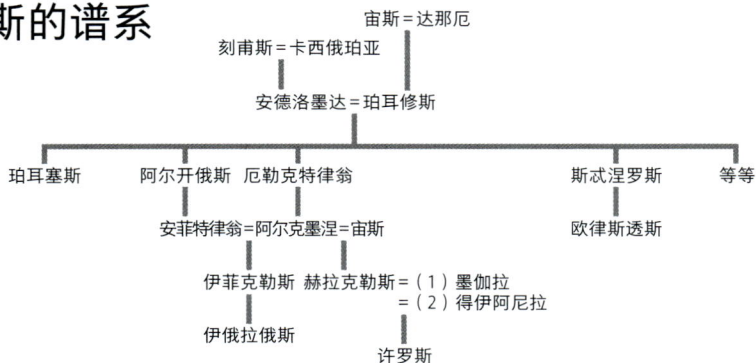

```
                                          宙斯＝达那厄
                        刻甫斯＝卡西俄珀亚
                              安德洛墨达＝珀耳修斯
        ┌──────────────┬──────────────┬────────────────────┬──────────┐
      珀耳塞斯        阿尔开俄斯    厄勒克特律翁              斯忒涅罗斯    等等
                  安菲特律翁＝阿尔克墨涅＝宙斯                欧律斯透斯
              ┌──────────────┴──────────┐
          伊菲克勒斯            赫拉克勒斯＝（1）墨伽拉
                                        ＝（2）得伊阿尼拉
          伊俄拉俄斯                      许罗斯
```

（左）赫拉克勒斯的性情使他并不适于接受建议或修正。这里他对其音乐教师利诺斯施以了暴行。关于赫拉克勒斯使用的武器有许多不同记载，这次似乎是只凳子。阿提卡陶瓶，约公元前480年。

的任务。如往常一样，这里存在着变体：根据欧里庇得斯的戏剧《疯狂的赫拉克勒斯》，这些任务是先于发疯的，而发疯则是怀有滔天恨意的赫拉在赫拉克勒斯达到胜利巅峰时用来击垮他的一种磨难（见第121页）。在如下所述的任务中，我们将大致遵循保存在阿波罗多洛斯的《神话全书》里的事件顺序。

赫拉克勒斯的任务

第一项任务仅将赫拉克勒斯带至位于迈锡尼西北方十几千米处的涅墨亚，他在那里用扼杀的方式制服了一头刀枪不入的狮子。这头野兽被剥下的皮成了他个性化的服饰，这一野蛮的标志正好与其强有力的大棒相匹配，后者与弓箭都是他所钟爱的武器。第二项任务也是地方性的：他得去结果生活在勒耳那沼泽地附近的可怕水蛇（许德拉）。许德拉有许多颗脑袋（在被提到过的数字中有9和50），其中一颗是不死的，而剩下的都能自我再生，比如两

亡（尽管他因一份自卫的辩护而被开释）。稍晚些时候，赫拉克勒斯天性中的另一部分又开始展现。当他作为玻俄提亚的忒斯庇亚王忒斯庇俄斯的客人时，他依次跟国王的五十个女儿全都上了床。她们是与这名英雄交合过的无数女性中的第一批，他甚至还与其中一些结了婚，而且她们全都为他生下了孩子，但他永恒的无所归依却构成了——一如在美狄亚的例子中那样——一系列关于其家庭生活方方面面之悲剧的背景。

赫拉克勒斯的凡人"父亲"安菲特律翁——宙斯在接近阿尔克墨涅时正是化作了他的样子——并不比他"儿子"更为安定。在无意间杀死了阿尔克墨涅之父厄勒克特律翁以后（无意间的杀人行为是一个普遍的神话主题，因为它很容易促使英雄从一个城邦转移到另一个城邦），安菲特律翁不得不向忒拜王克瑞翁寻求庇护。为确定这一关系，赫拉克勒斯就跟克瑞翁的女儿墨伽拉结婚了。但赫拉的嫉妒却无可否认：她导致赫拉克勒斯发了疯，使得他杀死了他的妻子和孩子们。赫拉克勒斯为赎罪而被要求去为一个比他弱小之人——欧律斯透斯，整个阿尔戈里德包括梯林斯和迈锡尼在内的统治者——服务，完成一系列欧律斯透斯所指示

（下）赫拉克勒斯与涅墨亚狮子的搏斗是古代艺术中极为流行的主题。这幅可追溯至希腊化时期的凹雕就是数千种留存下来的形象之一。

赫拉克勒斯的任务

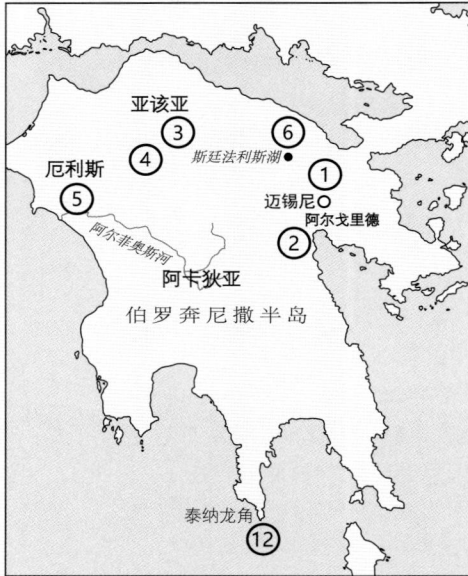

	壮举	地点
1	带回狮皮	涅墨亚（阿尔戈里德）
2	杀死许德拉	勒耳那（阿尔戈里德）
3	抓住牝鹿	刻律涅亚（在阿尔戈里德与亚该亚之间）
4	抓住野猪	厄律曼托斯山（阿卡狄亚）
5	打扫奥革阿斯的牛圈	厄利斯（伯罗奔尼撒半岛西部）
6	赶走怪鸟	斯廷法利斯湖（阿卡狄亚）
7	抓住公牛	克里特岛
8	抓住吃人的母马	狄俄墨得斯的王国（色雷斯）
9	取回阿玛宗人的女王希波吕忒的腰带	阿玛宗人的领地；有时位于小亚细亚北部
10	牵回革律翁的牛群	在遥远的西方
11	摘取赫斯珀里得斯的苹果	可能在遥远的西方，或遥远的北方
12	带回地狱恶犬刻耳柏洛斯	冥界

如往常一样，不同的记载在细节上多少有所差别。右边是阿波罗多洛斯的《神话全书》所给出的赫拉克勒斯之任务的清单与顺序，其数字与地图中的一一对应。下图中的方框显示了伯罗奔尼撒半岛（上图）在整个地中海地区中的位置。

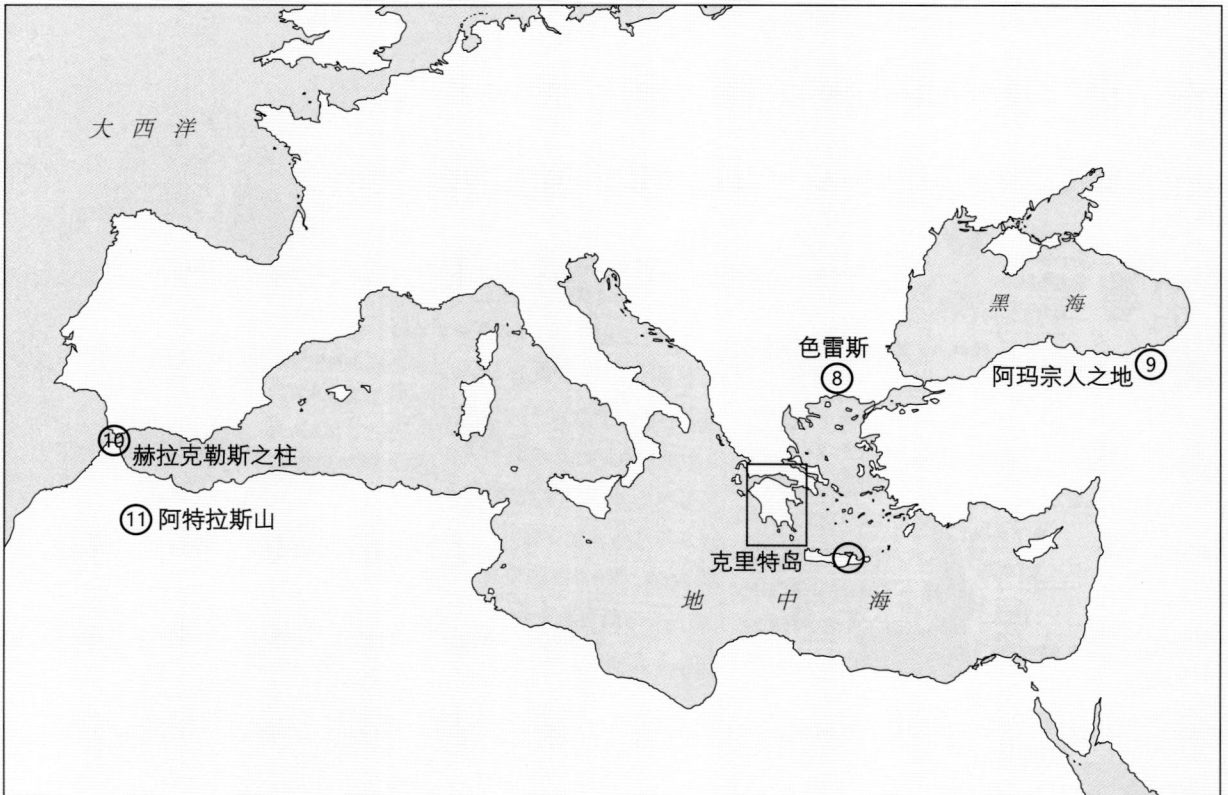

颗脑袋会从原先只有一颗的地方生长出来。然而，英雄砍下了那些会死的脑袋，随后他的帮手伊俄拉俄斯，即其同母异父的兄弟伊菲克勒斯的儿子，烧灼了蛇头的残余部分；赫拉克勒斯紧接着又用斩首的方式终结了那颗不死的脑袋，并将它埋在一块巨石底下。就像对付狮子时那样，在对付许德拉时，赫拉克勒斯也接收了这个对手的一样特有之物：他切开了它的躯体，并用他的箭头蘸取了它致命的胆汁。

跟所有的英雄一样，赫拉克勒斯在故事中行事时，诸神随时可能介入。因此，在他完成第三项任务，即他被欧律斯透斯下令带回阿耳忒弥斯那长着金角的圣物——刻律涅亚牝鹿时，他并不敢冒险杀死它。相反，他花了一年时间来追捕那动物，直到它精疲力竭。在这件壮举中，赫拉克勒斯到了更远的野外，向西一直进入伯罗奔尼撒半岛。这一地区也构成了他第四项任务——抓住生活在阿卡狄亚厄律曼托斯山附近的可怕野猪——的背景。

在去往这座大山的途中，赫拉克勒斯遇到了一群跟他拥有许多共同特征的生物：马人。他们野蛮、不守规矩且难以预测，有着半马半人的外形，这便反映了他们处于文化边缘的模糊地位。其性格也很矛盾：他们一方面是仁慈的，可另一方面，又具有常常突变为暴力的残忍动物性。在仁慈的马人中最重要的便是喀戎，他是包括阿喀琉斯、阿斯克勒庇俄斯和伊阿宋在内的一些最著名英雄的导师。另一位善良的马人则是福罗斯，而且正是他在赫拉克勒斯猎捕厄律曼托斯山野猪的过程中款待了他。作为差异的一种明确标识——以及诸如"生""熟"之类经验上的范畴如何在希腊人的思想和经验中起到重要作用的一个例子——福罗斯为赫拉克勒斯提供了烤肉，自己却吃了生肉。当永远

（左）赫拉克勒斯将厄律曼托斯山野猪，即其第四项任务的目标带回给欧律斯透斯看，后者则惊恐地躲在一只广口陶坛（储物罐）里。石灰岩浮雕，来自塞莱河口遗址的排档间饰，约公元前550年。

（右）位于伯罗奔尼撒半岛东北部的斯廷法利斯湖，是赫拉克勒斯被命令去消灭的怪鸟们芦苇丛生且遍布沼泽的家园。消灭这些怪鸟是他的第六项任务。

（下）作为最初的奥林匹克运动会可能的创始人，赫拉克勒斯是奥林匹亚宙斯神庙正面和背面十二块大理石排档间饰之主题的完美选择。这六幅素描是描绘六项任务的排档间饰的推测性复原图。

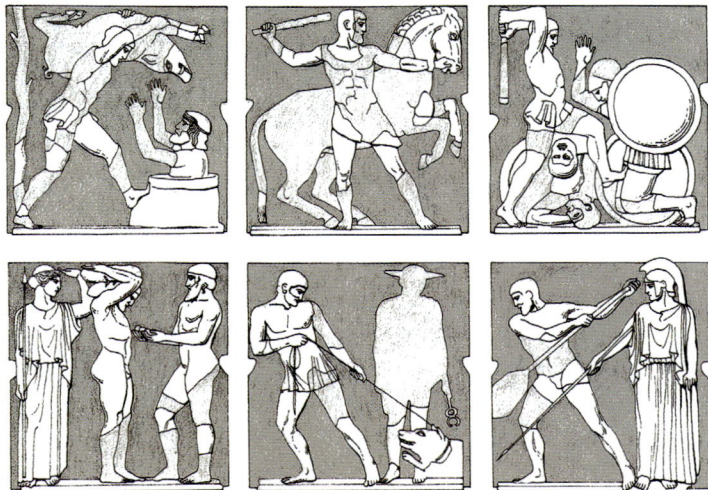

都不是个完美宾客的赫拉克勒斯要喝葡萄酒时，酒香便将马人们从很远处吸引了过来。他们对烈酒的渴望转变成了暴力。在随后的混乱中，赫拉克勒斯追赶着他们，直到他们去寻求喀戎的庇护，而赫拉克勒斯却意外用箭射中了后者。那处箭伤并不能被治愈，可因为喀戎是不死的，于是他似乎注定要永受折磨。然而，为了获准死去，他与宙斯达成了一项交易，即与普罗米修斯做某种交换——也许是（尽管这个故事极端神秘）同意由他代替普罗米修斯受难并下到冥界。

跟他在马人中的经历相比，赫拉克勒斯对厄律曼托斯山野猪的抓捕（第四项任务）就很直接了。当英雄带着那头野兽返回梯林斯时，欧律斯透斯却胆怯地躲在了一只大储物罐里——艺术家们十分热爱重现这一形象。但欧律斯透斯仍然发出了要求完成更多任务的命令。第五项和第六项任务同样位于伯罗奔尼撒半岛。为清扫厄利斯王奥革阿斯被牛粪阻塞的牛圈（第五项任务），赫拉克勒斯巧妙地改变了阿尔菲奥斯河与珀涅俄斯河的流向，于是它们就能流经并冲刷那座院子了。在一块来自奥林匹亚宙斯神殿的排档间饰上，雅典娜的出场指导象征着在这项任务里表现出的机敏，这种机敏并非英雄惯有之长处。这块排档间饰是现存唯一一幅描绘这项任务的作品，而宙斯神殿就紧挨着阿尔菲奥斯河（左侧为六幅根据神庙的排档间饰绘制的素描图）。赫拉克勒斯往北又清除了另一困扰，这次是来自阿卡狄亚的斯廷法利斯湖的怪鸟们（第六项任务）。雅典娜的智慧再次起到了决定性的作用。她借给他一些青铜响板，它们的嘈杂声响使怪鸟们受了惊，于是赫拉克勒斯的弓与致命的箭就完成了剩下的事情。

当欧律斯透斯对赫拉克勒斯之胜利的恼怒不断增加时，英雄被迫走过的距离也在不断增

加。在战胜了克里特岛的强大公牛并将之运回迈锡尼以后（第七项任务），赫拉克勒斯紧接着又得往北去色雷斯了。他在那里抓住了国王狄俄墨得斯吃人的可怕母马们（第八项任务），然后又将它们带回给欧律斯透斯，以作为其壮举的证明。克里特岛和色雷斯可被视为希腊国土的最南端和最北端。但欧律斯透斯所要求的东西涉及的范围却远不止于此。第九项任务要求赫拉克勒斯将阿玛宗女王希波吕忒的腰带拿到迈锡尼来，而人们相信阿玛宗人是居住在小亚细亚西北部的神话民族。她们的社会只在为达到繁衍的目的时才会求助于男性。女孩将被抚养长大，而男孩则任其自生自灭。阿玛宗人的生活方式使她们成为了阿耳忒弥斯的集体对应者，尽管仍存在一个至关重要的区别，即她们终有一死。赫拉克勒斯杀死了希波吕忒并偷回了她的腰带。

第十项任务是最为离奇的一项。赫拉克勒斯得去牵回拥有三副身躯的怪物革律翁的牛群，而革律翁住在大洋河边上。要到达那里，赫拉克勒斯便不得不穿过欧洲与非洲之间的边界。为标明他的旅程，他在那里竖起了两根石柱，而在现实世界中，它们有时便"被认为是"直布罗陀海峡两侧的岬角。赫拉克勒斯还得从那

里横渡汹涌的大洋河，他凭借着太阳神自用的金缸才成功地渡过了河。在杀死革律翁并带走了他的牛群后，他也是用太阳神的金缸来让它们渡海的。

第十一项任务——去阿特拉斯山上摘取赫斯珀里得斯的金苹果——则将赫拉克勒斯再次带至了世界的尽头。这件壮举的准确发生地在遥远的西方（"赫斯珀里得斯"意即"夜晚的

（下）为消灭斯廷法利斯湖的怪鸟，赫拉克勒斯放弃了他的大棒和弓箭，使用了一件更为合适的武器：一把弹弓。阿提卡陶瓶，约公元前550年。

（上）赫拉克勒斯抓住狄俄墨得斯的一匹吃人的母马的脖子。可以看见那头野兽的嘴里有最后一餐的可怖残余——一颗人头和一只人手。阿提卡陶瓶，约公元前510年。

（下）在这场希腊人对阿玛宗人的战斗中，被赫拉克勒斯抓住手臂的女战士为安德洛玛刻（意即"男性的战斗"）。阿提卡陶瓶，约公元前575—前550年。

[仙女们]"）与遥远的北方（苹果是在"极北族人"[Hyperboreans]的领地上被找到的，这个名称意为"北风之神以远的居民"）之间变化。无论如何，赫拉克勒斯为到达那里走过了惊人的距离。一路上他战胜了强大的摔跤手安泰俄斯，后者是从大地那里获取力量的（赫拉克勒斯将之举起以便能够压倒他）；他杀死了不好客的埃及统治者布西里斯，后者曾经在宙斯的祭坛上将异乡人作为祭品；他还射中了啄食普罗米修斯肝脏的鹰。但即便是对赫拉克勒斯而言，偷走赫斯珀里得斯的苹果都是一项艰巨的任务，因为它们是由一条不死之龙来守护的。根据一个版本，英雄去寻求了不得不一直扛着天空的提坦巨人阿特拉斯的帮助。赫拉克勒斯提出要暂时扛起这副重担，好让阿特拉斯去取回苹果。可是，阿特拉斯带着那些果实归来，却再也不愿放弃自己新得的自由了。然而，这位提坦巨人还是答应了再将他的重担扛上一小会儿，以便赫拉克勒斯去找来一张垫子。但赫拉克勒斯转头便带着苹果大步朝迈锡尼的方向进发了，而阿特拉斯将永远悔恨于他的轻听轻信。

欧律斯透斯唯一能够完全考验赫拉克勒斯的方式是给他安排具有某种超凡能力的对手。

其必然结果就是赫拉克勒斯带回的无论什么东西在某种意义上都是神圣的，因此都不得不被交托给诸神。赫斯珀里得斯的苹果也是如此，雅典娜将它们从赫拉克勒斯手中拿回并还给了仙女们。要对付冥界的多头恶犬刻耳柏洛斯则需要更大的魄力，因为它所履行的重要职责便是守卫那一黑暗的领域，不让任何未经允许之人随意出入。带回刻耳柏洛斯（第十二项任务）是十二项任务中最后也是最可怕的一项。赫拉克勒斯经由泰纳龙角的一处洞穴下至冥界，那个地方就位于伯罗奔尼撒半岛的南端（现代的马尼）。（去附近皮尔戈斯迪鲁极为复杂的有水的地下洞穴群中观光的现代人乘船渡过这片寒冷的黑暗时，也许会联想到死者的灵魂在卡戎船里的经历，这是可以理解的。）在用绝对的蛮力战胜了刻耳柏洛斯之后，赫拉克勒斯便将它拉至日光下，给躲在罐中、被吓坏了的欧律斯透斯看，随后又让那条可怕的恶犬返回了它在冥界的合法居所。

赫拉克勒斯的爱人们

跟赫拉克勒斯极其成功地使用暴力对付了

其可怕的敌人们相反，他与女性的关系却偏向为一系列的灾难。已经提到过的一个例子便是我们从欧里庇得斯的悲剧《疯狂的赫拉克勒斯》中所熟知的，他与忒拜王克瑞翁之女墨伽拉的婚姻。英雄在完成其任务后光荣地返回了家乡，却发现他的家庭正被城邦暴虐的篡位者吕科斯（意即"狼"）迫害。赫拉克勒斯毫不费力地杀死了吕科斯，但就在他获胜的关头，一直怀恨在心的赫拉派出代表她的女神吕萨（意即"狼狂犬病"）使他发了疯。他杀死了自己的妻子和孩子们，只是在准备踏出杀死其凡人"父亲"安菲特律翁的最后一步时，被雅典娜的介入制止了，她朝他抛出一块巨石从而砸晕了他。最终还多亏了忒修斯的帮助，赫拉克勒斯才从堕落的深渊，以及他所陷入的宗教上的不洁状态中被解救了出来。忒修斯为他提供了在另一个新家园——雅典城里获得新希望的预期。

赫拉克勒斯生涯的另一段插曲——导致其最终殒灭的一连串复杂事件——则牵扯到他与三名女性的关系：伊俄勒、翁法勒和得伊阿尼拉。在听说了俄卡利亚（有些古代资料将之定位于欧玻亚岛）的欧律托斯王允诺将把他的女儿伊俄勒许配给任何一个能在箭术上胜过他的人以后，赫拉克勒斯便接受了挑战，并理所当然地获胜了。但欧律托斯却拒绝履行他那

忒修斯与雅典的英雄往昔

刻克洛普斯与忒修斯的诞生

数个"多利安人"的社区都追溯到了赫拉克勒斯族这一群体，后者则将其领土主张归功于表现在一场成功入侵之中的纯粹的军事实力。与之相反，雅典人却对其土生性的论断感到自豪，即与生俱来地占有同一块领地。他们的首任国王刻克洛普斯被认为是从大地里出生的，这一起源就体现在他半人半蛇的外形上。其继任者克拉纳俄斯与安菲克堤翁，据说跟下一位继任者，即当赫淮斯托斯的精子（在试图强暴雅典娜而不得时射出）浸润了大地而孕育出的厄里克托尼俄斯一样，也都是土生的。厄里克托尼俄斯也跟蛇有所关联，甚至在某些版本中拥有部分或全部蛇的外形，但雅典的王室成员却逐渐完全拥有了人之外形。刻克洛普斯最伟大的后人——忒修斯便是如此。

忒修斯出生时，雅典的王位继承权正处于一种不确定的状态之中，即被四个兄弟瓜分。

其中一个，即埃勾斯，也不太确定他个人的未来，因为不论他的第一任还是第二任妻子都没有为他生出孩子来。因此，像任何一个焦虑的希腊人会做的那样（考古学家们在多多那的神庙那里发掘出了许多铅带，上面记录着为不育而感到焦虑的普通人所提出的真实问题，见第100页），他就去一座神庙里问询神谕。德尔斐女祭司给出了含糊的回答，力劝埃勾斯不要放出"葡萄酒袋伸出的那只脚"，除非他已返回雅典。可当他路过特洛曾（位于阿尔戈里德）时，招待他的精明的庇透斯却领悟了神谕所指的是性行为（将"葡萄酒袋伸出的那只脚"理解为"阴茎"）。因为希望自己的家族与雅典建立起王朝上的联系，庇透斯便让埃勾斯喝醉了酒，与庇透斯之女埃特拉同床了。没过多久，她就生下了忒修斯。然而，许多英雄的出生都覆盖着一层神秘的面纱，忒修斯也不例外。就在埃勾斯与埃特拉同床的当晚，波塞冬也与她同床了。赫拉克勒斯之父的模糊性便又在忒修斯身上重现了：足以匹配伯罗奔尼撒半岛上最伟大英雄的一切也足以匹配这位雅典英雄。

在埃勾斯回到雅典之前，他给埃特拉留下了

雅典神话国王们的谱系

这一点无论怎么强调都不为过：任何与神话有关的希腊谱系表都存在着一种内在的不确定性。创建一张表格能给人以一种"确定不变"的印象，但实际上，谱系却是有关各方持续"协商"的主题。声明与反驳尤其可能在与特定城邦之谱系，或那些城邦中特定家族之谱系产生关联时被提出。这张雅典神话统治者们的家谱大致来源于阿波罗多洛斯的《神话全书》。根据阿波罗多洛斯所述，最初几代国王的顺序如下：刻克洛普斯一世（土生的），克拉纳俄斯（土生的），安菲克堤翁（不在此谱系中，或土生或为丢卡利翁之子），厄里克托尼俄斯，潘狄翁一世，厄瑞克透斯，刻克洛普斯二世，潘狄翁二世。在潘狄翁二世死后，王朝内部的不和最终导致埃勾斯夺取了政权。

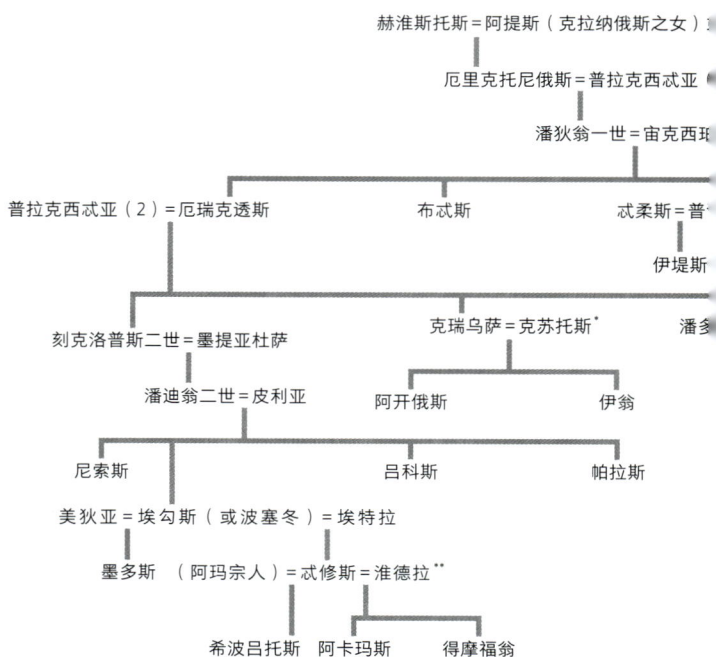

赫淮斯托斯＝阿提斯（克拉纳俄斯之女）

厄里克托尼俄斯＝普拉克西斯亚

潘狄翁一世＝宙克西珀

普拉克西斯亚（2）＝厄瑞克透斯　　布忒斯　　忒柔斯＝普

伊堤斯

刻克洛普斯二世＝墨提亚杜萨　　　　克瑞乌萨＝克苏托斯*　　潘多

潘迪翁二世＝皮利亚　　　阿开俄斯　　伊翁

尼索斯　　　　　吕科斯　　帕拉斯

美狄亚＝埃勾斯（或波塞冬）＝埃特拉

墨多斯　　（阿玛宗人）＝忒修斯＝淮德拉**

希波吕托斯　阿卡玛斯　得摩福翁

一些指引，即如果她为他生下了一个男孩，她就得将孩子养大，并且不能向那男孩披露他父亲的身份；然后，等那成长中的小伙子强壮到足够搬起那块巨石，拿到埃勾斯放在巨石底下的一把剑和一双鞋时，埃特拉便要派她儿子带着这些信物去往雅典。故事所描绘的"那块岩石"曾被展示给到访过特洛曾的古代观光者，而位于特洛曾通往赫耳弥俄涅之路上的一块岩石被展示给了现代

（左）革/该亚（"大地"）将"土生"之子厄里克托尼俄斯交给雅典娜，后者流露出了一种柔情，这在对这位女战神的描绘中是很少见的。赫耳墨斯正从上方俯视，一只猫头鹰抓着一根橄榄枝——这个组合是雅典城的象征——亦是如此。阿提卡陶瓶，公元前5世纪末。

（上）当忒修斯在特洛曾城中长至成人时，他搬开一块巨大的岩石并因此发现了其父埃勾斯留在那里的剑和鞋。忒修斯立即动身去往雅典，在那里埃勾斯认出了那把剑，并认忒修斯为他的儿子。阿提卡陶瓶，约公元前470年。

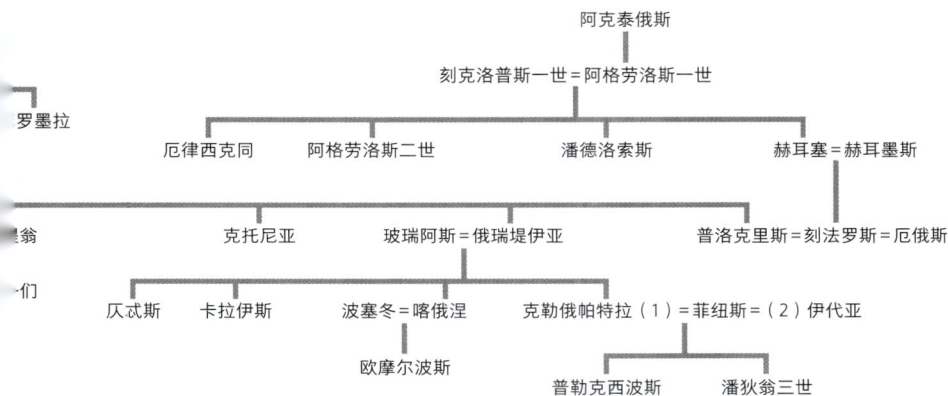

关于克苏托斯的不同"位置"，参见第123页以及第108页上的伊阿宋的谱系。

* 谱系参见第195页。

观光者。与其古代的先驱者一样，现代观光者也被鼓励用神话塑造出的术语来解读这一风景。

忒修斯成年

埃特拉的孩子确实是个男孩：当忒修斯长至成人时，他正如预期的那样搬动了石头，认领了信物，并动身去了雅典。他在途中无情地清理了一系列挡住去路的好斗恶人。他的方法是以其人之道还治其人之身。辛尼斯（"破坏者"）强迫过路之人将一棵松树扳倒在地，而自己在一旁看着他们被弹飞到空中；又或者，他将他们绑在两棵相邻且被压弯的松树上，然后看

忒修斯在去往雅典途中的壮举

	地点	壮举
1	埃皮达鲁斯	杀死赫淮斯托斯之子珀里斐忒斯，后者使用一根铁棒杀害过路之人
2	科林斯地峡	杀死"扳松贼"辛尼斯
3	克戎密翁	杀死叫作淮亚的可怕母猪，有些人说它是厄喀德那与堤丰的后代
4	斯喀戎的岩石	将强盗斯喀戎扔进海里，被一只巨龟吞噬
5	厄琉西斯	在一场摔跤比赛中杀死刻耳库翁
6	厄琉西斯附近	用锯子把波吕佩蒙/普洛克路斯忒斯切到跟他自己的一张床一样长，从而杀死了他

着受害者被突然回直的树扯成两半。忒修斯便对他做了相同的事情。居住在麦加拉海岸边高耸悬崖上的强盗斯喀戎则让过路之人为他洗脚，当他们照做之时，他就会将其踢入海中，被一只巨龟吞噬。忒修斯也对斯喀戎施以了相同的惩罚。下一个目标是波吕佩蒙（"许多痛苦"），也叫普洛克路斯忒斯（"锤打者"），他的诡计是为过路之人提供一张床过夜。但他实际却有两张床：他给矮小之人一张长床（用锤子将他们打至合适的长度），又给高大之人一张短床（用锯子将他们切至合适的尺寸）。如往常一样，忒修斯给出了适合这一罪行的惩罚，即让普洛克路斯忒斯变得跟他自己的床一样长。忒修斯明显已经是正义的典范了——这便是讲述这些故事的雅典人喜欢的想象其本地英雄的方式。在忒修斯的壮举与赫拉克勒斯的任务之间存在着富有启发性的区别：忒修斯的惩罚更为慎重，并很少表现出不受控的暴力倾向，比如在赫拉克勒斯残忍地杀死其里拉琴教师利诺斯一事上就存在着鲜明的对比。

忒修斯到达雅典

忒修斯如今出现在了埃勾斯的雅典家庭面前，这个家庭中有一位变化无常的风云人物美狄亚，在她逃出科林斯后（见第113页）埃勾斯便与她结了婚。她已经为埃勾斯生下了一个儿子（墨多斯），并将忒修斯的到来——她认出了后者的身份而埃勾斯却没有——视作对她自己和她儿子之地位的一种威胁。她当然试图去毒害这个新来者，但就在千钧一发之时，埃勾斯认出了忒修斯的剑从而救下了他。美狄亚被赶走并再次进入流浪阶段。最终她返回了科尔喀斯，并为她已被夺权的父亲埃厄忒斯恢复了王位。

忒修斯到达雅典时正赶上了一场军事政治危机。克里特王米诺斯之子安德洛革俄斯在到访雅典时被杀害。有个版本说道，这位证明了自己比运动竞技的所有参与者都更强大的年轻克里特王子又被埃勾斯派去挑战致命的"马拉松公牛"（这头野兽晚些时候将被忒修斯杀死）。米诺斯据说凭借一支强大的海军而拥有巨大的军事力量，而事实却是，从古风时期开始，现实世界中克里特的军事力量与诸如斯巴达、雅典和忒拜之类的城邦相比根本不值一提，因此米诺斯神话中的制海权常常被认为反映了青铜时代（"米诺斯文明"）克里特之光辉岁月的民族记忆（见第197—198页）。无论如何，米诺斯都试图为安德洛革俄斯之死复仇，进攻雅典。当战败之时，悲痛的米诺斯便去向他的父亲宙斯乞求，让他用饥荒和疾病来折磨雅典人。在去一座神庙里寻求了神谕的指示之后，雅典人被要求为米诺斯提供任何能让他满意的东西。于是，雅典便不得不定期向克里特进贡七名少男和七名少女，他们将在那里被居住于迷宫中的半人半牛的怪物弥诺陶洛斯吞食（见第196页）。

忒修斯和弥诺陶洛斯

米诺斯不曾预料到忒修斯的英勇，也不曾预料到克里特王室女性（包括欧罗巴、帕西法厄和淮德拉）对外来者们的爱慕。当忒修斯勇敢地自愿加入下一批注定要成为进贡给弥诺陶洛斯之大餐的年轻人行列时，解救了他的正是米诺斯之女阿里阿德涅的爱情。在代达罗斯的建议下，她告诉忒修斯要抓着连接着迷宫入口的一根线前行，这样才能在杀死弥诺陶洛斯后原路折返。通过这一举动，阿里阿德涅彻底与她的父亲决裂，并与她的爱人私奔了。从某种意义上来说，她对忒修斯而非米诺斯的偏向只是单纯地做了任何一个普通的希腊新娘在离开父亲的家庭而去往丈夫那里时所做的事情，但阿里阿德涅的选择却具有神话之感情丰沛且情形夸张的特征。

事情的结局当然也非比寻常。当这两个人在从克里特去往雅典的途中暂留在纳克索斯时，他们却注定不能再一起走下去了，因为忒修斯

（左）"扳松贼"辛尼斯正要以他曾经杀害其他人的方式被杀死。忒修斯拉下一根松树枝，即将把他的对手挂在那上面。阿提卡陶杯，约公元前490年。

127

装饰这只阿提卡陶杯（约公元前480年）内部的画匠选择了弥诺陶洛斯死前的那一瞬间。忒修斯一手抓住一只牛角，准备砍下或锯下那头野兽的脑袋。

抛弃了他的新娘。我们的资料暗示了一系列动机，但也并非所有资料都将英雄表现为该受谴责的（如被神明逼迫）。而阿里阿德涅的声名则在一个更伟大的爱人狄俄尼索斯使她专属于他时被恢复了。至于忒修斯，再次返回雅典则最终使得他迈向成年，因为这导致了他父亲的死亡。尽管忒修斯曾承诺如果他的任务已经完成，归来时就会升起白帆，但他却心不在焉地让那艘船原来的黑帆继续挂在那里。埃勾斯想到了最坏的结果，于是就从卫城顶上跳下自杀了。

国王忒修斯

现在，忒修斯接管了王位。他的一项政策说明了神话讲述者是如何将他视为一个典型的政治人物的。据说忒修斯通过"居地统一"（"居住在一起"）的举措使阿提卡的许多小村落联合成了一个独立的城邦，并由雅典领导。这是一项创造性的举措（完全不同于被归在赫拉克勒斯名下的多数行为）。无论是否存在过一个名叫忒修斯，并在雅典起过政治（或其他）

作用的真实人物，关键的一点是，正如往常一样，我们在这里拥有了一个神话叙事，它将当下的一个根本特征凸显出来，并将其起源置于神话传说的时代当中。一些学者曾试图去解释为什么从公元前6世纪末开始，忒修斯出现在视觉艺术中的频率会增加，并举了民主改革者克利斯提尼为他集中并巩固雅典权力的政策而编列神话中的先例的例子。希腊的神话传说仅仅在表面上是关于往昔的，它们更多的是揭示了变化中的当下。

阿玛宗人、马人和绑架

撇去作为一个政治典范的特殊角色，忒修斯还保持着一种更为典型的英雄形象，即伟大壮举的实行者以及扰乱家庭的中心点。三件壮举能够说明他的伟大事迹。首先是与赫拉克勒斯并肩对抗阿玛宗人，即一个由女战士构成的族群。为报复忒修斯绑架了她们其中的一员，阿玛宗人包围了卫城。然而，忒修斯的军队却设法打败了她们——毕竟在神话中我们很难想象如此"不自然"的部落能够打败男性英雄而获得最终的胜利。

其次是忒修斯与他坚定的同伴庇里托俄斯一起对抗另一个可怕的族群:马人。当庇里托俄斯与希波达弥亚("驯马者")结婚时,她半人半马的亲戚们受邀来参加婚礼。不幸的是,后者却在嗜酒这一巨大弱点上——正如赫拉克勒斯在伯罗奔尼撒半岛遇上马人的例子那样——表现出了他们对原始天性的亲近。在酒的影响下,他们实在做得太过,甚至要去强暴新娘(仿佛是涅索斯试图强暴得伊阿尼拉事件的重现)。忒修斯与庇里托俄斯则成功捍卫了与此类行为相反的文明的价值观。

最后一项挑战将忒修斯与庇里托俄斯所带往的目的地就是赫拉克勒斯完成他最后一项任务时到过的冥界。他们的计划介于有勇无谋的冒险和对道德与神圣秩序的疯狂攻击之间,涉及绑架两名女性:十二岁的海伦和珀耳塞福涅,而后者作为哈得斯之妻,几乎比任何女性都可望而不可及。忒修斯为自己带走了海伦(尽管她的兄弟卡斯托尔和波吕丢刻斯很快便夺回了她),随后又下至冥界试图为庇里托俄斯夺取珀耳塞福涅。没有比这种举动更能清晰地强调忒修斯作为道德典范的地位也会在某些方面严重受损了:他的行为跟伊克西翁一样糟糕,而作为这类罪人之原型的后者就曾侵犯过赫拉,并且正是庇里托俄斯的父亲。无论如何,当忒修斯与庇里托俄斯被哈得斯款待时,这位死神却狡猾地引诱他们坐进了勒忒("遗忘")之椅,岩石(根据一个版本)长入他们的血肉之中,从而使他们无法逃脱。忒修斯最终被赫拉克勒斯释放,但庇里托俄斯却得永远坐在那里。正如他父亲伊克西翁在死后永受折磨一样,庇里托俄斯将体现侵犯女神之荣耀的可怕后果。

忒修斯与淮德拉

从英雄行为到扰乱家庭,我们需要再去看看忒修斯与克里特之间的爱恨纠葛。为消弭两族间的敌意,他便跟米诺斯与不幸的帕西法厄之女淮德拉结了婚。依循母亲的偏好(帕西法厄与一头公牛交合而生下弥诺陶洛斯,见第196页),淮德拉也渴望着禁忌之恋。在淮德拉这里,其激情的对象则是她的继子希波吕托斯(忒修斯跟他所绑架的阿玛宗人生下了他)。当她的追求被拒绝时,淮德拉便上吊自尽了,但她却在自杀遗言里谎称希波吕托斯强暴了她。忒修斯则以为被儿子背叛,感到震怒,并毫不节制地唤起了他"父亲"波塞冬曾赐予他的一个诅咒。据欧里庇得斯骇人的悲剧《希波吕托斯》里的报信人所述(见第73、88页),一头可怕的公牛从海中出现,使那个年轻人的战车失了事,并可能由此导致了他的名字所象征的命运:根据一种解释,"希波吕托斯"之名意即"被马撕裂"。

忒修斯死后

许多希腊英雄的死亡都是不值一提的,甚至最伟大者的死亡也可能平庸无奇。忒修斯在一场王朝的争端中被逐出了雅典,前往斯基罗斯岛(在忒萨利亚的海岸以外)寻求庇护,并可耻地死在那里。但他的影响,尤其是在雅典,才刚刚开始。在公元前470年代,雅典政治家客蒙声称已在斯基罗斯岛上发现了这名英雄的尸骨,并非常正式地将之运回了雅典。

先前我们曾给出了神话传说的一种暂定的定义,即"具有社会影响力的传统故事"。而在雅典,作为该城邦理想化的自我表现之提炼,忒修斯的社会影响力已然超过了任何其他神话人物的影响力。跟他在与阿里阿德涅、海伦和希波吕托斯的关系上所扮演的道德模糊的角色不同,我们可以确定如下两段情节所描绘的他的慷慨与高贵:他对被鲜血污染的赫拉克勒斯施以援手和庇护,也将另一个更加可怕地被污染的流浪者,即刺瞎自己眼睛的罪人俄狄浦斯(参见索福克勒斯的《俄狄浦斯在科罗诺斯》)迎入了雅典。在公元前5世纪城邦间政治的艰难世界中,雅典常以无情的暴力维护她的利益;但在忒修斯这一人物身上,雅典的神话讲述者却发现了他们的城邦在理想状况下希望能广为人知的价值之象征。一如欧里庇得斯在《请愿的妇女》中通过忒修斯自己之口骄傲地宣称:

> 我做过许多好事,
> 它们向希腊人表明了我的习惯:
> 永远惩罚罪恶。

特洛伊战争

在希腊神话中，有一项英雄冒险比所有其他的都更突出，即希腊人对特洛伊人的远征。对古代听众和现代听众而言，它令人难忘，部分归功于荷马的《伊利亚特》和《奥德赛》这两部记载了此番远征之中与之前事件的超凡诗歌。而且，无数的图像与叙事，包括许多悲剧，也都与这一主题有关。特洛伊战争之吸引力的一个迥然不同的方面就在于当今大众质疑神话事件是否"真的发生过"的貌似永不枯竭的热情，而发现"真实"特洛伊的卓越的考古发掘又使得这种热情更加高涨（见第200—205页）。然而，此类以真实世界为导向的调查，尽管富有魅力，却都冒着如下风险，即使得古代叙事的复杂性与微妙性屈从于历史的与物质的证据。下面的叙述则试图充分考虑那些复杂性与微妙性，因为特洛伊战争是希腊人探索理智与情感问题之方方面面的一大背景。从自由意志和人类责任到光荣、羞耻和罪恶，再到人类与神明之间以及男性与女性之间的关系——这一切都处于战争的巨大压力之下。

特洛伊的建立

与阿耳戈英雄们所去的科尔喀斯人的领地不同，特洛伊（也叫伊利俄斯或伊利昂）城并未被希腊人视作一个陌生或神奇的地方。神话中的特洛伊人也植根于相同的谱系土壤之中，并跟希腊大陆和岛屿上的居民一样，遵循着相同的宗教和社会习俗。特洛伊地区的定居点的首位建立者是宙斯之子达耳达诺斯，他所建立的达耳达尼亚就在伊得山脚下。据说在大洪水后他就是坐在一只被吹胀的葡萄酒囊上，从他的家乡萨莫色雷斯岛向东南航行到那里才上岸的。他的孙子特洛斯将那块区域命名为"特洛亚"。仿佛是为巩固这片土地跟诸神的亲密关系一般，宙斯时刻警觉的目光落在了特洛斯的一个儿子伽倪墨得斯身上，他将其带至奥林匹斯山上做了他的随从或同性伴侣（见第100、176页）。特洛斯的另一个儿子伊罗斯建立了被称作伊利俄斯或伊利昂的城邦。在一种几乎完全复制了卡德摩斯建立忒拜的故事类型中，伊罗斯遵循一则神谕的指引，跟着一头母牛来到它首次躺下休息的地方，并在那里建起了他的城邦。尽管希腊的神话传说总是传达着神谕中的回答可能在误导人的信息，但在伊罗斯建城的故事中，却没有任何暗示说明伊利昂或特洛伊的建

特洛伊王室的谱系

阿特拉斯＝普勒俄涅（一位大洋仙女）

斯卡曼得耳河＝伊代亚（仙女）

厄勒克特拉（普勒阿得斯七姐妹之一）＝宙斯

透克洛斯

伊阿西翁

达耳达诺斯＝巴提厄亚

厄里克托尼俄斯* 　　伊罗斯一世

斯卡曼得耳河

特洛斯＝卡利洛厄

伽倪墨得斯 　　阿萨拉科斯

伊罗斯二世 　　卡皮斯

拉俄墨冬 　　阿佛洛狄忒＝安喀塞斯

赫卡柏＝普里阿摩斯 　　提托诺斯＝厄俄斯 　　埃涅阿斯

门农

赫西俄涅＝忒拉蒙

帕里斯 　赫克托耳＝安德洛玛刻 　赫勒诺斯 　特洛伊罗斯 　卡珊德拉

阿斯堤阿那克斯

得伊福玻斯
波吕克塞娜
克瑞乌萨＝埃涅阿斯
波吕多洛斯
等等

* 不是出现在神话中雅典王室谱系里的那位厄里克托尼俄斯。

立违背了诸神的意愿。

在任何城邦的建立过程中，无论是在现实中还是在想象中，一个关键的时刻便是其城墙的筑造。这项举措需要特殊技艺：在建造忒拜的城墙时，和俄耳甫斯一样有着非凡音乐天才的安菲翁便用他有魔力的里拉琴使石头入迷从而自发移动到位了。它也可能潜藏着特殊的危险：在关于建立罗马的一个传说中，当雷穆斯轻蔑地跃过他的兄弟罗慕路斯尚未建成的城墙时，后者便杀害了他。特洛伊城墙的修建是一个如此重要的事件，以至于伊罗斯之子拉俄墨冬都能争取到阿波罗和波塞冬这两位神明来帮助建造。但拉俄墨冬却犯下了已被许多神话传说证明是灾难性的那类错误：他破坏了与神的约定。当阿波罗和波塞冬没有得到报偿时，前者降下了一场瘟疫，后者派出了一只海怪。拉俄墨冬依照一则神谕的建议，将他的女儿赫西俄涅献给那怪物以平息事端。然而，在对付阿玛宗人的任务途中路过的赫拉克勒斯却答应救

下她，只要拉俄墨冬能给他一份奖赏，即宙斯曾为补偿失去伽倪墨得斯而赐予特洛斯的神奇母马们（如往常一般，希腊的神话传说总暗示着"适当平衡"的重要性）。不幸的是，拉俄墨冬仍未吸取教训，因为他又否认了自己的承诺。赫拉克勒斯洗劫了这座新建的城市并杀死了拉俄墨冬，还让赫西俄涅做了忒拉蒙的新娘，后者是他的战友以及伟大战士大埃阿斯的父亲。

普里阿摩斯的特洛伊

拉俄墨冬之子普里阿摩斯现在接管了王国，正是在他治下，诸神对特洛伊命运的干预才达到了令人震惊的顶点。有一天，普里阿摩斯的王后赫卡柏（拉丁语为 Hecuba）梦见她将生下一根点燃城邦的火把。赫卡柏就在那时怀孕了，这个不祥的梦促使她和普里阿摩斯将那个新生的男孩丢弃在附近的伊得山上等死。但在希腊（和许多其他民族的）神话中，有很多回来完成他们命定之事的被丢弃的孩子。这也恰好发生

（上）赫拉、阿佛洛狄忒和雅典娜来到伊得山，帕里斯将在那里裁判她们的美貌。赫耳墨斯是她们的引路人。在赫耳墨斯（中间）和帕里斯（最左边）之间的是另一个女性形象，有些人欲将其认作不和女神厄里斯。阿提卡的药膏容器，公元前570—前560年。

在婴儿帕里斯（又叫"亚历克山德罗斯"，意为"人之守护者"）的身上。一头母熊哺育了他，本应杀死他的仆人后来又将他养大（与罗慕路斯和雷穆斯的另一处类比），成年后的帕里斯就在山坡上做了个牧人。然后有一天，他参加了特洛伊的一场运动竞技并取得了胜利。由于他明显是个闯进来的、不为人知的外来者，所以他的胜利激起了失败者，包括普里阿摩斯的另一个儿子得伊福玻斯的愤怒，后者更试图要杀死他。但神话传说的逻辑却要求帕里斯的身份应当及时暴露出来，于是他便被欢乐地迎回了家庭之中。

帕里斯的裁判

在象征意义上，帕里斯当然还是那根毁灭

性的火把，他正要将这一角色演绎到极致。当他还是伊得山上的牧人时，赫拉、雅典娜和阿佛洛狄忒这三位女神就曾造访他，她们要求他来裁判她们中间谁最美貌，因为不和女神厄里斯曾在她们中间扔下一只刻有"献给最美丽者"字样的苹果（见第95页）。在后古典时期的传统中，"帕里斯的裁判"已经成为了所有源自希腊神话的主题中最丰富的主题之一。对凡人而言，在诸神之间做决定是不可能的，而且通常也是灾难性的，因为所有神明都有其不可或缺的职能。但帕里斯的决定至少被女神们自己替换了，变成了在她们所允诺的贿赂中做出选择：权力（赫拉），战争的胜利（雅典娜），或赢得世界上最可爱的女人海伦（阿佛洛狄忒）。帕里斯对海伦或阿佛洛狄忒的选择反映了他自身的个性，即常常被神话讲述者所表现的自负与肤浅——既能吸引人又容易被吸引。他的选择也暗示着越界，因为海伦是另一个男人的妻子。

海伦是宙斯与勒达的孩子，嫁给了斯巴达王墨涅拉俄斯。她为何要为另一个男人而抛弃他，并因此招致等着任何一个犯下通奸罪的希腊妇女的极度耻辱甚至更糟的后果呢？（现实世界中的希腊法律授权遭到背叛的丈夫可以杀死——在意大利南部洛克里斯的法典中，是弄瞎——被他捉奸的男人；犯错的妻子则将被休弃并禁止参加公开的祭祀。）纵观整个希腊的神话讲述，从史诗、抒情诗、悲剧到对动机的哲学散文式分析，对于海伦为何不忠的问题，它们给出了互相矛盾的解释：她是个邪恶的女人；她屈服于劝说的不可抗力；她被暴力绑架；她被阿佛洛狄忒强迫。有一个版本比以上这些版本都更有趣，完全绕开了她与帕里斯私奔的情节：根据这个故事（比如在欧里庇得斯的戏剧

（左）当她母亲勒达被化身为天鹅的宙斯亲近时，海伦就被孕育了出来。这尊非比寻常的雕像（公元前5世纪）表现的是海伦即将从破碎的蛋壳中出现。

《海伦》中所描述的），跟帕里斯去特洛伊的仅仅是个幻影，而真正的海伦则坚贞又忠诚，她被偷偷带到了埃及，等待墨涅拉俄斯前去营救。就像经常出现在希腊神话中的那样，动机是多变的，事件的基本框架则是稳定的。在眼前的这个例子中，不变的就是战争的爆发，它是对基本的道德规范遭到公然破坏的报复：帕里斯曾是墨涅拉俄斯家中的宾客（尽管是在墨涅拉俄斯不在时），然而他用恶劣的背叛回报了这份款待。

在海伦结婚前，她的美貌吸引了所有最伟大的英雄都来求娶。为提前平息失望的追求者的愤怒，海伦的凡人"父亲"廷达瑞俄斯迫使他们全都发誓，如果将来这段婚姻受到威胁，他们就要去帮助任何可能成为幸运儿的那个人。在海伦可耻地私奔了以后，墨涅拉俄斯便去求助于他那更有权势的兄弟，即迈锡尼王阿伽门农，后者召集了一支远征军，并要求所有发过誓的人去履行他们的誓言。有些参与者正是阿耳戈英雄们的儿子：大埃阿斯和透克洛斯为忒拉蒙之子；菲罗克忒忒斯为波阿斯之子；而阿喀琉斯则为珀琉斯之子。然而，无数开往特洛伊的不同希腊舰队所拥有的共同奋斗感却远远无法和将阿耳戈号全体船员联结在一起的那种共同奋斗感相比。

远征特洛伊

从一开始，某些参与者便存有疑虑。伊塔刻的奥德修斯，据有些人所说并非伊塔刻王拉厄耳忒斯之子，而是臭名昭著的骗子西西弗斯之子，他就用尽了一切伪装来逃避这次征召。当来自希腊统帅部的使者帕拉墨得斯前来征召他时，他便通过给马和牛一起上轭并将盐而非种子播撒到地里来装疯卖傻。但帕拉墨得斯却看穿了他的伪装，并迫使奥德修斯在他的幼子忒勒玛科斯命悬一线时显露出他神志正常。奥德修斯是因为一则神谕才想逃避这场远征的，那神谕曾预言在去特洛伊的过程中他将离家二十年。

另一个预言则差点阻止了最伟大的勇士阿喀琉斯去参战。阿喀琉斯的女神母亲忒提斯知道一旦他去了特洛伊就注定要死去，于是便将他扮成女孩在斯基罗斯岛养大。但如今已成为

希腊军队一员的奥德修斯却戳穿了这一伪装，他的方法是在阿喀琉斯和他的女伴们面前摆出女性的服饰和男性的武器。当阿喀琉斯本能地关注着盾牌和长矛时，他的伪装也就被揭穿了。

征兆与祭祀

在古希腊历史中的所有时期，一场军事行动的开端总是以诸如祭祀之类的宗教仪式为标志。许多其他的与神交流的形式也会在这一时刻集中出现，比如征兆、预言与神谕。例如，当公元前415年雅典远征军正准备出发前往西西里时，人们觉得离奇的一些事件——包括城邦内几乎所有的赫耳墨斯石像都被亵渎了——就为这场最终是灾难性的远征奠定了不祥的基调。神话中对特洛伊的远征也是由一系列此类不祥的事件，以及延迟与错误的开始而发端的。在这些复杂和迟疑的准备过程中，似乎每个阶段都有神明的参与，这就显示了此番征程的重要性，或许也显示了它整体上的道德模糊性。

希腊军队与舰队聚集于奥利斯，它就位于欧玻亚岛对面的玻俄提亚东北海岸。很快便有了个错误的开始，它将希腊人带往了相邻的密西亚而非特洛伊地区，他们因误信那里是特洛伊而将其洗劫。当他们再次聚集于奥利斯时，

（上）帕里斯对海伦的诱拐是被阿佛洛狄忒和她的儿子厄洛斯操控的。在这块浮雕（对公元前4世纪原作的复制品）上，女神用一只手拥抱着海伦，而有翼的厄洛斯则用一种亲密劝说的类似姿势，将一只手搭在帕里斯的肩膀上。坐在上方的是劝说女神珀托，她象征着这一场景所展示的过程。

（上页左下）在中世纪，"帕里斯的裁判"是个受到巨大欢迎的文学和艺术主题。这幅插图取自《特洛伊战争》的一部15世纪泥金装饰手抄本，这首长诗由维尔茨堡的康拉德在13世纪时写成。跪下的帕里斯将不和的苹果献给了阿佛洛狄忒/维纳斯，后者的表情则可以毫不夸张地说是谜一般的。

在特洛伊的希腊舰队

	地区	将领	船只
1	玻俄提亚	佩涅勒奥斯、勒伊托斯、阿尔克西拉奥斯、普罗托埃诺尔、克洛尼奥斯	50
2	阿斯普勒冬、俄耳科墨诺斯	阿斯卡拉福斯、伊阿尔墨诺斯	30
3	福基斯	斯克狄奥斯、埃皮斯特罗福斯	40
4	洛克里斯	俄伊琉斯之子小埃阿斯	40
5	欧玻亚	厄勒斐诺耳	40
6	雅典	墨涅斯透斯	50
7	萨拉米斯	忒拉蒙之子大埃阿斯	12
8	阿尔戈斯、梯林斯及邻近城邦	狄俄墨得斯、斯忒涅洛斯、欧律阿洛斯	80
9	迈锡尼、科林斯、伯罗奔尼撒半岛北岸	阿伽门农	100
10	拉刻代蒙（斯巴达）	墨涅拉俄斯	60
11	皮洛斯和伯罗奔尼撒半岛西部	涅斯托尔	90
12	阿卡狄亚	阿伽珀诺耳	60
13	厄利斯	安菲马科斯、塔尔庇俄斯、狄俄瑞斯、波吕克塞诺斯	40
14	杜利基昂	墨革斯	40
15	伊塔刻岛及附近岛屿	奥德修斯	12
16	埃托利亚	托阿斯	40
17	克里特岛	伊多墨纽斯、墨里奥涅斯	80
18	罗得岛	赫拉克勒斯之子特勒波勒摩斯	9
19	叙墨岛	尼柔斯	3
20	科斯岛及附近岛屿	菲狄波斯、安提福斯	30
21	佩拉斯吉人的阿尔戈斯（希腊东北地区）	阿喀琉斯	50
22	忒萨利亚（欧玻亚以北）	普罗特西拉奥斯，后来是波达尔克斯	40
23	斐赖	阿德墨托斯与阿尔刻斯提斯之子欧墨洛斯	11
24	忒萨利亚（墨利玻亚等）	菲罗克忒忒斯，后来是墨冬	7
25	忒萨利亚（特里卡等）	阿斯克勒庇俄斯之子波达利里俄斯和玛卡翁	30
26	忒萨利亚（俄耳墨尼翁等）	欧律皮洛斯	40
27	忒萨利亚（阿尔吉萨等）	波吕波忒斯、勒昂透斯	40
28	希腊西北部	古纽斯	22
29	马格尼西亚	普罗托俄斯	40

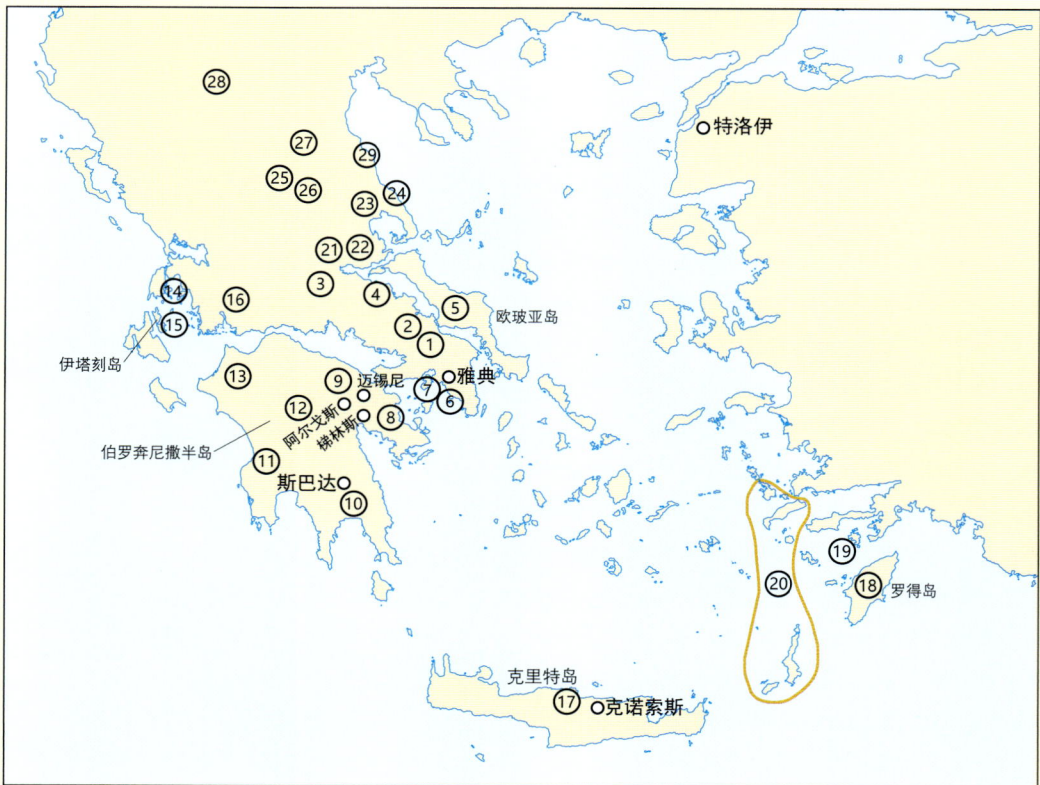

却又有了一次更为严重的延迟，因为舰队被阿耳忒弥斯送来的逆风滞留在了港口。不同的神话讲述者断定她的愤怒是出于不同的动机，但一个共同的版本却说她憎恨阿伽门农曾夸口自己的射猎能力要远超于她本人。埃斯库罗斯的戏剧《阿伽门农》则提供了一种更加有趣的记叙，其中她的愤怒基本是难以理解的——这倒是悲剧常对人类境遇所抱持的一种观点。

要打破奥利斯的僵局，唯一的方法便是阿伽门农在一场可怕的颠覆性仪式中将他女儿伊菲革涅亚献祭给阿耳忒弥斯。这种仪式以往只献祭动物（从来不献祭人类），而献祭动物的仪式是希腊社会生活的核心特征之一。阿伽门农的举措虽使远征得以继续，却在自己的家庭内部引发了一系列暴力仇杀——这也是希腊神话中英雄壮举与家庭灾难之间无缝衔接的又一例证。这一情节同时也说明了由希腊神话传说所引发的同中有异的无限可能。因为有一个版本（见第77页）说阿耳忒弥斯在献祭的那一刹那介入了，用一头鹿替换了伊菲革涅亚，而在那之后，少女就被奇迹般地转移到黑海，成为了女神的女祭司。然而，更加常见的版本也更加阴郁且不那么逃避现实，它是一场大规模流血冲突的相当残忍的发端。

于是舰队启航了，但仍有两个"暂时的延迟"将要发生。首先，当希腊人在爱琴海东北部的一座小岛——据有些人说，是忒涅多斯岛——上停靠时，菲罗克忒忒斯被一条圣蛇咬伤了脚。谨记神话传说之逻辑所提及的神人关系，我们便不会讶异于菲罗克忒忒斯据说之前曾犯下冒犯神明的罪过了，尽管如往常一样，关于具体的冒犯是什么仍有不同的说法。无论如何，那伤口溃烂了，而且发出了恶臭，于是以奥德修斯为代表的部队就将菲罗克忒忒斯放在了附近楞诺斯岛的岸上，且只将他那副例无虚发的神奇弓箭留下助他求生。第二个"暂时的延迟"则与希腊人最后一次尝试与特洛伊人协商有关：一个由墨涅拉俄斯和奥德修斯领导的使团被派去要求特洛伊人归还海伦。这一提议遭到了拒绝。希腊人登陆了，杀戮也就开始了。

拼接出后面整个十年战争的连贯叙事是个不可能的尝试。但我们能够做到的是，依靠我们的主要资料——荷马的《伊利亚特》，连同以其他文学体裁和媒介，尤其是悲剧和瓶画形式出现的重述，专注于被神话讲述者视为值得纪念的特殊事件。这些重述创造出了一部和平与战争、脆弱与强大、普遍重要性与局部重要性并存的戏剧。

《伊利亚特》

经过九年战斗，双方都曾有过许多英勇的事迹，但问题却远未得到解决。多亏了荷马不朽的记叙，在第十年里发生的一系列事件展示了对诸神和凡人而言，这场关于一个不忠之妻的冲突究竟有多么深刻的含义。

阿伽门农有个侍妾，她是阿波罗的一位祭司之女。当她父亲向神明表示抗议时，阿波罗便介入了，为希腊人降下了一场瘟疫。阿伽门农别无选择，只得放弃了那姑娘。然而，为弥补其荣耀所受的损害，他就抢占了原本分配给阿喀琉斯的一个被俘女奴。现在是阿喀琉斯的荣耀受到了损害。他起先想立刻杀死阿伽门农，但雅典娜却出面阻止了他。阿喀琉斯在他亲爱的同伴帕特洛克罗斯的陪伴下，闷闷不乐地退回了他的营帐。

从阿喀琉斯拒绝参战开始就产生了一系列后果。首先，战场上的责任如今要由其他希腊

艺术家们绝非总是遵循荷马（或其他任何一个诗人）所给出的神话传说的版本。在《伊利亚特》中，阿伽门农派出了两名传令官来领走阿喀琉斯的女奴布里塞伊斯，并将她带进了阿伽门农的营帐。但在这幅图像（阿提卡陶杯，公元前5世纪早期）中，却是阿伽门农自己抓住了布里塞伊斯的手腕。跟在他们身后的是塔尔堤比俄斯（传令官之一）和狄俄墨得斯。

左边的阿喀琉斯将要杀死赫克托耳，后者正处于倒下的状态。尽管并未出现在这幅画中，在他们的左右分别是正在给阿喀琉斯助威的雅典娜，以及抛弃了赫克托耳并正要走开的阿波罗。阿提卡陶瓶，约公元前490年。

在《伊利亚特》的高潮处，普里阿摩斯为赎回他儿子赫克托耳的尸体而造访了阿喀琉斯。如荷马所描述的那样，普里阿摩斯与阿喀琉斯之间的关系充满了痛苦、悲伤、紧张与隐藏的愤怒。然而，在后世的这一艺术刻画中，主角们却看似克制而庄严。银杯，公元1世纪，在丹麦霍比的当地首领墓穴中被发现。

人来承担了，可他们却相继在勇猛的特洛伊人面前丧失了勇气，这些人包括墨涅拉俄斯、狄俄墨得斯、奥德修斯、忒拉蒙之子大埃阿斯，以及阿伽门农自己。其次，阿喀琉斯在孤立无援时求助于他的母亲，海中仙女忒提斯，后者则成功乞求了宙斯赐予特洛伊人暂时的胜利，以让希腊人意识到她缺席的儿子的价值。在这部奇妙的悲痛与愤怒之诗中，的确也很难有什么比这对凡人儿子与神明母亲之间的温柔交流更加感人了，后者的超凡预见力已经十分清晰地为其揭示了她儿子即将死去。

阿喀琉斯拒绝出战——在阿伽门农提供的丰厚补偿面前他仍倔强地坚持不出战——的第三个结果是他失去了帕特洛克罗斯。眼看特洛伊人已经点燃了希腊人的头船，阿喀琉斯便准许他的朋友披着他的（阿喀琉斯的）盔甲参加战斗。但帕特洛克罗斯却是个弱者，他倒在了城邦的守卫者、普里阿摩斯之子赫克托耳的长矛之下。帕特洛克罗斯的死亡终于使阿喀琉斯奋起反抗——不是为了希腊人的缘故而行动，而是为平息他自己想要复仇的悲伤。他返回了战场，杀死了赫克托耳，并将后者的尸体拖在

战车后面意图损毁它。通过神明的介入，那具尸体才保持完好，因为奥林匹斯山诸神同样钟爱特洛伊人。

在《伊利亚特》的叙述中，战争的残酷性如今已让位于两个公共的仪式化场景，它们构建了一种发生于战争期间的具有独特且震撼性紧张状态的私人化场景。首先便是帕特洛克罗斯的火葬仪式，之后还举办了一系列运动竞技，最出色的希腊人为了荣耀而相互竞争，所怀有的热忱毫不逊于他们在对抗特洛伊人时展现出的那种激情。与此截然相反的是，焦点又转到了阿喀琉斯的私人营帐之中，普里阿摩斯在调停之神赫耳墨斯的帮助下，秘密进入那里，试图赎回赫克托耳的尸体。这场会面充满了令人难以忍受的紧张气氛，因为这次前所未有的会面的规则需要由两位主角临时制定。使阿喀琉斯的怒气平息，并让他允许普里阿摩斯带走赫克托耳尸体的是一种潜在的、普遍的人性，它将这场乃至每场战争中的敌人都联系在了一起。尤为特别的是，普里阿摩斯还使阿喀琉斯想起了他远在希腊的父亲珀琉斯：

> 他这样说，使阿喀琉斯想哀悼他父亲，
> 他碰到老人的手，把他轻轻地推开。
> 他们两人都怀念亲人，普里阿摩斯
> 在阿喀琉斯脚前哭他的杀敌的赫克托耳，
> 阿喀琉斯则哭他父亲，一会儿又哭
> 帕特洛克罗斯，他们的哭声响彻房屋。

紧接着便是第二个公共仪式的场景，即赫克托耳在特洛伊的葬礼。这一仪式有序且痛苦的高潮由三名女性的轮番恸哭所构成，她们与赫克托耳的关系都曾特别亲厚：他的妻子安德洛玛刻、母亲赫卡柏，以及孤独的外来者海伦，后者的特殊视角使她可以证明赫克托耳精神上无可匹敌的宽宏大量，即便是对她这样一个人，因为他原本是能有足够的理由来憎恨她的。史诗就这样结束了——但战争却没有，因为当赫克托耳被埋葬后，战斗便将再度打响。

使《伊利亚特》成为最伟大神话叙事的是它毫不畏缩地直面了战争的残酷暴力，同时却传达了一种人类可以给予彼此尊重与友爱，以

及在充满和平活动的世界中战争不过只是其中一个因素的感觉。故事情节同时在神与人的层面展开，诸神也饱受磨难，至少是在史诗事件所发生的短暂时间范围内。但到底还是英雄们的举动与苦难在不可避免的人类局限性的背景中显得最为突出。

特洛伊的陷落

至于从赫克托耳之死到特洛伊陷落之间的一系列事件，我们主要依靠的则是非史诗资料。这些事件中的好几个都集中在阿喀琉斯身上。他与阿玛宗战士彭忒西勒亚战斗，尽管后者被他的长矛刺中而奄奄一息，他却爱上了她；他与黎明女神之子、埃塞俄比亚人的首领门农决斗，并杀死了后者——这些都是他在特洛伊城门前最终的、致命的冲突的前奏。在其孩提时代，他的女神母亲忒提斯就曾试图使他无懈可击，即让他穿过净化之火，以及为他涂上神食

安布罗西亚（"安布罗西亚"意即"长生不死的"），抑或是——在只留存于古代晚期的一个版本中——将他浸入斯堤克斯河的河水之中。只有她所抓握的他的脚踝仍是未经防护的，而阿波罗正是引导由帕里斯所射出的致命一箭击中了这一部位。

阿喀琉斯之死使希腊的统领们陷入了另一场争执，因为远征特洛伊的一个主要动机便是希腊人内部对荣耀的竞争。这次的问题是：哪位生还的英雄是最勇敢的，因而也最有资格继承阿喀琉斯的武器？不同的神话讲述者给出了如何做出决定的不同叙述，包括询问特洛伊的战俘们以发现谁对他们施了最大的伤害，或是希腊人之间的一次投票。但结果却始终是一样的：在大埃阿斯与奥德修斯的双人竞赛中，奥德修斯胜出了。索福克勒斯在其戏剧《埃阿斯》中探讨了这一悲惨的结局。大埃阿斯将之视作对他荣耀的忽视，于是在一阵愤怒中，他试图去杀死阿伽门农、墨涅拉俄斯和奥德修斯。但始终牵挂着希腊人之目标的女神雅典娜却迷惑了大埃阿斯的心智，所以他杀死的并不是人，而是几只圈养在希腊营地里的绵羊。他又一次颜面尽失，在别无选择之下自尽而亡。他倒在了赫克托耳曾经送给他的那把剑上，它是在和受尊重的敌人互换礼物的时候得来的。但最后还是奥德修斯掌握了话语权，他成功地劝服了犹豫不决的阿伽门农准许埋葬"叛徒"大埃阿斯，因为正如奥德修斯所言，"我也会有那一需求"，意即终有一天，每个凡人都需要另一个人来将他埋葬。

现在神话已准备进入尾声阶段了。但特洛

（左）特洛伊平原上的爱与死。尽管阿喀琉斯将他的长矛刺入了阿玛宗战士彭忒西勒亚的脖子里，这两名战士的目光却相遇了。根据神话传说，这便是他们坠入情网的短暂瞬间。阿提卡陶瓶，约公元前530年。

（左下）希腊勇士们将一块石头放在一堆或另一堆石头上面，以此来表明他们认为是奥德修斯还是大埃阿斯更配被授予死去的阿喀琉斯的盔甲。雅典娜的姿态说明最左边的奥德修斯获得了胜利，他兴奋地举起了双臂。图片以外的右边则是大埃阿斯，他正羞愧地遮起自己的头部。阿提卡陶瓶，公元前5世纪早期。

（右下）当大埃阿斯未被授予阿喀琉斯的盔甲时，他曾试图杀死希腊的指挥官们而未果。此刻，满心羞愧的他正准备自杀：他将撞上他的剑，那是赫克托耳送他的礼物。在这只阿提卡陶瓶（约公元前460年）上，大埃阿斯可能是在诅咒他的敌人们，或是在请求他的朋友们照看好他的尸体。

伊城是如何陷落的呢？预言以及与神明的交流在战争开始时激增，它们在战争高潮时亦是如此。预言家卡尔卡斯预见了攻陷特洛伊所必需的某些条件，但他同时也意识到，由于他本人的预见力跟任何凡人一样都是不完全的，因此就必须要由特洛伊预言家赫勒诺斯的预言能力来做补充。于是希腊人便抓住了赫勒诺斯，并迫使他讲出他所知道的事情。攻陷特洛伊所需的一整套先决条件就这么出现了，包括以下这些：如今已为菲罗克忒忒斯所有的赫拉克勒斯之弓必须被带至特洛伊，而菲罗克忒忒斯本人的默许或在场则并不重要（我们关于"劝服"这位因病被抛弃者的最完整的叙述是在索福克勒斯的同名戏剧中）；阿喀琉斯之子涅俄普托勒摩斯（"新的战争"）也必须被带至特洛伊；而且护城神像（雅典娜像）也必须从特洛伊城中被偷出，否则便不能攻破此城。达成上述所有目标的功劳都被大多数神话讲述者归了奥德修斯身上，因为随着阿喀琉斯的逝去，单纯的力量在重要性上已经屈从于这位骗子英雄所代表的诡计与劝说了。

木马计

使特洛伊陷落的最终策略便是木马计。在后古典时期的传统中，这之所以成了整个特洛伊传说中最为著名的细节不是因为任何一位希腊作者（因为现存关于这一事件的希腊人的叙述少得令人惊讶），而是因为罗马诗人维吉尔，他在《埃涅阿斯纪》中绝妙地再现了特洛伊的陷落。特洛伊人将被巨大且中空的马之雕像的诡计所欺骗这一事实真的很反讽，因为在《伊利亚特》中，一个常用在特洛伊人身上的修饰语便是"马的驯服者"——事实上，史诗中的最后一个词语就是被用在死去的赫克托耳身上的 hippodamoio，即"马的驯服者"。无论如何，正是通过木马计，希腊人才攻破了特洛伊城。在奥德修斯或雅典娜的建议下，一个叫作厄珀俄斯的工匠造出了那骗人的动物，遮掩了藏身其中的武装部队。希腊人将这尊雕像留下后，又在它上面刻下"为了他们的返乡，希腊人献给雅典娜的谢礼"这句铭文，随后舰队便开走了——但只是开去了忒涅多斯岛。

当结局临近时，诸神的参与度也越来越高。先是普里阿摩斯之女卡珊德拉力劝要销毁这份假意的谢礼，可因为阿波罗的诅咒（见第 100 页），当然没人会相信她。随后祭司拉奥孔附和了卡珊德拉的观点，但阿波罗却派去两条海蛇吞噬了他的孩子们（根据某些叙述，也吞噬了拉奥孔本人）。所有人都赞同这是一个征兆，但征兆通常是根据观察者的不同期待来进行解读的。在这里，它被解读成了对拉奥孔之不虔敬的确认，或是对特洛伊即将陷落的预感。还有最后一个障碍留待希腊军队去克服，即当从来不值得信任的海伦绕马而行时，她模仿发出了希腊英雄妻子们的声音。这回又是奥德修斯通过了这项考验，因为就在一个士兵正打算呼喊着回应他的"妻子"时，奥德修斯捂住了他的嘴巴。

将木马拖入城邦之后，毫无戒备的特洛伊人便睡下了。随后发生的事情则为神话传说的后面几个阶段奠定了基础。无数特洛伊人被屠杀，只有少数幸运之人逃脱了。如埃涅阿斯（拉丁语为"Aeneas"）逃脱后在意大利的拉丁姆找到了未来；安忒诺耳曾在墨涅拉俄斯和奥德修斯出使特洛伊时主张和解，根据不同的说法，他或是在利比亚建立了库瑞涅，或是在威尼斯和帕多瓦地区建立了定居点。除了这些人外，城里活着的特洛伊人就几乎只剩妇女和儿童了。寡妇被分配给俘获了她们的希腊人，成了后者的奴隶侍妾，但这一举措为将来埋下了隐患（尤其是在卡珊德拉被指派给阿伽门农的例子里）。

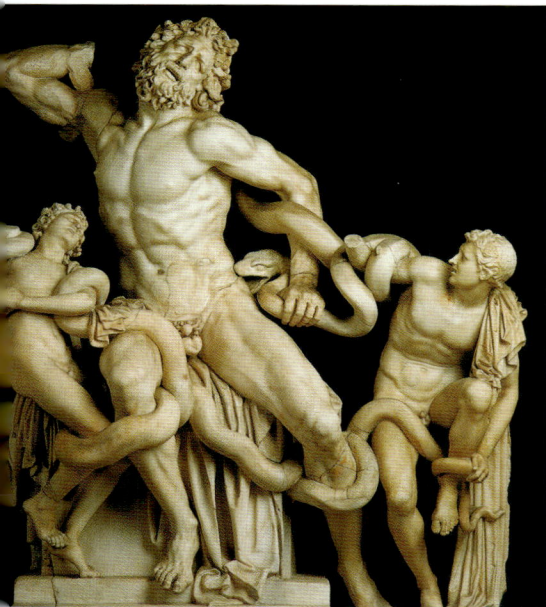

希腊人的胜利也往往伴随着明显的残忍与不虔敬之举，尤其是在对待特洛伊王室的幸存成员时。赫克托耳尚在襁褓中的儿子阿斯堤阿那克斯被抛下城墙摔死，这真是对他名字（"城邦之主"）的无情嘲讽。普里阿摩斯之女波吕克塞娜在阿喀琉斯鬼魂的请求下被献祭，后者要求以她的死亡来向自己的荣耀致敬。至于卡珊德拉，她则在抓住雅典娜的神像寻求庇护时被俄伊琉斯之子小埃阿斯强暴；更为恐怖的还是阿喀琉斯之子涅俄普托勒摩斯在宙斯的祭坛上杀死了卡珊德拉的父亲普里阿摩斯。这类对神明不可宽恕的羞辱将产生苦涩的后果，即神明将干涉和破坏希腊人的返乡之旅。

希腊人返乡

英语中的"乡愁"（nostalgia）一词笼罩着一层浪漫的光辉，但其希腊语的复合词根却要刺耳得多：nostos 意即"归程"，而 algos 指的则是"痛苦"。对大多数希腊远征军而言，返乡的确是痛苦的。侵犯了卡珊德拉的俄伊琉斯之子小埃阿斯，他的船只先是被宙斯的雷电击中，随后又被波塞冬的三叉戟摧毁。比他罪过略轻的许多人也遭遇了沉船，因为瑙普利俄斯狡诈地在欧玻亚岛南端点亮了灯塔并误导了他们（他是在为他儿子帕拉墨得斯之死复仇，后者曾看穿奥德修斯逃避征召的企图，后来奥德修斯

便阴谋害死了他）。

甚至那些未死之人也流浪到了四面八方。有些人再也没能回到希腊，而是在远离家乡的地方建立起了新的定居点。比如，据说狄俄墨得斯和菲罗克忒忒斯就定居在意大利南部。通过这些故事，希腊殖民地才宣称与母邦有联结。神话谱系实在是个强大的精神工具，它既能承认民族之间的差异，又能将那些差异纳入一个与身份相关的精心编排的谱系中来处理。

对那些最终回到家乡的希腊人而言，生活同样不简单。墨涅拉俄斯的船只被一场风暴弄沉了，他也因此被迫去了埃及。他最终重返斯巴达，与海伦在家过着艰辛的生活。阿伽门农重返迈锡尼的故事则更有戏剧性（见第151页）。但最著名的还是奥德修斯的归程。他令人敬畏的重返伊塔刻之旅在某些方面可与阿耳戈号的航行相提并论，尽管在关键点上却有别于后者：其重点不在于船只，而在于独立的个人；其目标也不是遥远的黄金宝物，而不过是回家。

《奥德赛》

奥德修斯回家的故事为后人所知，首先要归功于第二部被归在荷马名下的不朽史诗：《奥德赛》。尽管学者们已分析出了《伊利亚特》与《奥德赛》之间数不清的相同与不同，我们在这里关注的焦点却涉及时间性。简而言之，《奥德赛》的叙事年表要比《伊利亚特》复杂得多。《奥德赛》一开场，它的英雄就已接近流浪的终点了：他正被女巫卡吕普索扣留在她的岛上。数年后，当诸神劝服她放他离开时，他便进入了其归程的倒数第二阶段，去往淮阿喀亚人的领地。直到此刻——在第9卷到第12卷（总共

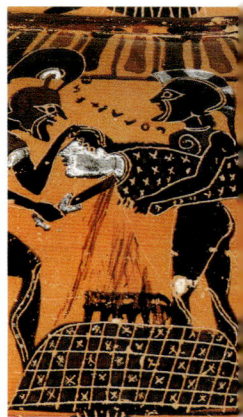

（上）阿喀琉斯之子涅俄普托勒摩斯拔出他的剑刺入普里阿摩斯最小的女儿波吕克塞娜的喉咙。阿喀琉斯的鬼魂要求她死去，并且将这濒死少女之血喷洒在他的墓穴上。阿提卡陶瓶，约公元前560年。

（下）《普里阿摩斯之死》（约1787—1790年），意大利新古典主义雕塑家安东尼奥·卡诺瓦所制石膏浮雕。

24卷）里 —— 故事才返回了奥德修斯旅程的开头部分，它是从劫掠特洛伊开始的。在故事被讲述出来（以奥德修斯本人的口吻）后，淮阿喀亚人便把奥德修斯送回了他的家乡伊塔刻。史诗的年表很复杂，这使得各个主题可以交互参照。为了说得更加清楚，我们对奥德修斯回家的再现将遵循事件的"真实"年表。

在离开特洛伊之后，奥德修斯和他的船只便向西北方驶去。他们最初是停靠在色雷斯的伊斯玛洛斯，那里是喀科涅斯人的家乡。奥德修斯在此地重复了他在特洛伊的举动：城邦被劫掠，许多男性居民被杀死，他们的妻子与财物则被胜利者瓜分。但至少奥德修斯避免了阿伽门农曾在特洛伊犯过的错误，因为他放过了阿波罗的祭司马戎，后者为表达谢意便送给他一种奇妙的香甜红酒，这一谢礼很快将救下奥德修斯一命。但总而言之，在伊斯玛洛斯的停留却预示着将会威胁到归途的灾难。奥德修斯轻率的同伴们为了享乐而耽搁得太久，这便为喀科涅斯人留出了重整旗鼓的时间。最终，在战斗中折损了许多人员以后，奥德修斯及其同伴才得以逃脱。

要从爱琴海返回伊塔刻就必须先绕过伯罗奔尼撒半岛南部，然后再向北航行。可回家却没这么容易。宙斯送来了一场风暴；然后，在马莱阿海角外，逆流又将船只扫出了已知世界。九天 —— 这是反复出现在《奥德赛》中的"标点符号"，标明了重要的登陆之间的时间 —— 之后，他们抵达了食忘忧果者之邦。在奥德赛的航程中，文化差异的最重要标志之一便是食物。吃下"这甜如蜜的忘忧果" —— 并因此不再遵循"吃面包之人"通常的希腊习惯 —— 会使人忘记他要回家。奥德修斯不得不对那些已然品尝过这种异域食物的同伴动了粗，为的是将他们拖回船上，并向未来进发。

波吕斐摩斯

接下来，一个更富侵略性的对手在等着他：独目巨人波吕斐摩斯，他最爱生食人肉。他属于分别独自居住在山洞里的库克罗普斯（独目巨人）一族，他们过着一种表面上看起来很平静的放牧生活。如果说食物是《奥德赛》的一个主要关注点，那么另一个便是待客之道：更确切地说，即外来者、请愿者和乞援者是如何被他们置身其中的社会群体对待的。波吕斐摩斯没有像他应该做的那样，在冒昧地询问他们的身份之前就为新来者提供食物和庇护，反而即刻用一个唐突的问题迎接了他们："陌生人，你们是谁？"奥德修斯的回答则精明地略过了自己的名字，并假装他的船只已经被毁（实际上，在奥德修斯深入查探这一国度时，他将许多同伴都留在了岸上）。波吕斐摩斯兴奋地抓住奥德修斯的几名同伴，将之在其洞穴的地上摔得脑浆迸裂，并吞食了他们，随后他又用一块巨石挡住了希腊人从其洞穴里出去的路。

奥德修斯则使用了数条诡计来为出逃做准备。首先，他使波吕斐摩斯相信他名叫奥提斯（"无人"），然后他又用马戎的甜酒灌醉了那个独目巨人，接下来他便组织他的同伴们将一根滚烫又尖锐的橄榄木杆插进了巨人的眼睛里。当波吕斐摩斯的巨人同伴们过来问他为什么在痛苦地嚎叫时，他回答说"无人（即奥提斯）在杀我"。于是他们便走了，以为他是精神上而非身体上出了问题。最后 —— 因为洞口仍为巨石所挡 —— 奥德修斯及其同伴又将他们自己挂到被独目巨人圈养在洞穴里的绵羊身下。就在放那些动物出去吃草时，巨人还摸遍了每只羊的后背以搜查逃跑者，却不曾想到要去检查它们的肚子下面。可就在启航前，奥德修斯还是忍不住向波吕斐摩斯喊出了自己的真名 —— 于是便给了那巨人向其父亲波塞冬乞求的机会，乞求波塞冬在其渺小对手剩余的回家之路上增添更多的苦难。可奥德修斯也有其强大的支持者。从此以后，他的旅途便处于威严海神的极度愤怒与雅典娜的保护性帮助之间，后者如今已站在了他这一边，就像她在特洛伊时所做的那样。

埃俄罗斯

在喀科涅斯人那里的经历展现了奥德修斯的谨慎与其同伴的轻率之间的对比。相同的对比则在归程的下一阶段，即他们造访风神埃俄罗斯的浮岛时重现，并产生了更具毁灭性的影响。这座岛屿几乎是个井然有序的天堂，其间

的道德规范迥然不同：埃俄罗斯的六个儿子分别跟他的六个女儿结了婚。与这一几何意义上完美的家庭平衡相对应的则是气象意义上的平衡：埃俄罗斯掌控着每个方向所有的风。在热情款待过奥德修斯后，埃俄罗斯给了他一个装着所有风的袋子，好让他控制自己的归程。可奥德修斯的同伴却无法抑制他们的好奇心：因为相信袋子里装着宝物，他们就打开了它。风一下子闯将出来，并将船只吹回了埃俄罗斯的王国，可希腊人这回却遭到了厌弃。埃俄罗斯推断诸神定然是在对付奥德修斯，便直接将他打发走了。

喀耳刻

奥德修斯的队伍在接下来的遭遇中继续无可避免地缩减，他们遇见了巨人族——莱斯特律戈涅斯人。除了奥德修斯自己的船以外，其他所有船只都被毁了。他和他的船员们继续航行，到了一座跟埃俄罗斯之岛一样不寻常的岛屿。那上面居住着女神喀耳刻，她的名字意即"老鹰"。尽管她是以人的样子出现的，但她的家园却的确是个变形之地。当奥德修斯的一些同伴前去查探在森林当中升起的烟火讯号时，他们发现了一所隐蔽的房屋，并能看见驯良的狮子和狼正围绕它温顺地走来走去。这些动物之前都是人类，却被喀耳刻的魔法变了形，如今她更是将奥德修斯的同伴变成了猪。只有一

个人逃出来讲述了这番经历，奥德修斯便出发前去解救其他人。他在半路上遇见了以年轻人的样子出现的赫耳墨斯。神使给了奥德修斯一种神奇的植物以解除喀耳刻的魔力，那便是有着黑色根部和乳白色花朵的摩吕。自古代以降，数不清的学者都曾试图去辨认它，大概竟忘记了它是一种仙草，就像神明所享用的仙馔蜜酒一样，并非凡人日常经验的组成部分。

当奥德修斯到达喀耳刻家中时，她的迎接方式是给他一剂药饮，用魔杖击打他，并命令他去猪圈里跟他的"人"待在一起。但幸亏有摩吕，奥德修斯保持了人形。接着喀耳刻便催促奥德修斯快和她欢爱，他的确照做了，但也只是在（又一次在赫耳墨斯的指引下）她发誓不会伤害他以后。一经意识到已经遇上了匹配自己的人，喀耳刻便将奥德修斯的同伴变回了人形，而且她的岛屿也经历了一种象征性的变形，变成了希腊人在其中不知不觉缱饫了一整年的天堂。但他们并未完全忘记回家。最后，他们再次启航了，目标是不那么完美却更加真实的最终目的地。

奥德修斯到访冥界

现在来了一场最高程度的考验，只有诸如赫拉克勒斯和忒修斯这样的英雄才能完好无损地通过。在世界的尽头，奥德修斯和他的同伴们上岸了，并走到了喀耳刻曾描述过的地方：冥界边缘。通过献祭动物，奥德修斯召唤出了为鲜血所吸引的死者灵魂。第一个出现的是盲预言家忒瑞西阿斯，他揭示了将要发生在奥德修斯身上的事情。然后，在一个充满感染力的场景中，奥德修斯与他母亲安提克勒亚的灵魂进行了交谈，后者因思念离家的儿子而悲伤至死。她再次向他保证他的妻子珀涅罗珀、儿子

（右）奥德修斯静静瞄准目标时的镇定与求婚者狂乱的不安形成了对比，他的箭正朝后者飞去。被一名求婚者所斜靠着的餐椅的出现具有强烈的象征意味：在奥德修斯家中毫无节制地吃喝是求婚者在道德上备受谴责的特征之一。阿提卡陶杯，约公元前440年。

人则只有一直劝诱、嘲笑和警告他的盟友雅典娜。至于珀涅罗珀，她的忠诚似乎如岩石般坚固，可她的处境其实很微妙。她被求婚者包围着，因为后者推测奥德修斯已经死了。如果他真的已经死了，那么求婚者的行为便将是合法的。但他们求婚的方式却仍是可耻的，因为他们盘踞在奥德修斯的宫殿里大吃大喝，一点也不尊重这里离家的主人。饮食再次成为了道德差异的一个重要标志。

奥德修斯将自己伪装成乞丐，并获准进入家中。他甚至能够与珀涅罗珀长时间交谈，尽管他并未向对方暴露自己。但他却向她保证奥德修斯就在附近了。珀涅罗珀断言自己不信此事，随后做了一个非同寻常的决定。她宣布将有一场比赛，但凡有人能够拉动奥德修斯强大的弓，并用它一箭射穿排成一线的十二把斧子的斧孔，他就能跟自己（重新）结婚。她的动机并不明朗，数代学者都曾为这点而仔细阅读《奥德赛》的文本，但史诗却饶有兴味地在这一

问题上留下了可供讨论的余地。无论如何，只有这位无名的乞丐拥有赢得比赛的力量和技艺。不仅如此，他还亮出了自己的身份，并对求婚者血腥地复了仇。

故事的结局既不是奥德修斯的复仇，也不是他与妻子和父亲感人至深的团聚。最常重现的建构希腊神话的主题之一便是如法律一般常规化的以暴制暴。求婚者也有其父兄，他们

奥德修斯与珀涅罗珀的重逢

使珀涅罗珀相信在她家中的陌生人确实是奥德修斯的最终证据与他们的婚床有关。只有奥德修斯知道它的秘密：婚床是他亲手围绕一棵生长在庭院里的橄榄树树干制作的。当奥德修斯披露了他知晓的这一细节时，珀涅罗珀才最终被说服。

下面这段诗结尾处的明喻让人回想起了之前出现在《奥德赛》中的某一时刻，即船只失事、满身盐渍且精疲力尽的奥德修斯在淮阿喀亚人的领地上登陆，被公主瑙西卡所救，却保持着忠贞。如今，已返回伊塔刻的奥德修斯还有一段更为持久的归家之旅。

> 珀涅罗珀一听双膝发软心发颤，
> 奥德修斯说出的证据确凿无疑端。
> 她热泪盈眶急忙上前，双手紧抱
> 奥德修斯的颈脖，狂吻脸面这样说：
> "奥德修斯啊，不要生气，你最明白
> 人间事理。神明派给我们苦难，
> 他们妒忌我们俩一起欢乐度过
> 青春时光，直到白发的老年来临。
> 现在请不要对我生气，不要责备我，
> 刚才初见面，我没有这样热烈相迎。
> 须知我胸中的心灵一直谨慎提防，
> 不要有人用花言巧语前来蒙骗我，
> 现在常有许多人想出这样的恶计。
> 宙斯之女、阿尔戈斯的海伦定不会
> 钟情于一个异邦来客，与他共枕衾，
> 倘若她料到阿开奥斯的勇敢的子弟们
> 会强使她回归祖国，返回自己的家园。
> 是神明怂恿她干下这种可耻的事情，
> 她以前未曾渎犯过如此严重的罪行，

> 使我们从此也开始陷入了巨大的不幸。
> 现在你细述了我们的婚床的种种标记，
> 其他任何人都不知道婚床的这秘密，
> 除了你和我，还有那唯一的一个女仆，
> 阿克托里斯，我们的精造的婚房的门户
> 由她看守，父亲把她送给我作嫁妆。
> 你还是说服了我的心灵，我尽管很严峻。"
> 她这样说，激起奥德修斯无限伤感，
> 他搂住自己忠心的妻子，泪流不止。
> 有如海上飘游人望见渴求的陆地，
> 波塞冬把他们的坚固船只击碎海里，
> 被强烈的风暴和险恶的巨浪猛烈冲击，
> 只有很少飘游人逃脱灰色的大海，
> 游向陆地，浑身饱浸咸涩的海水，
> 兴奋地终于登上陆岸，逃脱了毁灭；
> 珀涅罗珀看见丈夫，也这样欢欣，
> 白净的双手从未离开丈夫的脖颈。[①]

① 《荷马史诗·奥德赛》，第430—431页。

是潜在的复仇者。支持奥德修斯的人与那些为求婚者复仇的人之间的战斗接踵而至。它将终止于何处？结局是很专断的：宙斯警告的雷电为这一行动画上了休止符。但叙事闭合的缺席（正如现代文学批评家所指出的）却为史诗的续篇留下了余地。

《奥德赛》之后

一组有趣的故事推测了在奥德修斯及其家人身上发生了什么，这些故事的要点很难根据《奥德赛》被推测出来。按照一种说法，奥德修斯与喀耳刻生了个儿子，即忒勒戈诺斯（"生于远方"），他到伊塔刻来寻找父亲，却意外地杀死了父亲。在王朝的非比寻常的、从表面看来在情感上令人难以置信的后续发展中，忒勒戈诺斯据说跟珀涅罗珀结了婚，而忒勒玛科斯则跟喀耳刻结了婚。

更引人深思的传说则是这样的：珀涅罗珀被一名求婚者引诱，这也是"另类"的海伦故事的镜像化变体，后者将海伦重塑为一个根本没去过特洛伊的忠贞妻子。一个阿卡狄亚的传说展现了用地方传统来改写神话传说的倾向到底有多强烈。它将珀涅罗珀——由于她的出轨而被奥德修斯送走——变成了赫耳墨斯的爱人，她还跟后者生下了如山羊一般的潘神。

至于奥德修斯后来的经历，我们知道存在一些变体（包括他死于亲生儿子忒勒戈诺斯之手的那个）。大多数神话讲述者都赞同奥德修斯始终是个流浪者，他再次离开家乡并在希腊本土西北部再婚了，或是在忒斯普洛提亚，或是在埃托利亚。但《奥德赛》却暗示了另一种可

能性。忒瑞西阿斯预言奥德修斯必将在内陆继续一场漫长的旅行，将一只船桨带到当地人都误以为船桨是簸箕的地方。也就是说，他必将彻底改变迄今为止他被大海主宰的命运。在这一内陆地区，他必须用一场献祭来抚慰波塞冬，只有这样他才有可能重返伊塔刻。这个预言预测，奥德修斯将承受"来自大海"的温柔死亡。我们并不知道这一预言具体是如何实现的，但它却拥有一种象征意义上的准确性：从他装疯将盐播撒到地里的那刻起，奥德修斯的命运就跟波塞冬所掌管的元素密不可分了。

奥德修斯并不是一个"典型"的英雄，他的个人标志是机巧的智慧。从道德角度看，这使他拥有了一种模糊性。因为他骗人的能力既可以被解释为积极的，比如使推翻压迫性的暴力成为可能；或者也可以是消极的，比如将诡诈的说服力置于坦率的诚实之上。在公元前5世纪晚期的雅典民主政治中，当某些激进民主派的政治家被他们的政敌描述为"煽动家"时，奥德修斯的确常以这一"诡诈"的角色（比如在索福克勒斯的悲剧《菲罗克忒忒斯》中）出现。但跟他作为"煽动家"的角色一同留存下来的还有《奥德赛》中更为复杂的英雄形象：狡诈，勇敢，不轻易相信别人，不忠却深爱他的妻子，并永不满足于他通过探寻未知世界对文明的尽头所做的探测。

奥德修斯将其保护神雅典娜的某些反省与深思的特征带入了战争之中。在一项头盔（约公元前400年）的一块面颊部分残片上，英雄显得尤为心事重重。某些阐释者将之视作荷马史诗中一个情节的图解，即忧伤的奥德修斯凝望着大海，渴盼逃离他在卡吕普索之岛上的牢笼。

规范与破坏

本章所关注的一些神话谱系的成员通过其行为与遭遇，表明了将家庭成员联系起来的纽带以及将他们分离开来的冲突。发生在这些家庭中的个人身上的事情具有"典范性"，也就是说，它体现了各种能在日常生活中对普通人产生影响的压力，尽管这些压力达到了夸张的程度。比如，珀罗普斯家族和拉伊俄斯家族，包括诸如克吕泰涅斯特拉、俄瑞斯忒斯、俄狄浦斯和安提戈涅之类的人物，提供了父母和子女之间关系危机的极端范例。上述同一批人的神话传说，以及其他神话传说，比如有关忒柔斯和普洛克涅、俄耳甫斯和欧律狄刻、阿德墨托斯和阿尔刻斯提斯的那些，则探索了另一种主要的家庭关系，即夫妻关系。在全世界，除去不计其数的变异，家庭仍是社会结构的基本特征，所以希腊神话传说的经久不衰是显而易见的，因为后代人已能认出并参与到这些惊人事件所展开的情感世界之中。

但在古代和今天，并非所有的人类关系都能被限定在男女结合并产生后代的框架之中。同性关系也是人类情感行为的一部分，它们在希腊神话中得到了微妙且多样化的探索。尤其是，考虑到这类关系在古希腊所呈现出的独特模式，它们将在本章所讲述的故事中扮演重要的角色。

一出家庭戏剧上升到了暴力的不寻常层面。俄瑞斯忒斯的剑刺穿了他母亲克吕泰涅斯特拉的心脏，她的情夫埃癸斯托斯此刻正仓皇而逃。来自奥林匹亚的三足青铜鼎上的浮雕嵌板，约公元前570年。

第五章　家族传奇

珀罗普斯家族

荣耀与权力之争

在这一章中我们将关注几个互相交织的主题。其一便是荣耀。保持与提升个人荣耀的欲望既适用于家庭领域，也适用于冒险与战争领域：由失去荣耀引发的羞耻感促使淮德拉去自杀，也促使俄狄浦斯做出另一种形式的自我伤害（见第129和165页）。

与荣耀相关联的则是性嫉妒的主题。对男性来说，这可能与荣耀减退感密不可分；而对女性来说，它则与无能为力感相重合，如果她意识到自己正处于被一个新的，尤其是更年轻的女性取代的危险之中。我们已经见到了美狄亚对伊阿宋以及得伊阿尼拉对赫拉克勒斯的嫉妒所促成的灾难性后果。在本章中，我们将触及克吕泰涅斯特拉对阿伽门农的嫉妒。

与前面两个主题都有关联的第三个主题是权力。正如我们将看到的那样，一对对互相竞争的兄弟（阿特柔斯和堤厄斯忒斯，见第149—151页；厄忒俄克勒斯和波吕涅克斯，见第166—167页）之间的斗争以远超于手足之争的方式展开，因为处于紧要关头的是对王国的统治权。

希腊神话传说——尤其是在悲剧中被重述的那些——都有一个共同的侧重点，即对于个人的强烈却不相容的要求或相左的要求之间的冲突。虽然这些要求在希腊人的日常生活中并不会引发灾难，但更可怕的结果却在神话传说中普遍存在。这些困境包括：（1）对孩子而言，是其父母不可调和的需求之间的冲突（这便是俄瑞斯忒斯的困境，见第151—152页）；（2）血亲的要求和对城邦更广泛之忠诚的要求之间的冲突（这是安提戈涅的部分困境，见第168页）；（3）对女性而言，则是她父亲和她丈夫或爱人的要求之间的冲突（阿里阿德涅和美狄亚经历了这种冲突，见第127—128页和第112页，珀罗普斯的妻子希波达弥亚亦然，见第149页）。

最后，在所有这些关于冲突的侧重点中，我们必须记住神话传说同样也赞美人与人之间纽带的力量，无论是爱人或夫妻之间还是亲人之间。考虑到神话讲述者热衷于探索极端的例子，因此这些纽带在诸如配偶死亡（比如，在普洛忒西拉俄斯和拉俄达弥亚［见第170页］，阿德墨托斯和阿尔刻斯提斯［见第170—171页］，以及俄耳甫斯和欧律狄刻的故事中［见第171—173页］），或是在极端暴力的情况下，在手足关系承受压力等极端困难的条件下经受考验，也就不足为奇了。

珀罗普斯家族

吕底亚的统治者坦塔罗斯，是以一种典型的方式在冥界受罚的越界者（见第89页），然而他的罪行则暗示着他异乎寻常地接近于神。他曾被赐予跟奥林匹斯山诸神同食的权力，但他却以一种既恐怖又鲁莽的方式滥用了这一特权：他杀死并烹煮了自己的儿子珀罗普斯，并将他作为主菜端上了桌。尽管诸神并不能抹去已经发生的事实，但至少在这个例子中，他们却能起死回生。这个男孩经过复原的外貌比从前更为俊美，尽管他有一个由象牙制成的假肩膀，以代替悲痛欲绝的得墨忒耳不小心吃掉的那个，因为后者的思绪当时全集中在她女儿珀耳塞福涅被绑架的事情上了。

柏拉图对话录的读者会很熟悉希腊的青少年男子与年长男子发生短暂同性恋关系的文化模式。将这样的两个人描述为"同性恋者"其实是一种误导，如果这一术语意在标明一个人的性取向终身都是同性的话。在希腊社会中，惯常的设定是年轻一方将在其人生的下一阶段继续结婚生子（见第174页）。准确说来，这种两阶段的发展变化正是珀罗普斯故事的基础。作为一个美貌非凡的年轻人，他攫住了波塞冬

密耳提罗斯，即背叛俄诺马俄斯的战车驭者（右下角）已被收买去破坏他主人的战车。在这只意大利南部的陶瓶（约公元前350年）上，他手握一只轮子。裸体且英勇的珀罗普斯（坐者）为在战车比赛中打败俄诺马俄斯而想出了这一计谋，于是他赢得了与后者的女儿希波达弥亚（可能站在最左边）结婚的权力。

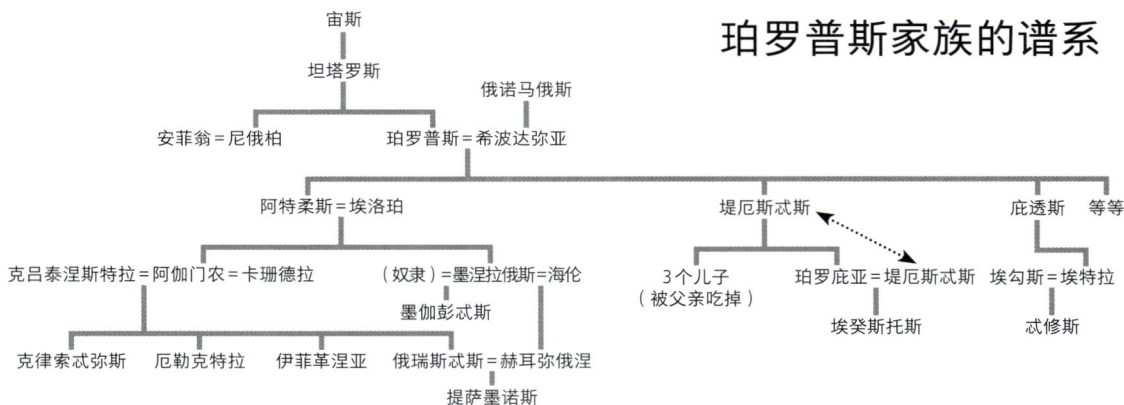

珀罗普斯家族的谱系

宙斯
坦塔罗斯
俄诺马俄斯
安菲翁＝尼俄柏　　珀罗普斯＝希波达弥亚
阿特柔斯＝埃洛珀　　　堤厄斯忒斯　　　　庇透斯　等等
克吕泰涅特拉＝阿伽门农＝卡珊德拉　（奴隶）＝墨涅拉俄斯＝海伦　　3个儿子　珀罗庇亚＝堤厄斯忒斯　埃勾斯＝埃特拉
墨伽彭忒斯　　　　　　（被父亲吃掉）　　　　　　　　忒修斯
克律索忒弥斯　厄勒克特拉　伊菲革涅亚　俄瑞斯忒斯＝赫耳弥俄涅　　　　　埃癸斯托斯
提萨墨诺斯

的目光（就像伽倪墨得斯曾吸引了宙斯那样）。可当他长大后，他的想法却转向了婚姻，这一方向也将他卷入了一场地理上的移动之中。在希腊神话的世界中，坦塔罗斯的吕底亚王国被视为广受希腊文化影响的区域网之组成部分。因此，珀罗普斯被引向希腊本土南部的心脏地带去寻找一位新娘就是意料之中的事情了。

他找到的那名女子是希波达弥亚，即庇萨（位于伯罗奔尼撒半岛西部的厄利斯地区）王俄诺马俄斯之女。她与她父亲的关系是对父女间正常亲密关系的一种夸张：一个离奇的变体将他们的关系描述为乱伦，但一个"较弱的"变体则称俄诺马俄斯是在害怕一则神谕，因为它预言他将死在他女婿手里。无论如何，俄诺马俄斯都试图去阻挡这不可避免之事。他向他女儿的每位求婚者都发起了一场战车比赛，俄诺马俄斯获胜便意味着求婚者的死亡，而求婚者获胜则会赢得跟希波达弥亚结婚的资格。

俄诺马俄斯跟珀罗普斯一样亲近诸神，他曾经还从阿瑞斯那里得到过一份礼物——一组了不起的骏马。在这样的对手面前，珀罗普斯唯一的手段便是作弊。他收买了俄诺马俄斯的战车驭者密耳提罗斯，后者答应他弄坏其主人车轮上的轴销。俄诺马俄斯果然坠车了，并在奄奄一息时诅咒了密耳提罗斯。这位驭者的末路也很快就到来了。他再次背信弃义，背叛了珀罗普斯，企图强暴希波达弥亚。作为回应，珀罗普斯将他扔进了海里。但在此之前，却轮到密耳提罗斯来诅咒珀罗普斯和他的后代了，

这一诅咒将在折磨这个不幸家族的下一暴力阶段中成为现实。

然而现在，珀罗普斯的权力一时无两。这场战车比赛的胜利巩固了这一权力，而这一图景具有双重意义。其一，它戏剧化地夸大了一场普通希腊婚礼庆典的意象，在庆典中，新郎要将新娘领上或拉上一辆马车或战车，将她从她父亲家送到自己家。其次，它确认了珀罗普斯与在厄利斯境内举办的奥林匹克运动会之间的关联。珀罗普斯本人在奥林匹亚拥有一座重要的神庙，据鲍萨尼阿斯所说，他甚至"比其他英雄在奥林匹亚更受厄利斯人的崇拜，就像宙斯比其他神明更受崇拜一样"。作为其统治权的终极印证，伯罗奔尼撒半岛（"珀罗普斯之岛"）便因他而得名。

庇透斯、阿特柔斯和堤厄斯忒斯

珀罗普斯与希波达弥亚的三个最著名的儿子是庇透斯、阿特柔斯和堤厄斯忒斯。他们之

珀罗普斯与希波达弥亚被俄诺马俄斯和密耳提罗斯追赶。这一场景表现了爱情与迫在眉睫的暴力：盘旋着的厄洛斯的形象象征了珀罗普斯与希波达弥亚之间的爱情，但希波达弥亚挥舞着的长矛却表达了她对她父亲的敌意。意大利南部陶瓶，约公元前330年。

珀罗普斯位于奥林匹亚的神庙。看着这处圣地如今所存留的这一点点遗迹，我们可能会轻易忘记古代珀罗普斯崇拜在这里的极端重要性，其神庙处于宙斯神殿与赫拉神殿之间就表明了这一点。

中唯有庇透斯享有一种能被他父亲引以为傲的好运。庇透斯对伯罗奔尼撒半岛东部城邦特洛曾的统治被誉为公平且智慧，他还将其中的一些智慧传授给了他的外孙忒修斯。他与这男孩的母亲（庇透斯之女埃特拉）一起将忒修斯养大，直到忒修斯出发去雅典找他父亲（见第126页）。但如果说庇透斯展示了统治权的积极面，他的兄弟阿特柔斯和堤厄斯忒斯却象征着消极面。他俩之间激烈的仇恨不仅以完全扭曲家庭关系的形式展现了出来，还为其后两代人之间更深的暴力分裂播下了种子。

赫拉克勒斯的迫害者欧律斯透斯死后，根据一条神谕的预言，迈锡尼的统治权将被移交给珀罗普斯的一名后人。但那到底是阿特柔斯还是堤厄斯忒斯呢？在这场危机中，如同在阿耳戈号的故事中那样，金羊毛成了有魔力的权威标志。阿特柔斯曾许诺要拿出其牧群中最好的一只羊羔向阿耳忒弥斯献祭，然而当一只金羊羔奇迹般地出现时，他却将那只神奇的动物藏了起来以欺骗女神，而改用一只普通的羊羔替代它向女神献祭。打破与神明的契约毫无疑问是在自寻死路，事实也的确如此。阿特柔斯

之妻阿厄洛珀与堤厄斯忒斯有了奸情，她还向后者泄露了羊的秘密，他随后就偷走了它。当堤厄斯忒斯劝服阿特柔斯同意迈锡尼的统治权应当落在拥有一只金羊羔的兄弟身上时，堤厄斯忒斯就通过诡计得到了王位。

但兄弟之间权力的平衡却永远是不稳定的，且容易转变为纷争。（根据羔羊这一情节的一个变体，正是密耳提罗斯的父亲赫耳墨斯送来了这只神奇的动物，目的是在珀罗普斯的后人中挑起矛盾。）现在宙斯介入——就像在坦塔罗斯的时代，无论是好是坏，诸神都密切参与了这个家庭的事务——来催促阿特柔斯提出一个与堤厄斯忒斯相对应的协议，其基础甚至比关于那只羊羔的契约还要不可思议。协议是如果太阳暂时改变了它的方向从东边落山，那么阿特柔斯便将成为国王——在宙斯的影响下，它自然成了真。

尽管阿特柔斯现在掌控了公共权力，但堤厄斯忒斯却通过与阿厄洛珀通奸获得了对其兄弟的家庭内部优势。可是等阿特柔斯发觉之后，他的复仇使人想起了由坦塔罗斯所树立的丑恶先例。他将堤厄斯忒斯召来吃饭，这从表面上

看是要促成兄弟和解，但阿特柔斯却用堤厄斯忒斯亲生孩子们被剁碎并煮熟的残躯招待了他们的父亲。在神话传说的可怕象征意义中，堤厄斯忒斯对他兄弟妻子的过分亲近将受到"过分亲近"自己后代的惩罚。这一场景将会像一层散发着恶臭的烟雾笼罩在这个家族后来的历史上。据埃斯库罗斯的悲剧《阿伽门农》（《俄瑞斯忒亚》三部曲的第一部）所说，有远见的女预言家卡珊德拉感觉到了被杀害的孩子们仍然活跃着：

> 你们可看见在那宫殿前面
> 坐着孩子，如同梦中的影像？
> 他们好像丧命于亲人之手，
> 双手捧肉，供亲人饮宴的肴馔，
> 原来是各种内脏，悲惨的食物，
> 满满一堆，父亲把他们品尝。[①]

阿伽门农和墨涅拉俄斯

这一家族传奇的中心主题现在从统治权转向了复仇。神谕预言了他如何才能得到为他复仇的人，作为回应，堤厄斯忒斯与自己的女儿珀罗庇亚生下了儿子埃癸斯托斯。由此，他对自己本应保持距离之物的越界的接近发生了新的转折。正是这位埃癸斯托斯杀死了阿特柔斯，并将迈锡尼的王权还给了堤厄斯忒斯。堤厄斯忒斯随后便流放了阿特柔斯的两个儿子，阿伽门农和墨涅拉俄斯，以防他们威胁到他重获的权力。

与先前发生的丑恶事件不同，堤厄斯忒斯的故事最终以反高潮结束。他被斯巴达王廷达瑞俄斯夺了权，后者的女儿克吕泰涅斯特拉和海伦分别嫁给了阿伽门农和墨涅拉俄斯。这四个人现在继承了阿特柔斯和堤厄斯忒斯鲜明地呈现出来的两大动机，即越界的倾向和复仇的欲望。而且这新一代人的经历，尤其是被埃斯库罗斯、索福克勒斯和欧里庇得斯的悲剧探讨过的那些，还展现了两个附加主题：过去看似不可避免地塑造了未来，就像一张网，没有人

能从它的网眼中挣脱；罪恶的压倒性重负可能会拖垮甚至逼疯成功的复仇者。

阿伽门农和墨涅拉俄斯兄弟并未被束缚在使阿特柔斯疏远堤厄斯忒斯的那种互相憎恶中。但正是他们的婚姻，而非手足相争，最终破坏了他们的家庭。当阿伽门农远在特洛伊时，克吕泰涅斯特拉让埃癸斯托斯做了她的情人。不同的版本描述了她不同的动机，比如因阿伽门农献祭他们的女儿伊菲革涅亚而产生的悲愤，或是想要温暖一张冰冷床榻的越界欲望。当阿伽门农将卡珊德拉从特洛伊带回，让她当了他的侍妾时，情况就变得更加不妙了。结局是对一个获胜之征服者的正确欢迎方式的令人沮丧的嘲弄，因为克吕泰涅斯特拉和埃癸斯托斯一起或是其中一人独自（不同的资料将这一行径归咎于他们中的一个或全部）杀了毫无防备的阿伽门农。根据一种记述，他是在沐浴时被杀害的，沐浴行为则象征着清洗他在特洛伊累积了十年的血腥杀戮。

血腥杀戮——充斥在珀罗普斯家族故事的方方面面——将招致更多的血腥杀戮。在阿伽门农被杀后，他的儿子俄瑞斯忒斯被远远送离了迈锡尼，以减小他扮演复仇者之角色的风险。相反，俄瑞斯忒斯的姐妹厄勒克特拉却留在家中，无权无势且充满怨恨。长成青少年的俄瑞斯忒斯在回来后，与厄勒克特拉一起实施了他们所期盼的对埃癸斯托斯的仇杀，并且几近不假思索地杀了克吕泰涅斯特拉。神话叙事的极端本质将我们推到了更远处，直至我们再也无法想象它将在何处完全停止。

可以预测的是俄瑞斯忒斯将被令人憎恶的厄里倪厄斯（"复

重复出现在埃斯库罗斯《俄瑞斯忒亚》三部曲中的一个主题便是主角们无法挣脱的过去之"网"。当他踏出浴室即被克吕泰涅斯特拉用一件长袍裹住时，阿伽门农本人就被"网住"了。在这幅画（阿提卡陶瓶，约公元前470年）中，克吕泰涅斯特拉的情人埃癸斯托斯扮演了谋杀的主导性角色。他的剑已然刺出过一回，正如阿伽门农身上的创伤所揭示的那样。右边正在打手势的人可能是阿伽门农之女厄勒克特拉。

① 张竹明、王焕生译：《古希腊悲剧喜剧全集·埃斯库罗斯悲剧》，南京：译林出版社，2007年，第345页。

俄瑞斯忒斯杀害他的母亲克吕泰涅斯特拉。在重创了她的胸部后，俄瑞斯忒斯正准备发起致命的第二次打击。银质印章（公元前5世纪末）。

仇三女神"）追赶至疯狂的边缘，后者正是煽动报复性血腥谋杀的神明（见第87页）。但从另一个角度来看，俄瑞斯忒斯却做了正义之事，那也的确是他唯一能做的：为他父亲复仇。在他的流浪历程中，某些叙事细节说出了其状况的特异性与模糊性。随着时间的流逝，以及通过仪式上的净化，他认为他已经不再为自己的罪恶所玷污了，但复仇女神们却继续把他当作被玷污之人来追赶他。他能被雅典人作为客人接纳，但却没有人愿意同他讲话，因为害怕自己也会被玷污。而正如《俄瑞斯忒亚》的第三部戏剧所展现的那样，当一个特殊的雅典法庭为裁判这起非常案件而成立时，由十二人组成的陪审团为判刑还是开释这个问题分成了人数相等的两派，于是它便引入雅典娜独特的发言权来解决这一问题。她找出了一个一次性的解决方案：作为宙斯独自生下的孩子，她将父亲的家长角色提升到了母亲之上，并将自己那一票投给了开释。尽管这一结果很可能招致复仇女神们对雅典的报复，但集力量与机智于一身的雅典娜却劝服了可怕的女神们接受一处在城邦里受人崇拜的场所。这一裁决尽管可能很特别，但它却让所有的主角都荣耀地出场了，在这种"保留颜面"的文化中，上述结果可比正义的美好伸张重要多了。

不论是否"公正"，珀罗普斯家族内部的血腥杀戮如此收场确实重置了秩序。而如果我们相信伊菲革涅亚故事的那个变体，即用一头小鹿替代她在奥利斯被献祭，情况亦是如此。欧里庇得斯在其戏剧《伊菲革涅亚在陶洛人里》中重述了这一情节，说俄瑞斯忒斯和伊菲革涅亚重逢于一个遥远的国度，但他们最终都回到了希腊的家乡。虽然阿伽门农失败的"回家"延续了坦塔罗斯、阿特柔斯和堤厄斯忒斯的可怕经历，但相形之下，历尽磨难的俄瑞斯忒斯却终于跟珀罗普斯昔日荣光的某些方面重新建立了联系。

墨涅拉俄斯和海伦

与阿伽门农相比，墨涅拉俄斯回家后的经历的确可以说是风平浪静。其细节不可避免地

受到海伦故事的截然不同的版本的影响，它们关注的是她是不是"真的"去了特洛伊（见第132—133页）。最为有趣和微妙的叙述出现在《奥德赛》中。墨涅拉俄斯和海伦出现在故事中的原因，是史诗中（第四卷）奥德修斯之子忒勒玛科斯早去了斯巴达，为的是询问他父亲的踪迹。就在忒勒玛科斯到达时，一场双重婚宴正为墨涅拉俄斯与海伦的独女赫耳弥俄涅，以及墨涅拉俄斯与一名女奴的儿子墨伽彭忒斯而联合举办：赫耳弥俄涅是被送去跟阿喀琉斯之子涅俄普托勒摩斯结婚，而墨伽彭忒斯则是跟一位斯巴达贵族之女订婚。这里有着丰富的象征意义上的适当性：墨涅拉俄斯与海伦应该只有一个孩子，就好像他们之间的感情联系无法承受更多的后代一样；而墨伽彭忒斯（"巨大的痛苦"）也应该取这个暗示着墨涅拉俄斯家庭不幸的名字（可与狄俄尼索斯命定的敌人彭透斯的名字相比较，后者意为"痛苦"）。这里也存在着滑稽之处：一个内部有着这样麻烦重重的过往的家庭正在举办一场婚礼。

但从表面上看，墨涅拉俄斯家中已重新变得和谐。忒勒玛科斯受到的款待堪称典范，而海伦就是个完美的女主人，她"看上去就像是手持金质纺纱杆的阿耳忒弥斯"，而不像性感的阿佛洛狄忒。然而，如果我们看得更加仔细，这种表面上的和谐掩盖了潜在的不安。为使忒勒玛科斯感到受人尊敬，墨涅拉俄斯和海伦回忆起了奥德修斯在特洛伊的壮举。尽管这些壮举不可避免地提出了海伦在特洛伊所扮之角色的微妙问题，尤其是在她试图通过模仿他们妻子的声音来欺骗藏身于木马中的希腊人时（见

第138页）。墨涅拉俄斯和海伦这对重聚的夫妻必定会对这些回忆感到不适吧？可并非如此，因为海伦已经仔细做足了准备：

> 她立即把一种药汁滴进他们的酒里，
> 那药汁能解愁消愤，忘却一切苦怨。
> 如果有谁喝了她调和的那种酒酿，
> 会一整天地不顺面颊往下滴泪珠，
> 即使他的父亲和母亲同时亡故，
> 即使他的兄弟或儿子在他面前
> 被铜器杀死，他亲眼目睹那一场面。

所以《奥德赛》中的斯巴达在一个重要的方面既像是喀耳刻的岛屿，又像是食忘忧果者之邦。海伦的饮剂能够完全肃清痛苦的回忆，过去、现在和未来之间的联系也能暂时被忘却。海伦的客人们被暗中下药来忽略这些不幸，而不是去直面它。

与前情形成鲜明对比的是，墨涅拉俄斯和海伦故事的结局竟是某种程度的平静。据说他俩都已变得不朽：海伦肯定是作为女神来接受崇拜的，尤其是在斯巴达及附近地区，而一个变体则说他们二人在被称为极乐净土的地方享受着死后生活（见第212页）。在他们的后代中，也有人走到了一起，就像是为抚平珀罗普斯王朝早期成员们所承受的某些伤痛一般。根据一个变体，这对夫妻的女儿赫耳弥俄涅在她第一任丈夫涅俄普托勒摩斯死后又嫁给了俄瑞斯忒斯，于是家谱上的两大分支又交汇起来了。

（左）阿波罗在俄瑞斯忒斯头上拿着一头小猪。神明正要将这只动物的鲜血用在一场净化仪式上，以涤清俄瑞斯忒斯弑母的臭气（污染）。站在右边的是阿波罗的姐姐阿耳忒弥斯。左边部分可见的是厄里倪厄斯（"复仇三女神"）中的一位，她追赶着俄瑞斯忒斯来到了德尔斐。意大利南部陶瓶，约公元前390—前380年。

这只玻俄提亚陶杯（约公元前420年）提供了发生在特洛伊陷落时的两场相遇的讽刺性图景。最左边是卡珊德拉，她已在一座祭坛边寻得了小埃阿斯（俄伊琉斯之子）的庇护。右边则是注意力分散的海伦和极不英勇的墨涅拉俄斯，他们在分别多年后重聚了。

忒柔斯、普洛克涅
和菲罗墨拉

诸如海伦和墨涅拉俄斯那样的不朽化是我们可以想象的英雄死后权力延续的一种方式。另一种方式则包含着一类不同的变化，其中被变形的人放弃了人的外形，变成了动物、植物、岩石或是星辰。忒柔斯、普洛克涅和菲罗墨拉的传奇是一个典型的例子，这个残忍的故事从头至尾都像与阿特柔斯和堤厄斯忒斯有关的故事那样令人不安。

这次的恶棍是色雷斯王忒柔斯，来自更南

变形记

有些英雄变成了动物、植物和石头：

阿多尼斯	银莲花（从他的血里长出）
阿克泰翁	牡鹿
阿拉克涅	蜘蛛
阿塔兰忒和墨拉尼翁	狮子
达佛涅	月桂
赫卡柏	母狗
雅辛托斯	风信子（从他的血里长出的百合般的花朵）
伊娥	母牛
卡德摩斯和哈耳摩尼亚	蛇
卡利斯托	熊
刻宇克斯和阿尔库俄涅	燕鸥和"神翠鸟"（翠鸟？）
库克诺斯	天鹅
吕卡翁	狼
弥倪阿斯的女儿们	夜出活动的鸟，或蝙蝠
那喀索斯	水仙花
尼俄柏	岩石
普勒阿得斯七姊妹（俄里翁追求的女人们）	鸽子，然后变成了星星
菲罗墨拉	燕子
对抗狄俄尼索斯的海盗们	海豚（见第19页和第82页插图）
普洛克涅	夜莺
忒瑞西阿斯	女人，然后又变回了男人
忒柔斯	戴胜鸟
提托诺斯	蝉
哀悼墨勒阿革洛斯的女人们	珍珠鸡

边的希腊人倾向于将色雷斯这一地区视为蛮荒之地。与这一"野蛮"的出身之地相对应的则是忒柔斯作为不可控的战神阿瑞斯之子的谱系。正是忒柔斯本人在战场上的英勇让他首次与雅典的神话国王之一潘狄翁有了关联。为回报忒柔斯的军事协助，潘狄翁将女儿普洛克涅嫁给了他，随后这对夫妻便有了儿子伊堤斯。但忒柔斯的越界本性也很快以暴力加不忠的方式显露无遗。他贪求着普洛克涅的妹妹菲罗墨拉，在强暴了她以后又将她藏了起来。不仅如此，在后古典时期的文学和艺术传统以一种骇人的迷恋所重述的行为中，他还割断了菲罗墨拉的舌头以让她沉默。

然而，被数个希腊神话传说证明了其力量的家庭关系之一就是姐妹关系。通常而言这是要被婚姻关系取代的，但如果婚姻出了问题，姐妹关系便会全力以赴地重新显露出来。无法

（左）菲罗墨拉的姐夫忒柔斯对她的强暴和虐待——所有希腊神话中最残忍的故事之一——很少被描绘。在这只阿提卡陶杯（约公元前490—前480年）上，普洛克涅和菲罗墨拉正准备杀死忒柔斯与普洛克涅的儿子伊堤斯。菲罗墨拉——因被忒柔斯割断舌头而无法说话——在用生动的手势进行自我表达。

说话的菲罗墨拉找到了一个与普洛克涅联系的方法：她编织了一块挂毯，用图像描述了自己遭受的侵犯。接下来发生的事情则将贞洁—婚姻—生育的正常顺序颠倒了过来：将姐妹情放在夫妻情甚至母子情之上的普洛克涅杀死了自己的孩子伊堤斯，肢解了他的尸体，并让她无耻的丈夫吃下了它。

忒柔斯和普洛克涅的行为，以及菲罗墨拉的遭遇，使他们超越了单纯的人性的弱点，可以归入一个"典型"的类别，尽管当然不是一个具有典型美德的类别。他们的行为与遭遇通过变形为鸟而被无限延长了。忒柔斯变成了一只戴胜鸟，他"咕？咕？"（"在哪里？在哪里？"）的叫声是在永远重复关于他儿子去向的痛苦问题。普洛克涅变成了一只夜莺，不停地为她失去伊堤斯而哀恸。失去舌头的菲罗墨拉则变成了一只燕子，永不停息地飞掠与俯冲，却无法唱出曲调。

（下）肢解伊堤斯的残忍疯狂被鲁本斯这幅《忒柔斯的盛宴》（约1636—1638年）有力地传达了出来。普洛克涅和菲罗墨拉扮成了酒神节的狂欢者，正拿着她们犯罪的证据直面忒柔斯。普洛克涅手持那男孩的头颅，忒柔斯则惊恐地踢倒了桌子——因为他刚刚吃下的饭里就有他儿子被烹煮过的残躯。

安提俄珀和她的儿子们

下一个复杂的故事说明了一个神话家族内部的关系被人与神之间的互动这一更大的问题深刻影响的几种典型方式。位于戏剧中心的是与宙斯有过性关系的无数凡人女性中的一名——安提俄珀。她的情况跟伊娥（见第98页）有部分相似性：她被发现怀孕，导致她父亲倪克透斯（"黑夜"）将她赶出了家门。然而，安提俄珀的流浪并未导致伊娥曾经历过的变形，只是带来了一段暂时的缓冲期：她从家乡忒拜逃到了西库翁，那里的国王厄波剖斯跟她结了婚。但她的忒拜出身却再次显现。在倪克透斯死前——有人说他是出于对他女儿行为的失望而自杀——他命令他的兄弟吕科斯（"狼"）对犯错的安提俄珀实施应有的惩罚。在杀死她的丈夫后，吕科斯将她强行带回了忒拜，并与他同样恶毒的妻子狄耳刻一起将她囚

禁在那里。但对一个配得上宙斯床榻的女人而言，这不可能就是故事的结局。她为宙斯生下了孪生子安菲翁和仄托斯，他们却被吕科斯遗弃在野外。然而，依据一种耳熟能详的神话逻辑，他们被一名牧人发现了，后者还独自养大了他们。他们长大成人后的角色便是去为安提俄珀所受的虐待复仇：在还母亲自由之后，他们还杀死了吕科斯，并将狄耳刻跟一头公牛绑在一起，残忍地杀死了她。

但这个看上去很"完整"的传奇随后还有几处转折。安菲翁和仄托斯将狄耳刻的尸体抛入忒拜的一条河流，而当这条河以她的名字命名时，她便将得到某种意义上的永生。我们

当这对夫妻最终走向死亡时，他们被葬在了同一处墓穴里。

至于安菲翁和仄托斯，他们后来的故事丝毫不比他们母亲的故事轻松愉快。尽管他们拥有建造忒拜城墙的荣耀，却各自遭遇了更大的个人不幸。安菲翁的妻子是尼俄柏，她鲁莽地夸耀自己的生育力远远超过阿波罗和阿耳忒弥斯的母亲勒托。在这对神明姐弟杀死了她所有的子女之后，她便悲伤得迈不开步，以致固化成了一块岩石，这便是她所受到的惩罚。当仄托斯的妻子忒拜（忒拜城因她而得名）在无意间导致他们的儿子死去时，他也悲伤地去世了。因悲伤而死是这个家族的故事中一个不断重现的主题。

（左）阿耳忒弥斯和阿波罗在他们的母亲被尼俄柏的自夸侮辱后为她复仇。有些箭矢已经命中目标，正如尼俄柏两个孩子的身体所反映的那样。由于他对这一神明复仇范例的有力刻画，这只阿提卡陶瓶（约公元前450年）的无名画匠被称为尼俄比德（尼俄柏的孩子们的统称）画匠。

（右）这尊动人的大理石雕像描绘了尼俄柏的一个将死的孩子，她的后背中了箭。这尊雕像是在罗马被发现的，原本可能是一座古典希腊神庙三角楣饰的一部分，尽管我们并不知道是哪座神庙。

可能以为安提俄珀已经赢得了足以匹配其无辜的更为荣耀的纪念，可希腊的神话传说却鲜少接受纯粹的美德。在安提俄珀的例子中，让天空布满阴云的便是与杀死狄耳刻相关的一种情形：当安菲翁和仄托斯将她跟公牛绑在一起之前，她即将对安提俄珀做同样的事情，作为对狄俄尼索斯的狂女式崇拜。没有哪位神明能容忍对其崇拜的干扰，哪怕是安提俄珀的"无辜"之细节也无法比狄俄尼索斯的忿忿不平更重要。因此可怜的安提俄珀又遭到了酒神的迫害，后者让她在疯狂中流浪——她的故事再一次与伊娥相呼应——直到另一名凡人（来自福喀斯的福科斯）娶她做了妻子。据鲍萨尼阿斯所说，

达那俄斯及其亲属

跟希腊神话图景中的其他地区一样，阿尔戈斯这个城邦也不曾幸免于家族毁灭。如果我们来看看被宙斯追求过的阿尔戈斯公主——伊娥的后代们的行为与遭遇，这一点就变得很清晰了。伊娥与其神明爱人的孩子厄帕福斯（见第98页）生于埃及，伊娥的流浪就在那里结束了。他所开创的谱系说明，在神话故事的世界中，希腊并非完全隔绝于周边民族，而是在谱系上与他们相互交融。厄帕福斯与尼罗河神的一个女儿的婚姻确立了希腊与埃及的决定性关联。他们的后代中有利比亚（非洲北部一个地区的名祖）以及她与波塞冬的孪生子——成为腓尼基统治者的阿革诺耳，和一直待在埃及的柏罗斯。

正是柏罗斯的儿子们将伊娥后人的关注点再次转回了希腊的家乡，也正是他们将展现家族毁灭的主题。柏罗斯的儿子们是达那俄斯和埃古普托斯。像神话中的许多其他王室兄弟一样，他们也为权力起了争执——在这个例子中，是为埃及的统治权。他们各自主张之间的精确的平衡通过其家人的对称性展现了出来：埃古普托斯有五十个儿子，达那俄斯则有五十个女儿。然而这一对称性却不像它表面上展现的那么精确，因为根据希腊人的认知，男性在任何权力斗争中都远远胜过女性。因此，达那俄斯和他的女儿们从埃及逃往达那俄斯祖先的家乡阿尔戈斯。达那俄斯在那里接管了当时的统治者的权力，一场预兆般的意外使人们认可了这一举动，即一匹野狼（代表着"占优势的外来者"）杀死了一头公牛（代表着"定居者们的领袖"）。从那以后，达那俄斯的权威变得如此之大，以至于他的名字不仅被用在了阿尔戈斯人身上，还被更广泛地用在了说希腊语的人身上："达那安人"是被荷马史诗用来指代全体希腊人的称呼之一[①]。

埃古普托斯不能容忍让达那俄斯继续掌权，即便是在遥远的希腊。他的五十个儿子追求着他们的五十个堂姐妹，下定决心要与对此毫无意向的姑娘们集体结婚。用希腊神话所钟爱的"极端"语言来说，结果便是集体反抗的惊人举动：在她们父亲的要求下，达那俄斯的女儿们在新婚之夜杀死了她们的丈夫。唯一的例外只有许珀耳涅斯特拉，她为感谢她丈夫林扣斯对她表现出的尊重而放过了他。随后是另一场思维实验：许珀耳涅斯特拉究竟是该违背她父亲，

---

① 另有诸如"阿尔戈斯人""亚该亚人"等称呼。

伊娥的后代们

根据不同的说法，伊娥是伊那科斯（阿尔戈斯的一条河流）的女儿，或阿索波斯（当地的另一条河流）之子伊阿索斯的女儿，或派伦（阿耳戈斯的一个儿子）的女儿。每一个变体都体现了伊娥在当地社区的"根基"。

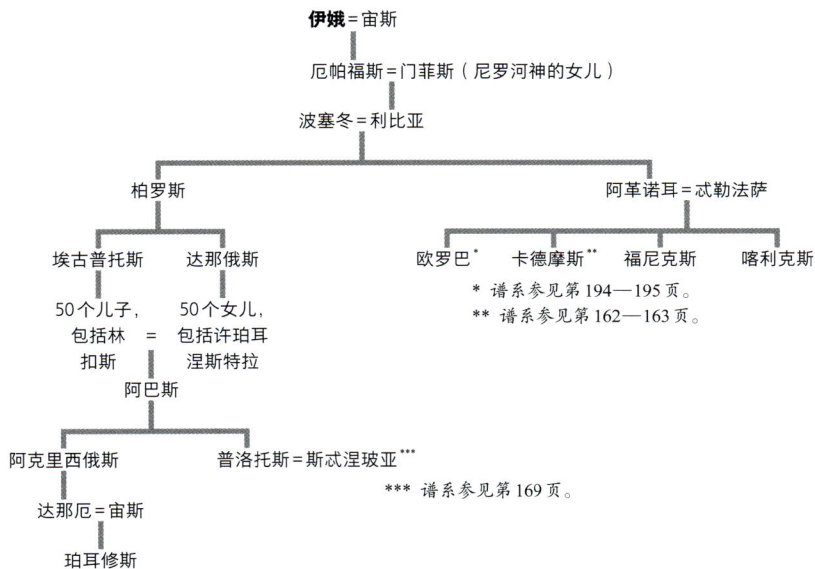

伊娥＝宙斯

厄帕福斯＝门菲斯（尼罗河神的女儿）

波塞冬＝利比亚

柏罗斯

埃古普托斯　达那俄斯

50个儿子，包括林扣斯 ＝ 50个女儿，包括许珀耳涅斯特拉

阿巴斯

阿克里西俄斯　普洛托斯＝斯忒涅玻亚[***]

达那厄＝宙斯

珀耳修斯

阿革诺耳＝忒勒法萨

欧罗巴[*]　卡德摩斯[**]　福尼克斯　喀利克斯

* 谱系参见第194—195页。
** 谱系参见第162—163页。
*** 谱系参见第169页。

约翰·威廉·沃特豪斯的《达那伊得斯姐妹》，1904年。达那伊得斯姐妹因谋杀她们的丈夫而受到的永恒惩罚是将水倒进一个漏水的容器里，徒劳地试图灌满它。她们尽管很劳累，却在这幅画里成功保持了一种憔悴的美。

还是该杀死她丈夫呢？这一困境似乎已被埃斯库罗斯一部三联剧的第三部探索过，其中（基于对这最后一部戏剧的残篇的一种可能的重建）女神阿佛洛狄忒似乎支持许珀耳涅斯特拉的行为，因为已婚夫妻间如果没有性的结合，那么也就没有了家庭，因此人类也就没有了未来。无论如何，林扣斯和许珀耳涅斯特拉都是未来：他们闪光的家族将包括珀耳修斯与赫拉克勒斯。

剩下的达那伊得斯姐妹（达那俄斯女儿们的总称）又怎样了呢？其中阿密摩涅被波塞冬强暴了。至于其他人，对她们谋杀行为的申辩已完全被她们死后的命运阻挡住了。作为她们在冥界的惩罚，她们被迫永无休止地往一只漏水的水罐里灌水。考虑到从当地的山泉中取水，连同纺织和烹饪，都是人们认为希腊人的妻子应做的典型事务之一，达那伊得斯姐妹所受惩罚的象征意义便暗示了对妻子地位的最终拒绝——一个人谋杀自己的丈夫——必须被一种永不止息却徒劳无功的努力纠正，以弥补这个人的过错。

普洛托斯、斯特拉玻亚和柏勒洛丰

下一个关于严重家族动荡的例子包含着几个熟悉的主题：一场兄弟之间的争执，在这里是孪生子之间；由一个怀恨在心的女人所发起的未遂诬告（让人联想到淮德拉和希波吕托斯的故事）；年轻的英雄被派去执行一次可能会送命的屠怪任务。令这个故事显得特别的是一种有魔力的生物的加入：飞马珀伽索斯。

林扣斯和许珀耳涅斯特拉有一对孪生的孙子阿克里西俄斯和普洛托斯。在一场不可避免的争吵后——据说他们就是盾牌的发明者——他们达成了一项协议，即阿克里西俄斯将保留在阿尔戈斯的权力，而普洛托斯则得到了附近的梯林斯。阿克里西俄斯的不幸是从他女儿达那厄吸引了宙斯的目光（见第98页）那一刻被决定的。普洛托斯的家庭也是麻烦的焦点：他的女儿们冒犯了一位神明（狄俄尼索斯或是赫拉）并因此受到了变疯的惩罚，但至少这一结果还没有卡德摩斯女儿们的例子（见第61页）来得恐怖，因为这些姑娘们最终都恢复了理智（尽管普洛托斯最大的女儿还是死去了）。

如果说普洛托斯女儿们惹出的麻烦具有直接的宗教性质，那么由他妻子斯忒涅玻亚所引发的却是从一种过于人性的情感状态中生发出来的，那就是单方面的爱。她的情感对象是年

轻的英雄柏勒洛丰。他在位于科林斯的自己的社区中无意间犯下了杀人罪，之后被梯林斯城接纳，斯忒涅玻亚正是在那里对他产生了感情。在一个可与圣经中波提乏之妻的故事相比的故事类型中，斯忒涅玻亚对柏勒洛丰拒绝她的接近做出了欺骗性的反应，她对普洛托斯宣称柏勒洛丰曾试图引诱自己。普洛托斯便用欺骗回应了（被指控的）欺骗，因为他将柏勒洛丰派去了吕喀亚，让他带着一封书信去斯忒涅玻亚父亲伊俄巴忒斯的宫廷，并在信中敦促伊俄巴忒斯害死柏勒洛丰。伊俄巴忒斯的手段则与珀利阿斯对伊阿宋、欧律斯透斯对赫拉克勒斯所使用过的类似：他派这位不受欢迎的英雄去进行一场明显毫无希望的探险。

柏勒洛丰和喀迈拉

柏勒洛丰的对手是可与伊阿宋抑或赫拉克勒斯所面对的任何怪物相提并论的喀迈拉：它经常被想象成前部是狮子、后部是蛇、中间是喷火的山羊的杂交怪物，其父母则是怪物夫妻

可怕的杂交怪物喀迈拉在埃特鲁里亚艺术中是个很受欢迎的主题。这尊可追溯至公元前5世纪晚期的青铜雕像是个很好的例子。这只山羊脖子上部的伤口可能是由柏勒洛丰造成的。

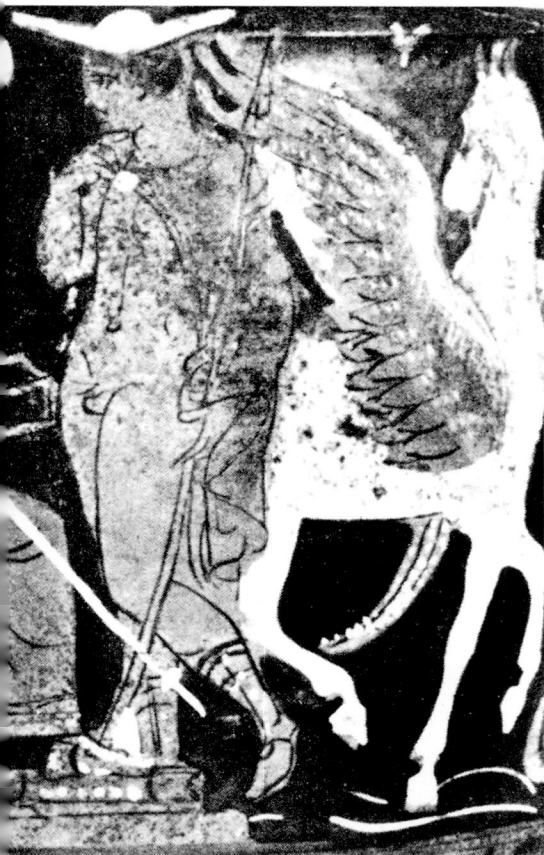

（左）吕喀亚王伊俄巴忒斯正在阅读普洛托斯那封由柏勒洛丰代传的背信弃义的书信。但多亏了有翼的神马珀伽索斯，柏勒洛丰才从针对他的谋杀计划中活了下来。意大利南部陶瓶，公元前4世纪中期。

堤丰和厄喀德那。但柏勒洛丰却拥有一个秘密武器——飞马珀伽索斯，后者使他成功完成了伊俄巴忒斯交给他的所有任务。的确，在意识到英雄的强大以后，伊俄巴忒斯就忽略了普洛托斯信中的致命条款，并将他的女儿嫁给了柏勒洛丰。

随着斯忒涅玻亚之死——或者是因听说爱人结婚而悲伤自尽，或者是为柏勒洛丰所杀——似乎所有的错误都得到了纠正。但希腊的神话传说几乎从不是道德上的老生常谈。神马珀伽索斯是神的礼物。这只动物的超凡能力诱使柏勒洛丰相信他也能够自命不凡——他想要飞往奥林匹斯山。（在阿里斯托芬的喜剧《和平》中，滑稽英雄特律该俄斯就骑在他忠心耿耿的屎壳郎身上，做了类似的尝试。）不可避免地，宙斯坚决拒绝了柏勒洛丰，这名英雄只能作为一个被驱逐者在世上流浪。在希腊神话中，威胁到人与神之间界限的人从未获准免受惩罚。

（右）珀伽索斯会飞的能力帮助柏勒洛丰杀死了可怕的喀迈拉。这匹马的前腿停在一条蛇身上，后者的形态与怪物身后的蛇是互相呼应的。来自米洛斯的赤陶浮雕，约公元前470—前460年。

拉伊俄斯家族

在神话讲述者将之与极端恐怖的事件联系在一起的家族中，只有一个家族能与珀罗普斯家族相提并论，那便是忒拜的王室家族。拉伊俄斯是城邦的建立者卡德摩斯的曾孙，而一连串糟糕的越界事件正是从他开始的。在珀罗普斯家中，拉伊俄斯爱上了珀罗普斯英俊的私生子，并将这个叫作克律西波斯（"金马"）的男孩诱拐到了忒拜。

这是希腊人所表现的第一起诱拐娈童的行为，而且在神话中它的灾难性后果也表明，尽管古典希腊文化对娈童恋是宽容的，但这种实践很容易陷入强烈的社会谴责之中。克律西波斯因羞愤而结束了自己的生命，其结果便是他愤怒的父亲诅咒了拉伊俄斯。这一诅咒的结果将跟密耳提罗斯对珀罗普斯家族的诅咒的结果一样悲惨。

龙牙武士——"播种出来的"

克托尼俄斯　许珀瑞诺耳　乌代俄斯　珀
（或波塞冬）

倪克透斯　　　　　吕科斯＝狄耳刻

倪克忒伊斯　　宙斯（1）＝安提俄珀＝（2）厄波剖斯
　　　　　　　　　　　　　＝（3）福科斯

尼俄柏＝安菲翁　　　　　　　　仄托斯

尼俄柏的子女们

问询神谕

对神谕的问询是希腊神话传说的一个核心特征，同时也是希腊人生活中一种活跃的现实活动。关于这类询问现实生活的神谕的最佳证

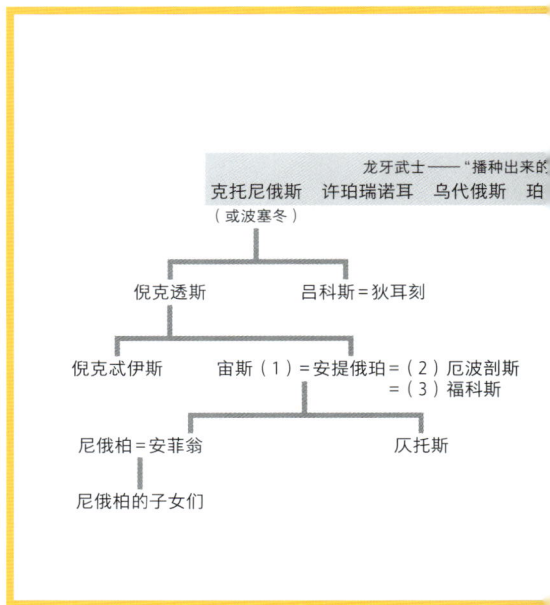

忒拜王室的谱系

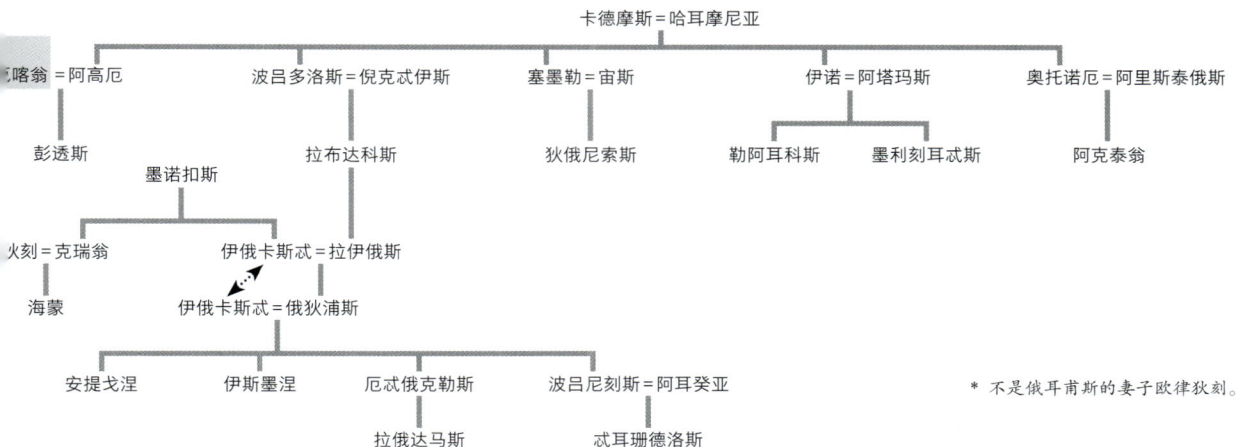

卡德摩斯 = 哈耳摩尼亚

喀翁 = 阿高厄　　　波吕多洛斯 = 倪克忒伊斯　　　塞墨勒 = 宙斯　　　伊诺 = 阿塔玛斯　　　奥托诺厄 = 阿里斯泰俄斯

彭透斯　　　　　　　拉布达科斯　　　狄俄尼索斯　　　勒阿耳科斯　　墨利刻耳忒斯　　　阿克泰翁

墨诺扣斯

火刻 = 克瑞翁　　伊俄卡斯忒 = 拉伊俄斯

海蒙　　　　　伊俄卡斯忒 = 俄狄浦斯

安提戈涅　　　伊斯墨涅　　　厄忒俄克勒斯　　　波吕尼刻斯 = 阿耳癸亚

拉俄达马斯　　　　忒耳珊德洛斯

*不是俄耳甫斯的妻子欧律狄刻。

据来自多多那的宙斯神庙（见第100页）。那些问题反映了不同类型的焦虑与不确定，无论是关于个人（"我能跟现在娶的妻子生出孩子吗？"）还是集体（"影响我们的坏天气源自宗教上的玷污吗？"）。

然而在希腊人的想象中，只有德尔斐的神谕才占据着最主要的地位。它在神话中的高知名度与其在现实生活中的重要性非常相似。但

通过皮提亚神谕，希腊人也许能在德尔斐的阿波罗神庙中得知神的心意。但正如俄狄浦斯的故事所展现的那样，考虑到人类理解力的脆弱，神的回答永远都有被误解的可能。

两名牧人救活了婴儿时期的俄狄浦斯：一名效忠于国王拉伊俄斯的武拜牧人，和一名从其武拜同伴手中接过那婴儿，随后又将他带给其主人，科林斯王波吕玻斯的科林斯牧人。在这只陶瓶的另一边（这里并未显示），一个有胡子的人，很可能就是波吕玻斯，正等着接过那婴儿。陶瓶上的铭文通过一种有力的讽刺将牧人命名为"欧福耳玻斯"，即"良好的养育"，而俄狄浦斯被养大的最终灾难性后果却暗示着他的养育一点也不"良好"。阿提卡陶瓶，约公元前450年。

（下）俄狄浦斯和他父亲拉伊俄斯——他们互不知晓对方的真实身份——注定要在靠近武拜城的一个十字路口相遇，以实现那则神谕的预言。这张照片拍摄于这一十字路口附近。

在神话传说中，德尔斐的神谕发出了一种特殊的声音，它夸大了其在现实生活的回应中某一更为受限的方面。这种声音具有典型的模糊性，而这一特质则与神话中预言之事最终无情地朝着一个灾难性的方向发展密不可分。

俄狄浦斯

拉伊俄斯和他儿子的传奇已被数则德尔斐神谕清晰地表述，它们的共同影响营造出了一种在超出凡人理解范围的外力面前人类的渴望

的压倒性脆弱感。第一则神谕是给拉伊俄斯和他妻子伊俄卡斯忒的，他们之所以去问询阿波罗的女祭司是因为不育并感到焦虑——毫不夸张地说，这一焦虑在被送到多多那神庙的问题中重复了数百遍（见第100页）。神的回复十分残酷：一个孩子也别生；如果生了，孩子将杀死他的父亲。拉伊俄斯以往的经历并未预示他能在性事上践行克制，某天他喝了太多酒并跟伊俄卡斯忒同房，之后孩子降生了。这对夫妻将那婴儿的脚踝钉在一起，然后将他交给一个牧人，丢弃在了喀泰戎山上，以避免神谕的实现。但牧人——讽刺性地出于怜悯——却救下了那婴儿（"俄狄浦斯"，意即"肿胀的脚"），并将他交给了一名牧人同伴。碰巧这第二名牧人正好看管着科林斯的王室牧群，因此这个婴儿就幸运地被迄今无子的科林斯王波吕玻斯和王后墨洛珀当作亲生孩子给养大了。

当俄狄浦斯长大成人后，有一天，有人在不经意间羞辱他并非他名义上的父母的亲生孩子。这回便轮到焦虑的俄狄浦斯去德尔斐寻求建议了。那个回答比给拉伊俄斯和伊俄卡斯忒的更加令人厌恶，因为它预言俄狄浦斯不仅将杀死他的父亲，还将跟他母亲同床。就俄狄浦斯目前所知，他的父母还是波吕玻斯和墨洛珀，于是他决定不惜一切代价不再返回科林斯。

俄狄浦斯发现真相

当索福克勒斯的《俄狄浦斯王》发展到恐怖的结局时，俄狄浦斯对忒拜牧人的审问揭示了后者很久以前在喀泰戎山上救活的婴儿的身份。同时在台上的还有那名科林斯牧人，其忒拜同伴正是将那个命定的婴儿交给了他。拼图很快就要完整了。

俄狄浦斯：哪里来的？是你自己的，还是从别人那里得来的？

牧　　人：这孩子不是我自己的，是别人给我的。

俄狄浦斯：哪个公民，哪家给你的？

牧　　人：看在天神面上，不要，主人啊，不要再问了！

俄狄浦斯：如果我再追问，你就活不成了。

牧　　人：他是拉伊俄斯家里的孩子。

俄狄浦斯：是个奴隶，还是个亲属？

牧　　人：哎呀，我要讲那怕人的事了！

俄狄浦斯：我要听那怕人的事！也只好听下去。

牧　　人：人家说是他的儿子，但是里面的娘娘，主上家的，最能告诉你是怎么回事。

俄狄浦斯：是她交给你的吗？

牧　　人：是，主上。

俄狄浦斯：是什么用意呢？

牧　　人：叫我把他弄死。

俄狄浦斯：作母亲的这样狠心吗？

牧　　人：因为她害怕那不吉利的神示。

俄狄浦斯：什么神示？

牧　　人：人家说他会杀他父亲。

俄狄浦斯：你为什么又把他送给了这老人呢？

牧　　人：主上啊，我可怜他，我心想他会把他带到别的地方——他的家里去；哪知他救了他，反而闯了大祸。如果你就是他所说的人，我说，你生来是个受苦的人啊！

俄狄浦斯：哎呀！哎呀！一切都应验了！天光啊，我现在向你看最后一眼！我成了不应当生我的父母的儿子，娶了不应当娶的母亲，杀了不应当杀的父亲。

歌　　队：凡人的子孙啊，我把你们的生命当作一场空！谁的幸福不是表面现象，一会儿就消灭了？不幸的俄狄浦斯，你的命运，你的命运警告我不要说凡人是幸福的。①

---

① 罗念生译：《索福克勒斯悲剧集：俄狄浦斯王》，上海：上海人民出版社，2020年，第61—64页。

接下来可能便是所有希腊神话中最著名的一个故事了。从德尔斐出发，俄狄浦斯在路上遇到了一个老人和他的扈从，而且并不知道他就是自己真正的父亲拉伊俄斯。因为老人不肯让路，所以愤怒的俄狄浦斯就杀死了他，以及他所有的仆人，只除了一个以外。随后，俄狄浦斯听说了一场降临到附近忒拜城的灾难：可怕的斯芬克斯——半是女人，半是有翼的狮子——正在祸害当地居民，用的还是令她跟一些更加残酷逼人的希腊怪物们有所区别的方式。她向每个过路人发起了一场终极的智力竞赛：解开一道谜题，否则就被她吞食。她问的是：哪种生物先用四条腿走路，然后是两条，然后又是三条？希腊英雄中最有头脑的俄狄浦斯解开了这个谜题。答案是：人，他在婴儿时期爬行，长大后直立行走，老了就拄着一根拐杖。由于回答正确，俄狄浦斯终结了斯芬克斯（她是自杀而亡的）的影响力。他获得的回报则

是跟新寡的王后伊俄卡斯忒结了婚。

这段婚姻硕果累累，因为伊俄卡斯忒生了两个儿子，厄忒俄克勒斯和波吕涅克斯，以及两个女儿，安提戈涅和伊斯墨涅。但忒拜的繁荣最终被一场新的疫病毁坏了，这次疫病使得人、动物和农作物的繁殖力全都萎败了。在希腊神话传说的逻辑中，这类事情从不会无缘无故地发生。像往常一样，去问询神谕明显是一种应急办法。神谕的回答是：找到杀死拉伊俄斯的凶手，他是玷污的根源。作为城邦的首领，俄狄浦斯鲁莽地揭开了真相。索福克勒斯的悲剧《俄狄浦斯王》（*Oedipus Tyrannos*，通常以其拉丁语名 *Oedipus Rex* 而闻名）中有对这一最为深刻的侦探故事的叙述。在这部剧中，俄狄浦斯因发现自己既是杀害父亲的凶手，又是跟母亲生下孩子的人，就弄瞎了自己。他不愿自杀，因为那将使他在冥界即刻直面他的父母——伊俄卡斯忒已经因为深深的羞愤而自杀了。值得

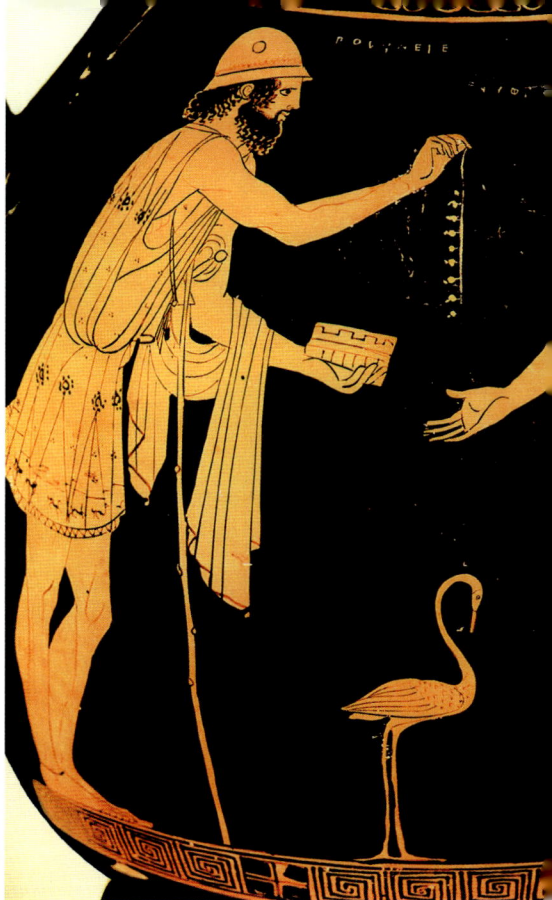

（右）"致命礼物"的主题：波吕涅克斯用一条项链贿赂了厄里费勒，以引诱她劝说她的丈夫安菲阿剌俄斯参加七雄攻忒拜的远征。阿提卡陶瓶，公元前5世纪中期。

一提的是，索福克勒斯的悲剧所给出的"信息"并非"命运主宰一切"的无聊命题，而是某些更为复杂的东西："诸神的行为方式是不可理解的，人类只能拼尽全力去理解、去应对。但就算是其中最优秀之人物，诸如俄狄浦斯，也是脆弱的，会犯错的。"俄狄浦斯并没有以赫拉克勒斯或伊阿宋的方式展现出他的英雄主义，而是通过不懈的努力去发现真相。

从忒拜到喀泰戎山，从喀泰戎山到科林斯，从科林斯到德尔斐，再从德尔斐回到忒拜，俄狄浦斯现在展开了他的最后一次旅行：到雅典去。雅典人酷爱听说和讲述他们自己对待被放逐之人的好客传说，神话中提供庇护的最主要范例便是忒修斯。他曾保护过被玷污的赫拉克勒斯，现在他又接纳了被社会遗弃的俄狄浦斯。俄狄浦斯刺瞎了自己的双眼，这将恒久地表明他不同寻常的越界行为。但最终，俄狄浦斯将在雅典的土壤中得到安息。他的逝世是一场离奇的死亡（被记录在索福克勒斯的戏剧《俄狄浦斯在科罗诺斯》中），他的墓地成了留给雅典人的一份有益的遗产。

厄忒俄克勒斯和波吕涅克斯

然而，俄狄浦斯留给他自己的后代，以及留给整座忒拜城的遗产却是灾难性的。他在死前不久还诅咒了他的儿子厄忒俄克勒斯和波吕

涅克斯，他俩正试图为了自私的目的去运用由控制他们父亲的坟墓而带来的权力。不和的兄弟间的仇恨很快爆发为直接的战争。希腊神话之叙事多样性的典型特征表现在神话讲述者为兄弟二人哪个更年长，以及他们做出了哪种权力共享的安排而产生分歧，但全部叙述所共通的一点便是波吕涅克斯（"许多争执"）在忒拜城外组建了一支军队以从厄忒俄克勒斯手中夺取政权，尽管根据后面发生的事件来看，后者的名字（"真正的荣耀"）听上去真是空洞极了。

波吕涅克斯是从阿尔戈斯城求得援助的，那里的统治者阿德剌斯托斯不仅为他提供了军事支持，更将自己的女儿嫁给了他。包括波吕涅克斯和阿德剌斯托斯在内的七名英雄，领导着军队开往忒拜，每一名英雄攻打忒拜城的七座城门之一。正如我们此前所见，一场军事行动的开始——在希腊人真正的实践中以及故事中——总是会不可避免地引发旨在预见以及（如果可能的话）影响未来的宗教仪式。

在现下这个例子中，预言家安菲阿剌俄斯预知了自己以及除阿德剌斯托斯以外所有英雄

七雄攻忒拜，以及他们的忒拜对手

埃斯库罗斯的戏剧《七雄攻忒拜》记录了以下这些名字，其中每一对战士都曾在神话传说中忒拜的七座城门前战斗。在这一故事的其他版本中，战士们的名字多少有些不同，只有七这一数字是不可更改的。

进攻者	防守者
安菲阿剌俄斯	拉斯忒涅斯
厄忒俄克罗斯	墨伽柔斯
希波墨冬	许珀耳比俄斯
卡帕纽斯	波吕丰忒斯
帕耳忒诺派俄斯	阿克托耳
波吕涅克斯	厄忒俄克勒斯
堤丢斯	墨拉尼波斯

们的死亡。他对参战犹豫不决，但被他的妻子厄里费勒（阿德刺斯托斯的姐妹）劝服了，后者在这个故事中的角色与诸如潘多拉、美狄亚、克吕泰涅斯特拉和得伊阿尼拉之类女性身上的欺骗性遥相呼应。波吕涅克斯用哈耳摩尼亚的项链贿赂了她。这件忒拜王室的珍宝由赫淮斯托斯打造，卡德摩斯的新娘哈耳摩尼亚从她丈夫手中接过了这份对未来有重大影响的结婚礼物。易受劝导影响的厄里费勒本人，又哄骗她丈夫安菲阿剌俄斯放弃了他自己更好的判断，使他成为了七雄之一。

忒拜的陷落

忒拜陷落的故事以较弱的形式包含有特洛伊传奇中的某些主题。其中之一是关于必要条件的主题，但这次是拯救一个城邦而非让它陷落的条件。自然，需要有一位预言家来意识到这一条件。忒拜伟大的预言者是忒瑞西阿斯，他揭示出，这个城邦若要生存下去，首先必须把墨诺扣斯献祭给战神阿瑞斯，以平息后者的愤怒，而墨诺扣斯正是伊俄卡斯忒的哥哥克瑞翁的儿子。（阿瑞斯仍在为卡德摩斯在忒拜城建立时杀死了他的圣龙而难过。）墨诺扣斯无私地自杀了，为击退侵略军铺平了道路。

双方都展现出了英勇的壮举。逼近和超越极限是英雄的本性，作为七雄之一的堤丢斯曾野蛮到吞下其对手的脑子，惊恐万分的雅典娜立即撤回了她本来准备赐予堤丢斯的永生之礼。七雄中唯一达到某种永生状态的是犹豫不决的预言家安菲阿刺俄斯，多亏了宙斯的介入，他连同战车等被大地吞噬，并在死后成为一名擅长治疗的英雄。

安提戈涅

与围攻特洛伊不同的是，围攻忒拜基本属于一场内战。其高潮部分是忒拜的两兄弟厄忒俄克勒斯和波吕涅克斯决斗而死，以及他们的自相残杀终结了点燃这场战事的仇恨。然而，正如《奥德赛》的结尾所生动展示的那样，过

（上）堤丢斯是埃特鲁斯坎艺术家们所钟爱的一个主题。这块宝石（约公元前450—前400年）就是一个例证，它生动地描绘了这位勇士身上恣肆的侵略性。

（右）死亡并非安菲阿刺俄斯的终点。在一块来自奥罗波斯（位于正对着欧玻亚岛的阿提卡海岸）的他的神庙里的公元前4世纪的大理石浮雕中，他被描绘为"医者英雄"。他护理了阿尔基诺斯的肩膀，后者便献上这块浮雕以感谢他的治疗。在右边，睡着的阿尔基诺斯则梦见一条圣蛇正在舔舐他受伤的肩膀。

一块埃特鲁里亚的浅浮雕展现了厄忒俄克勒斯与波吕涅克斯之间的战斗。公元前2世纪。

1999年，塔拉·菲茨杰拉德在伦敦的老维克剧院饰演索福克勒斯伟大悲剧作品《安提戈涅》中的同名角色。

名垂千古，这部作品将对后世的欧洲戏剧施以巨大的影响。在索福克勒斯对神话传说的讲述中，安提戈涅先是被克瑞翁关到了坟墓里，随后又上吊而亡；她的未婚夫，克瑞翁之子海蒙也因悲伤而捅死了自己，在此之前他还充满仇恨地朝他父亲脸上吐了口水。尽管在预言家忒瑞西阿斯的建议下，克瑞翁撤回了他禁止埋葬波吕涅克斯的法令，但一切都已经太晚了：他的妻子欧律狄刻（并非俄耳甫斯之妻）也自杀了，这个家庭已经瓦解。

阿尔克迈翁

希腊的神话传说反复强调行动必有后果，而克瑞翁行动的后果必然会有更加深远的反响。由于克瑞翁下令禁止埋葬波吕涅克斯以及所有倒下的阿尔戈斯人，作为唯一幸存者的阿德剌斯托斯便去他能寻求到帮助的地方求助去了——雅典在忒修斯的统治下，扮演着惯常的救助不幸之人的善良角色。雅典人的介入带来了忒拜人的失败，而阿尔戈斯的亡者们却及时得到了安葬。此外，阿尔戈斯被杀者的亲人——尤其是他们的儿子（厄庇戈诺伊，"后生之人"）——决定为他们的父亲复仇。其首领便是安菲阿剌俄斯与厄里费勒之不和谐婚姻的后代，阿尔克迈翁。

安菲阿剌俄斯和阿尔克迈翁在开始他们各自的远征之时存在一种明确的相似性。他们都是由厄里费勒劝服的，她本人则先被波吕涅克斯用哈耳摩尼亚的项链这份礼物收买，如今又被波吕涅克斯之子用另一件致命的传家宝——哈耳摩尼亚的礼服收买。这两次远征之间的主要区别就是它们的结果，因为厄庇戈诺伊攻下了忒拜，并将它的城墙夷为了平地。这里没有城邦陷落或被拯救的"必要条件"，尽管值得注意的是忒拜的陷落最终跟预言家忒瑞西阿斯之死是同时发生的，后者本身就象征着这个城邦几个世代以来的命运。

现在阿尔克迈翁又从英雄历险的行动回到了有关他家庭的事件中。他的家庭情况与俄瑞斯忒斯相似，因为在德尔斐神谕的驱使下，他杀死了他母亲以惩罚她的不忠。尽管这一举动很是惊悚，但它却没有侵犯诸神的荣耀，因此

去的悲伤将在死者存活下来的亲人身上延续下去。在这个例子中，下一步行动的促成者是拉伊俄斯家族中幸存的两名成员：俄狄浦斯的女儿安提戈涅，以及伊俄卡斯忒的哥哥、忒拜的代理统治者克瑞翁。

对克瑞翁而言，波利斯（polis，即城邦）的福祉必须被置于其他任何事物之上，甚至是——如果二者发生冲突的话——奥伊科斯（oikos，即家庭）的需求之上。因此在克瑞翁眼中，波吕涅克斯对自己城邦的进攻就代表着终极的叛国行为，而克瑞翁也用一场终极制裁来惩罚他：拒绝埋葬叛徒。相反，作为城邦保护者的厄忒俄克勒斯则在死时获得了全部的荣耀。但安提戈涅却是波吕涅克斯和厄忒俄克勒斯共同的姐妹，她无法接受这种对其兄弟们的区别对待。她的选择是将亲情置于其他一切之上。为反抗克瑞翁的法令，她将泥土撒在了波吕涅克斯暴露在外的尸体上，作为象征性的葬礼。这一关于优先事项的典型的、不可调和的冲突通过索福克勒斯的悲剧《安提戈涅》得以

阿尔克迈翁的谱系

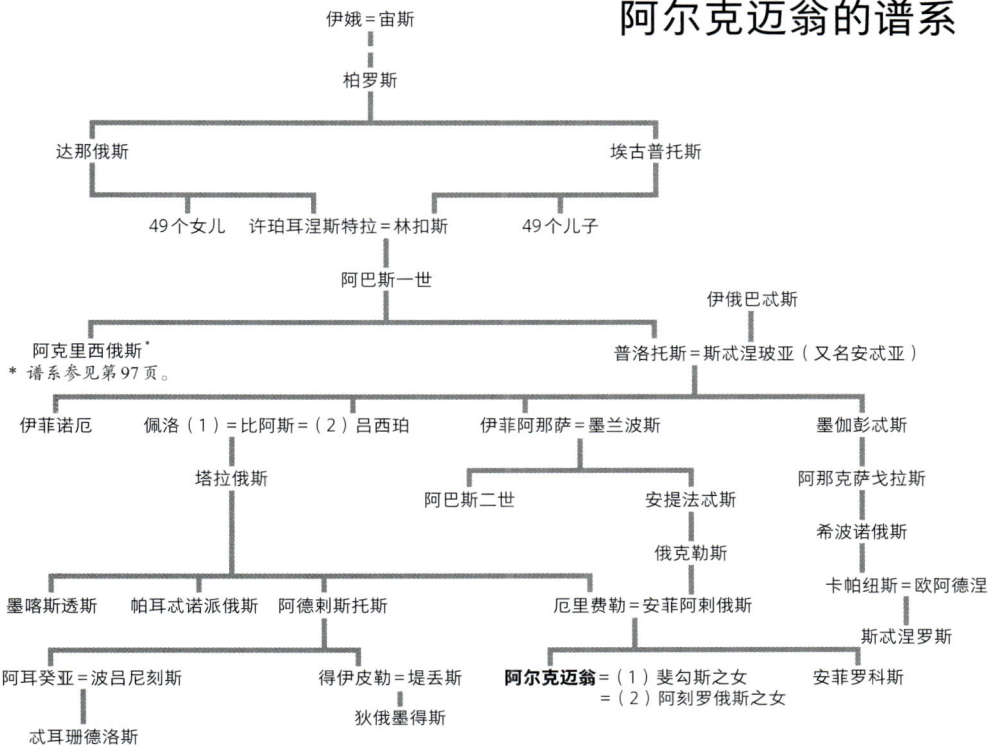

伊娥＝宙斯
│
柏罗斯
├──────────────────────────────┐
达那俄斯   埃古普托斯
├──────────────┬──────────────────┤
49个女儿   许珀耳涅斯特拉＝林扣斯   49个儿子
│
阿巴斯一世
├────────────────────────┐
│   伊俄巴忒斯
阿克里西俄斯*   普洛托斯＝斯忒涅玻亚（又名安忒亚）
*谱系参见第97页。
├────────┬────────────────┬────────────────┐
伊菲诺厄 佩洛（1）＝比阿斯＝（2）吕西珀 伊菲阿那萨＝墨兰波斯   墨伽彭忒斯
│   │   │
塔拉俄斯   阿巴斯二世   安提法忒斯   阿那克萨戈拉斯
│   │   │
│   俄克勒斯   希波诺俄斯
├────────┬────────┐   │   │
墨喀斯透斯 帕耳忒诺派俄斯 阿德剌斯托斯 厄里费勒＝安菲阿剌俄斯 卡帕纽斯＝欧阿德涅
│   │   │
阿耳癸亚＝波吕尼刻斯 得伊皮勒＝堤丢斯   **阿尔克迈翁**＝（1）斐勾斯之女   斯忒涅罗斯
│   │   ＝（2）阿刻罗俄斯之女   │
忒耳珊德洛斯   狄俄墨得斯   安菲罗科斯

也没有（与诸如坦塔罗斯或阿克泰翁的越界行为不同）招致神明的自发惩戒。它只是又像在俄瑞斯忒斯的例子中那样，引来了厄里倪厄斯。她们虽令人厌恶，却是社会上不可缺少的为弑亲行为复仇的女神。她们所降下的疯狂导致阿尔克迈翁从一个地方流浪到另一个地方，而在希腊的神活传说中，一如在由少女变为母牛的伊娥的例子中，无休止的移动常常是对心理困扰的一种隐喻。

对阿尔克迈翁而言，唯一能缓和这一情形的方法便是去找一位能给他庇护并为他举办必要的净化仪式的接纳者。然而，阿尔克迈翁在厄里费勒死时继承的哈耳摩尼亚的项链和礼服却使情况变得复杂了。在普索菲斯地区（位于阿卡狄亚北部），阿尔克迈翁从斐勾斯那里得到了净化，他随后还跟后者的女儿结了婚，并将那致命的项链和礼服作为聘礼送给了她。而当那里变成一块贫瘠之地时，阿尔克迈翁弑母的污秽尚未被完全被除这一点就显得很清楚了。于是他又得继续去流浪。

第二个更强大的净化者——河神阿刻罗俄斯接纳了他，他永恒流动的河水能将最深的污秽洗刷干净。阿尔克迈翁又一次跟净化者的女儿结了婚。不幸的是，她也想要那项链和礼服——可它们却还在被阿尔克迈翁留在普索菲斯的妻子手中。阿尔克迈翁依靠欺骗得到了那些致命的传家宝之后，他就被斐勾斯的儿子们杀死了，后者是要为他们受辱的姐妹复仇。在鲍萨尼阿斯所生活的公元2世纪，来到普索菲斯的观光者还能看到那座据说是阿尔克迈翁之墓的庄严建筑。

杀戮的循环仍未运行完毕。阿尔克迈翁第二个家庭的孩子们摧毁了第一个家庭，仇杀还在继续。只有一个地方能提供一个终点，以及一个新的开始：净化与新生之神阿波罗颁布神谕之处德尔斐。阿尔克迈翁第二段婚姻所生的儿子们将那致命的项链和礼服献给了阿波罗，这才通过将它们一并移出人类的世代循环而最终消除了这些物品的邪恶力量。

强力纽带：
夫妻之间的爱情

第一个登陆特洛伊，也是第一个死去的希腊人是普洛忒西拉俄斯，他年轻的新娘成了寡妇。这里所表现的是他全副武装且准备战斗的样子，身后是他的船只。忒萨利亚钱币，公元前5世纪早期。

看似矛盾的是，最强大的破坏力量之一也正是将家庭成员联系起来的纽带的力量。俄瑞斯忒斯因为忠于对他父亲的怀念而变成了一个弑母之人；得伊阿尼拉之所以导致了她丈夫赫拉克勒斯的死亡，也只是因为希望能重燃他们之间的爱火。在其他的神话传说中也存在着对联结之纽带的再现。正如我们已然强调过的，希腊的神话传说是有时会将价值观考验"到毁灭"的思想实验，所以我们也就不会讶异于这些联结之纽带将经受最终的考验：死亡的考验。

婚姻与死亡的故事：普洛忒西拉俄斯和拉俄达弥亚

普洛忒西拉俄斯和拉俄达弥亚既辛酸又悲惨的故事是一段说明了夫妻感情之力量的独立插曲。普洛忒西拉俄斯（"那些人中的第一个"）是第一个跳上特洛伊海岸的希腊人，为的

是挑衅一则神谕，该神谕预言无论哪位踏出那大胆一步的勇士都将在行动中死去。毫无疑问，根据一个版本，他被赫克托耳本人杀死了。使这份痛苦加剧的是他丢下了自己的新婚妻子拉俄达弥亚。她对团聚的渴望永远不可能实现了，但这种渴望却带着一种非比寻常的深深的悲痛显现出来：她为普洛忒西拉俄斯造了一尊塑像，并同它睡在一起以安慰自己。

这一故事类型与皮格马利翁的故事（根据奥维德令人难忘的叙述，皮格马利翁造出了一尊可爱女人的塑像，随后它便奇迹般地变成了真人）有部分相同之处，因为调停之神赫耳墨斯又将普洛忒西拉俄斯从冥界暂时带了回来。但拉俄达弥亚得到的慰藉实在是太短暂了，当赫耳墨斯将普洛忒西拉俄斯还回冥界时，拉俄达弥亚便自杀了。因此，至少在死后，这对夫妻最终得以团聚。

阿德墨托斯和阿尔刻斯提斯

同样很感人，却掺杂着痛苦和人皆自私这一观念的另一个婚姻故事发生在忒萨利亚。斐赖的统治者阿德墨托斯跟珀利阿斯（附近伊俄尔科斯的国王）的一个女儿阿尔刻斯提斯结了

这只意大利南部陶瓶（约公元前340年）的画匠概述了阿德墨托斯和阿尔刻斯提斯的家庭危机。在崇高地同意代她丈夫赴死之后，阿尔刻斯提斯正在同她幼小的孩子们告别。阿德墨托斯则悲伤地扶着头。

婚。阿德墨托斯早前的事迹非常荣耀：他参加了阿耳戈号的远征以及猎杀卡吕冬野猪这两项对英雄能力的考验；而他公平处事的能力也反映在阿波罗本人被派去做他的牧人一事上，因为那位神明当时必须为一个凡人服务一年以表悔过。为回报曾经受到的善待，神明并未忘记给予一项恩惠，阿波罗增强了阿德墨托斯牧群的生育力，并帮助他赢了得阿尔刻斯提斯做新娘。

然而——这是希腊神话中一个引人注目的主题——人类的好运本身就是脆弱的；否则，人类就跟诸神一样了。于是在婚礼上，阿德墨托斯就碰巧忘记向阿耳忒弥斯献祭了。幸运的是，阿耳忒弥斯的兄弟阿波罗还能告诉阿德墨托斯如何让她平静下来（因为她已经愤怒地让婚房里爬满了蛇）。阿波罗的恩赐可远不止于此，他灌醉了命运三女神，然后用计智胜了她们，并诱使她们为阿德墨托斯延长了他已注定的寿命——只要他能找到一个代他去死的人。

这便是欧里庇得斯的《阿尔刻斯提斯》所呈现的著名故事奠定其冷酷基调的地方。没有人愿为阿德墨托斯放弃自己的生命，即便是他最为亲近和热爱之人，比如他年迈的双亲。生命是甜蜜的（跟死亡相比），而抓住那份甜蜜的渴望则是对利他主义的一种强有力的阻碍因素。唯有阿尔刻斯提斯自愿做出至高无上的牺牲，于是阿德墨托斯便接受了这一提议。由于故事的不同版本似乎对阿德墨托斯是否有权利选择

接受或拒绝这份命运的恩惠而产生了分歧，因此如何从道德上评价他让妻子代他去死一事就存在着类似的可变性。无论如何，当妻子再也不在身边时，阿德墨托斯才意识到他的损失到底有多大。

幸运的是，这是一个设法达成了良性解决方式的神话传说。它是通过一个贯穿整个阿德墨托斯/阿尔刻斯提斯故事的概念——互惠的概念而达成的。赫拉克勒斯在完成其任务的过程中，受到了来自阿德墨托斯家族的款待。赫拉克勒斯尽情享受了提供给他的待遇，却忽视了阿德墨托斯正处于深深悼念阿尔刻斯提斯的状态之中。赫拉克勒斯在偶然间发现了真实情况后，他就通过摔跤胜过了塔那托斯（"死亡"，一个类似于哈得斯之代理人的恶魔般的角色），并使阿尔刻斯提斯起死回生。在这场特殊的思想实验中，婚姻的纽带尽管遇到了考验，却并未遭到破坏。

俄耳甫斯和欧律狄刻

就其对后续文化传统的影响而言，普洛

（左）当陶瓶画匠没有刻上能确定人物身份的名字时，我们常常就得依靠有根据的推测。这里，我们见到的很可能是赫拉克勒斯将阿尔刻斯提斯从冥界带回的情景，负责多种"过渡"的神明赫耳墨斯（左边）就陪在一旁。阿提卡陶瓶，约公元前540年。

（下）无数有关俄耳甫斯和欧律狄刻主题的后古典时期绘画之一。这是佛罗伦萨艺术家雅各布·德尔·塞拉约的一幅作品（约1480—1490年）。拉着欧律狄刻头发的马人明显是一位冥界居民。

忒西拉俄斯和拉俄达弥亚，以及阿德墨托斯和阿尔刻斯提斯的故事都远逊于俄耳甫斯和欧律狄刻的神话传说，后者在数百部后世的艺术再创作中产生了共鸣，尤其是在音乐和歌剧当中——与其希腊原作形成鲜明对比的是，我们在其中（与更丰富的罗马证据不同）只得到了相当有限的资料。从某种层面上说，这一神话传说关注的是丈夫与妻子之间在由妻子死亡所引发的压力下的伟大爱情。然而，它的影响却远远超出了那份爱情，还包含着酒神狂女式的和"俄耳甫斯教"的祭仪，连同野蛮与希腊人所称的艺术（mousike，指"音乐"和"文化"）之间的对立，以及同性恋与其他取向的性爱之间的对立。

关于俄耳甫斯的谱系，有不同的说法。他

赫耳墨斯（左边）与俄耳甫斯（右边）中间的欧律狄刻正要前往生者的世界。这块大理石浮雕（公元1世纪）是一块古典希腊原作的诸多复制品之一。

的母亲是缪斯之一，他的父亲可能是阿波罗或来自色雷斯的俄阿格洛斯。我们已经提到过，来自更南边的希腊人倾向于将色雷斯这块区域描述为典型的野蛮与未开化之地。因此，俄耳甫斯的血统包含着一种与甜蜜的和谐以及与某种潜在的更为野蛮之物的双重关联。这名英雄的生活就在这两极之间摇摆。

当俄耳甫斯的妻子被蛇咬伤致死时，他跨出了只有最伟大的英雄们才能想出的一步：试图通过把他的妻子带回生者的世界，去颠覆死亡那不可避免的过程。他的方式与赫拉克勒斯曾采用的正好相反：他并未使用暴力，而是运用了歌唱和弹奏里拉琴这些他能胜过一切凡人的天赋。他可以感动岩石和树木（另一位神话中的音乐家安菲翁曾使石头入迷而自发建成了忒拜城墙，见第131页）。俄耳甫斯打算去迷惑更为坚定的观众：冥界的统治者哈得斯和珀耳塞福涅。根据能见到的概略的希腊资料，我们不能确定发生了什么，但似乎俄耳甫斯的劝说取得了部分的成功：欧律狄刻被放还阳间，但唯一的条件是当她跟着俄耳甫斯走到阳光下时，后者不能回头。然而，在神话传说中，这类禁忌就是用来被打破的。作为凡人的俄耳甫斯回了头，于是欧律狄刻便退回了黑暗之中。

欧律狄刻死后的俄耳甫斯：俄耳甫斯后来的事迹虽展示了野性，但最终也展示了潜藏在他谱系之中的甜蜜。在失去了欧律狄刻以后，俄耳甫斯因为悲伤过度而放弃了再婚。相反，这位音乐家一面在色雷斯的乡间流浪，一面哀悼着他的爱人，直至他被一群酒神的狂女肢解。资料中提到过的一个关于这一野蛮行径的原因重复着一个常见的主题：俄耳甫斯曾得罪过狄俄尼索斯，于是就被酒神的崇拜者惩罚了。但另一个传说却暗示了俄耳甫斯放弃再婚的原因：据说酒神的狂女们是因为他拒绝了一切女性的

示爱而转向同性之爱才向他复仇的。

　　无论如何，俄耳甫斯的音乐都不会因死亡而停止。他的头颅沿着色雷斯的赫布鲁斯河漂到了海里，海浪又带着它朝南漂过数座岛屿，最后它一路歌唱着在累斯博斯岛上了岸。这一神话传说的诸多功能之一便是为累斯博斯岛崇高的诗名提供一个原因论上的解释，因为这座岛屿是从"传说中的"（阿里翁）到"历史上的"（萨福和阿尔凯奥斯）许多著名诗人的家乡。俄耳甫斯的声音通过别人的诗歌流传了下来，而且他的头颅似乎还成为了一座神庙的中心，人们可以去累斯博斯岛上的安提萨神庙向它问询。虽然正是俄耳甫斯对妻子的爱使他英勇地尝试进入冥界，可令他拥有死后影响力的却是他与神圣世界的联系，正是他无所不能的音乐天赋使他能够渗透到这一世界之中。

（左）俄耳甫斯死于色雷斯的狂女们之手。被俄耳甫斯举起用于自卫的里拉琴在对抗这些坚决果断的妇女时几乎提供不了保护。阿提卡陶瓶，约公元前470年。

（左）向俄耳甫斯的头颅问询"神谕"。据说它就被保存在累斯博斯岛上的一座神庙里。关于这一场景的许多信息并不确定，比如这位长络腮胡的男子拿在手中的物品的用途。阿提卡水罐，约公元前440—前430年。

同性爱欲

古希腊男性之间的关系

据说俄耳甫斯曾因偏好与男性的爱情而拒绝了女性，从而引发了后者的愤怒。事实的确如此吗？神话中家庭被扰乱的一个原因是将同性恋提升到异性恋之上，从而导致了婚姻关系的弱化吗？答案很明显：不是。这需要做一些解释，而那会将我们引入希腊社会史的领域。

正如学者们已经逐渐意识到的那样，古代的希腊世界并不知晓现代意义上的同性恋和异性恋之间"生活方式上"的种类区别，而在现代，这些术语被用以指代彼此对立的心理和行为特征。更确切地说，同性在身体上的亲密——这毫无疑问地存在于古代希腊人的生活中——普遍被认为与其他一些因素有关，尤其是被视为"主动者"或"被动者"的角色，以及他们的年龄与地位。在古代生活的每个领域，包括有关性爱的领域中，我们最为熟知的男性的行为与态度就是压倒性的证据。在这里，我们还能辨识出一种显而易见且历史悠久的模式。根据这一模式，一名青少年男子通常会被一名年长的男子追求：青少年会被习惯性地视为被动地"被爱着"的角色，而年长者则充当主动想要"去爱别人"的角色。

这类关系本身并未遭到社会的反对，但如果任何一方的行为威胁到了"理想"模式——比如青少年被视为自愿屈从于年长者的性侵犯，或者这段关系被延长至年轻些的一方已经长大成人的阶段——那么它们就很容易被玷污。然而如果这些危险都能被避免，那么参与双方的荣耀就都不会受损。而且绝对至关重要的一点是，人们已假定参与的任何一方都能完全参与到与女性的关系中去，即一方面参与年长者／年轻人的同性关系，而另一方面又参与婚姻关系，这两者并非不能相容。

关于年长者／年轻人、主动者／被动者之模式的证据来自希腊世界的数个区域。我们对古典时期雅典的情况最为熟知，尽管克里特岛和伯罗奔尼撒半岛也提供了很有价值的资料。克

里特岛的一种习俗——年轻人会被年长的男性借机"绑架"，并在回归城邦的"文明"世界以前跟后者一起度过两个月的狩猎时光——引发了对这一同性亲密关系的整体模式的一种有趣的解释。根据这一解释，这一模式可能反映了一种早期的入会仪式，年长的男性要通过它来引导年轻人进入社会规范之中。但这种解释却存在一些问题，尤其是在雅典，这一模式并不能满足引导一整个年龄段年轻人的需求，而是依赖于一对对参与者之间的情感纽带。不过，这一解释的潜在可行性却能够提醒人们注意现代性爱体验与古希腊性爱体验之间的区别。

神话传说中的同性关系

对社会历史的观察将有助于我们用更强的洞察力来解读神话证据。特别是，现在我们能够理解为何这么多神话中男性之间的关系会涉及典型的青少年和成人之间的年龄差。在珀罗普斯家做客的拉伊俄斯爱上了前者的儿子克律西波斯，并诱拐了他。阿波罗多洛斯将这年轻人称为派斯（pais），我们可将之译为"青少年"——拉伊俄斯当时正在教导克律西波斯如何驾驶战车。(pederasty［娈童恋］一词就源自pais和erastes，后者意即"爱人者"。) 然后就要说到赫拉克勒斯对其悲惨的年轻侍从许拉斯的热情了，诗人忒奥克里托斯将后者形容为一名"可爱的青少年"，他的头发卷卷地垂了下来——比男人中的男人赫拉克勒斯可要年轻、温柔多了。确实，当许拉斯被陷入爱情的仙女拉入水中淹死时，他原本的任务是去取水，这就很有说服力地象征着他在与赫拉克勒斯的关系中充当着少女似的、"被动"参与者的角色。

赫拉克勒斯的另一名年轻男性爱人（普鲁塔克说他们多得数不过来）是他的门徒——忒

（上）这种情事——男人与男孩——中双方的年龄差在古希腊男性之间的同性恋关系中很典型。阿提卡陶杯，约公元前480年。

（下）赫拉克勒斯的性趣味包括了年轻的男性和女性。他的一名男性爱人便是伊俄拉俄斯，这里可以看见伊俄拉俄斯在英雄与涅墨亚的狮子搏斗时站在英雄身边。阿提卡陶瓶，约公元前520年。

拜的伊俄拉俄斯，后者在无数神话传说中扮演着帮助赫拉克勒斯完成其任务的角色。他们的关系在忒拜受人崇拜：忒拜的精英军事力量，即著名的"神圣军团"——形成于公元前4世纪，由150对男性爱人组成——之中的这些爱人正是在伊俄拉俄斯的墓前宣誓忠贞不渝的。

最后我们还应提及克里特岛，尤其是从这座岛屿跟同性"绑架"仪式之间历史关联的角度。据神话传说的讲述者所说，国王米诺斯与其兄弟拉达曼堤斯都抵挡不住对青少年男性的欲望。在一个鲜为人知的变体中，据说米诺斯甚至曾与忒修斯相爱。这个故事并未得到广泛传播，但由于这场传说中的相遇正好发生在忒修斯尚未成婚之时，而那时米诺斯却已经有一个成年的儿子了，所以我们又一次想到了希腊人关于"娈童恋"的设想所基于的年龄和地位差异。

与诸神的同性关系

当参与到一段同性关系中的一方是神明时，那么参与者之间的年龄差别就需要重新表述，因为神明到底有多大年纪呢？但我们却有许多涉及一位神明和一个凡人之间关系的例子，它们在"资格辈分"和主动性/被动性上都存在着明显的不同。波塞冬在欲望驱使下拐走珀罗普斯被诗人品达比拟为宙斯拐走伽倪墨得斯，后者便是年长男性与其青少年爱人之间关系的原型。麦加拉诗人忒奥格尼斯（公元前6世纪）则将他所描述的恋童癖之乐追溯到宙斯最初将伽倪墨得斯拐到奥林匹斯山上做了他的斟酒人。

由于斟酒并不同于取水（即许拉斯曾做的），也就是说，它并未含蓄地将伽倪墨得斯比拟为一名女性，但它确实也暗示了站立着的年轻侍从与他所服侍的斜倚着的年长饮酒人之间在地位上的鲜明对比。忒奥克里托斯的第十二首《牧歌》生动地表达了伽倪墨得斯作为被爱着的男孩的"模范"地位，它描绘了一场在麦加拉城举办的涉及男性青少年的仪式性接吻比赛，诗人想象，比赛的幸运裁判要向伽倪墨得斯祈祷以给出合理的判断。

神话传说的讲述者将大多数同性关系都归在了阿波罗的名下。这些关系同样包含着资格辈分和主动性/被动性方面的鸿沟。典型且最常被人重述的还要数阿波罗与年轻英俊的雅辛托斯之间的爱情（见第101页），直到神明掷出的一块铁饼砸死了那个男孩，这份爱情才终告结束。但这却不是故事的结局。首先，当雅辛托斯的血里开出一朵可爱的花时，据说其存在就被永久延长了。其次，他的记忆也被对他的崇拜保存着，尤其是在传说中他位于阿密克莱（斯巴达附近）的埋葬地，他在那里随阿波罗一起受人崇拜。最后，甚至有人暗示（一首宗教歌曲曾表达过）说阿波罗将雅辛托斯带回了人世。一些现代学者已将这一证据解读为对这位年轻人"重生"的信仰，就像大多数入会庆典既包含着存在的一个方面"死亡"，也包含着另一个方面"出生"。

成对的"平等"英雄

那些年龄或地位平等之人的同性恋关系在我们的神话资料中并不具备任何程度的重要性。那么，像阿喀琉斯与帕特洛克罗斯，或忒修斯与庇里托俄斯这类英雄之间的关系又是怎样的呢？某些神话传说的讲述者（尽管荷马除外）的确将阿喀琉斯/帕特洛克罗斯的友谊解读为同性恋的形式，尽管值得注意的是对两人中谁更年长存在着分歧——就好像为使这一关系符合设想中的行为模式，就不得不存在着年龄差一般。总而言之，神话证据通过强调"年长者/青少年"模式的普遍存在，充分地印证了社会历史证据。

结语

本章的大部分内容都关注了越界与扰乱，以及痛苦与死亡。我们已然见到希腊的神话传说放大、夸张和加剧了日常生活中的激情与冲突，使它们变得更加明显与重要。并不是每个（可能没有任何一个）现实生活中的希腊家庭都经历过珀罗普斯家族或拉伊俄斯家族所遭受的那种创伤。然而，这些作为思想实验的故事被讲述出来，是为了使得真正的希腊人所生活的世界变得有意义。

即便是英雄也会感到痛苦。当阿喀琉斯照料帕特洛克罗斯受伤的胳膊时，后者露出了痛苦的表情。阿喀琉斯对其同伴的温柔照料是显而易见的，尽管可以说这幅图像中没有任何东西能表明他们的关系比友谊还要亲密。阿提卡陶杯，约公元前500年。

地点的重要性

本章将探讨希腊神话中的地形地貌：我们将以叙事所展开的地点为背景——既有自然的也有人工建造的——来看待神话传说。

希腊神话的许多独特性都源于其自然环境：山峰、洞穴、河流、泉水以及海洋。这种环境与埃及、两河流域、北欧、日本或北美平原等区域的环境有明显区别，尽管上述区域都是神话讲述民族的家乡。对他们而言，一如对古希腊人而言，其本土的特殊形貌已深刻地影响了他们所讲述的故事的类型。

人类居所也会构成神话世界的特殊部分。我们的例子是克里特和特洛伊，这两个地方作为叙事的背景，都有其非同寻常的特征。碰巧，它们也都因考古学上的惊人发现引起过大量关注，这就提出了神话世界与"真实"世界之间关系的复杂问题。

最后，我们将探访希腊神话世界中的任何叙述都不能忽略的一处地方：冥界。从神话传说讲述者及其观众的焦虑与希望的视角来看，这个地方就跟更易探访的区域，例如雅典、忒拜和阿尔戈斯一样"真实"。

被鲍萨尼阿斯描述为全希腊最美河流的拉冬河流贯整个阿卡狄亚。据某些神话讲述者所说，拉冬是被阿波罗追求过的仙女达佛涅之父。

第六章　神话传说中的景观

山峰

想象的空间

希腊曾经是，现在也是这样一片土地：充满裸露的岩石与粗劣的牧场，充满在冬雨中变成急流的散布的小溪，充满险峻的沟壑与深不可测的洞穴，充满沼泽、泉水与鲜花盛放的草地，充满散布在莫测的大海上的上千座岛屿。在这个自然的世界上，希腊人造就了他们自己的建筑物：圣殿、房屋、农场、村庄和城邦。这里的景观是自然与文化的混合。

希腊神话传说的讲述者将这些景观用作使其叙事具体化和有意义的一种方式。这类叙事并非只简单地反映了对日常生活的感知，相反，他们还通过选择和强调某些方面来改编这些感知，并且通过这种方式发展出一系列具有相对

一致性的对神圣空间的象征——至少这种相对的一致性与希腊人无穷无尽的创造力是相容的。我们的目标是列出这一象征世界的某些特征。

今天所能见到的事物并不一定与古代观察者可能曾见到的保持一致。诸如海岸线与河道的变化，以及土地用途的改变等因素都极大地影响了"显露在外"的可见之物（在古代，谷物的种植更为普遍，而橄榄的种植却比如今少了多了）。

而且，"可见"之物既是视觉上的问题，也是文化感知上的问题。以这一观点来看，自古代以降，已发生过重大的变化。为了说明这一观点，我们将列举那些早期的旅行者和观察者对希腊风景所作的描绘，其中有些人生活在照相术发明之前几百年。尽管（可能也正因为）存在这种感知的多样性，依据地形地貌来阅读希腊的神话传说却是一种解读其多种含义的不可或缺的方式。

艺术家与诗人爱德华·李尔（1812—1888）曾在希腊深度旅行。其《帕尔纳索斯山与玻俄提亚平原风景》（1862年）是他为所见的希腊世界创作的2000多幅作品中的一幅。

山峰

马其顿

品都斯山脉

潘盖翁山▲

色雷斯

罗多彼山脉

奥林匹斯山▲

俄萨山▲

弗里吉亚

科尔库拉岛

▲伊得山

伊庇鲁斯

忒萨利亚

珀利翁山▲

俄特律斯山▲

俄忒山▲

埃托利亚

帕尔纳索斯山▲

欧玻亚岛

▲西皮罗斯山

赫利孔山▲

吕底亚

亚该亚

喀泰戎山▲

阿提卡

厄律曼托斯山▲

凯尔莫斯山▲

伊米托斯山▲

库勒涅山▲

拉特莫斯山▲

阿卡狄亚

▲吕凯昂山

麦西尼亚

罗得岛

▲塔宇革托斯山

克里特岛

伊得山▲ 狄克忒山▲

山峰

在《奥德赛》第六卷中，雅典娜在到访过淮阿喀亚人的领地后，便从凡人中离开，并返回了：

奥林匹斯，传说那里是神明们的居地，
永存不朽，从不刮狂风，从不下暴雨，
也不见雪花飘零，一片太空延展，
无任何云丝拂动，笼罩在明亮的白光里。

尽管可以从很远处（从塞萨洛尼基，在晴天里）看见奥林匹斯山，但人们还是觉得诸神的住处遥远得不可思议。

没有其他山峰可在神秘性上与奥林匹斯山一较高下，但所有山峰却都有其神圣之处，而且诸神可能在任何一座山上活动。赫耳墨斯由宙斯所爱的仙女迈亚生在库勒涅山上。宙斯本人在婴儿时期也被藏在了克里特岛的一个山洞里以避开克洛诺斯的愤怒，那地方可能是在狄克忒山或伊得山上。据说缪斯们跟阿波罗一起在赫利孔山或帕尔纳索斯山上唱歌跳舞；阿耳忒弥斯则在塔宇革托斯山和厄律曼托斯山上狩猎；人们也常常发现潘神无休止地在山间追寻仙女。

由于这类神明的存在，山峰就成了一名凡人可能在不经意间遇上一位神明的地方——通常这名凡人就要付出巨大的代价。猎人阿克泰翁正是在喀泰戎山上犯下了惊扰阿耳忒弥斯的致命错误，当时女神正在一泓山泉中沐浴。在被变形为一头牡鹿后，他又被自己的猎犬撕碎了。结局虽不那么残忍却依然痛苦的则是忒瑞西阿斯的命运，他曾看见雅典娜在赫利孔山的一泓山泉中赤身裸体。他保住了自己的性命与身体的完整，只除了一个方面：雅典娜弄瞎了他。另一种相当不同的与神明相遇的方式发生在彭透斯身上，当他母亲和其他狂女们在喀泰

戎山将他一块块肢解时，他才终于了解狄俄尼索斯无限的力量。欧里庇得斯《酒神的伴侣》中的报信人说那野蛮的结局发生在一个相当难以应付的地点，即一条崎岖多石、松树成荫的峡谷的斜坡上，下面还有一条奔涌的急流。

有时与神明相遇的悲惨后果还得延迟一段

时间才显露出来。当赫拉、雅典娜和阿佛洛狄忒降临在特洛伊附近的伊得山上，要求帕里斯做出裁判时，短期结果是一份对裁判者的贿赂，它以海伦那令人愉悦的样貌出现。只是后来，当特洛伊被烧成了灰烬，这场相遇的真正含义才真切地清晰起来。帕里斯并未选择他作为裁判的角色，俄狄浦斯也没有选择在出生时就被带往喀泰戎山并留在那儿等死。矛盾（索福克勒斯的戏剧《俄狄浦斯王》详述了这一矛盾）的是喀泰戎山既见证了俄狄浦斯的"重生"，同时也决定了他的命运：当这名英雄被他真正的父母拒绝时，他的"养母"喀泰戎山却将他保留给了最最可怕的未来。

这样看来，希腊神话传说中的山峰是野性试图展现一种无所不能又非常危险的特性的地方。但也存在一些例外，即神明可能显得十分和善。一个例子是关于忒萨利亚的珀利翁山的神话传说，年轻的英雄们在马人喀戎仁慈的关注下在那里接受了教育。这里，山峰的野性代表着一种未开化的、过渡性的状态，它是未来的勇士正确成长过程中所必需的一环。阿喀琉斯和伊阿宋便是两位在珀利翁山树木繁茂的山坡上度过其学徒生涯的英雄。

在英雄生命的终点，山峰偶尔也会展现一个平静肃穆而非充满与阿克泰翁以及彭透斯之死相关的那种仇恨的场景。这便是俄忒山所充当的角色，那里是赫拉克勒斯尘世戏剧最后一幕的发生地。在山顶上，躺在其葬礼柴堆上的赫拉克勒斯完成了如下过渡：从凡人世界去往他在奥林匹斯山上的新家。

（上）马格尼西亚（忒萨利亚的一个地区）的珀利翁山是全希腊最美的山峰之一。它部分是荒凉的，部分又是亲切与温和的。马人喀戎据说正是常住在这里，他同样也将动物本性中的野蛮与睿智的教师的善良结合在了一起。

（左）在其《赫利孔山，或密涅瓦拜访缪斯们》中，佛兰德斯画家乔斯·德·蒙佩尔（1564—1634/35）画的是奥维德《变形记》中的一个片段，诗人在其中描绘了女神对缪斯家乡的一次造访。她刚刚得知发生了一件了不起的事情——就在飞马珀伽索斯的马蹄所踩踏的地点出现了一泓新的山泉。

183

洞穴

　　尽管在视觉上不及山峰显要，洞穴却是希腊地质上同样普遍存在的一个特征，而且它们在古代的希腊宗教中扮演着重要角色。它们是人们所钟爱的崇拜仙女们的地点，两个最广为人知的例子是阿提卡伊米托斯山上的瓦里洞穴，和德尔斐帕尔纳索斯山上的科律喀亚洞穴。半人半羊的潘神也与洞穴密切相关，尤其是对他的崇拜于公元前5世纪被引入阿提卡以后（人们相信他曾在公元前490年的马拉松战役中帮助过雅典人）。尽管潘神的许多洞穴都在乡间，但也并非全都如此：当雅典人在卫城北坡上的一处洞穴里开始祭祀他时，他们其实就是在往这座城市里掺入一小部分乡野特质。将一位来自被认为是"未开化的"、原始的地区阿卡狄亚

仙女们

　　仙女们是拥有数个共同特征的一类女性神明。她们通常会与一个特殊地点密切相关，这已被无数钱币印证，因为那上面的仙女形象就代表着相关的城邦。仙女们通常与风景有密切的关联，如与山峰、树木、泉水、河流或大海。有时给她们冠上的总称就清楚地展示了这一点，如 neïades/naïades（水泽仙女，即"那伊阿得斯"），druades（树木仙女，即"德律阿得斯"），或 orestiades/oreïades（山岳仙女，即"俄瑞阿得斯"），尽管她们也能被简单地称为 numphai，英语中"仙女"（nymph）一词即由此而来。

Numphe 也指"女孩""女人"，特别是"新娘"，后面这层含义指向了一种与性爱的关联。正如考古学发现所展示的那样，积极供奉仙女们的两类人是结婚前的女孩和生产后的女人。性爱当然也是神话中仙女们的一个重要方面，无论她们是作为被追求的对象（被赫耳墨斯、潘神、羊人等），还是主动要与凡人结合的追求者。

　　希腊化时期的神话讲述者似乎尤为热衷于讲述仙女们对凡人的追求以悲伤而告终的故事。一个例子便是一位水泽仙女对赫拉克勒斯的年轻侍从许拉斯的迷恋，后者前来取水时：

> ……当许拉斯弯腰将水罐放入小溪中，而溪水也在汩汩地流进发出回响的青铜罐子里时，仙女就将自己的左手放在了他的脖子上，并用右手拉住他的手肘，将他朝下往她那里拖去，想要亲吻他柔软的嘴唇。他就这样掉进了溪水的漩涡之中。

　　在与仙女的性爱关系中受害的另一个人则是

仙女阿瑞图萨（见第190—191页）被伯罗奔尼撒半岛的河神阿尔菲奥斯爱慕。她西行以逃避后者的关注，变成了叙拉古的一汪泉水。她的头像使叙拉古钱币显得十分优美。

西西里的牧人达佛尼斯。他的美貌——据说他是赫耳墨斯之子——导致一位仙女迷恋上了他。因为他与另一个女人睡了觉，妒火中烧的仙女就把他弄瞎了。（达佛尼斯的传说十分复杂，在某个版本中，他为抚慰处于乡野孤寂中的自己而吟唱的歌曲使得他成为了牧歌的发明者。）

　　关于仙女们能活多久的问题尚有争议。共识似乎就是仙女们的生命很长，但却有限。树木仙女们的例子尤为有趣，并随之产生了"树精"（hamadryad）这一概念：hama 指的是"与此同时"，这暗示着仙女的生命是与树木的生命共同延展的（drus 指的是"树"）。正如《荷马颂歌·致阿佛洛狄忒》所称："她们既不属于凡人也不属于神明。她们活了很长时间……可当死亡的命运迫近时，先是那些可爱的树木在原地枯萎，随后树皮皱缩，树枝凋零，再就是二者（即仙女和树木）的灵魂一同离开了太阳的光照。"毫不意外的是，砍倒仙女的树木以缩短仙女寿命是一种不可饶恕的渎神之罪。在其《致得墨忒耳的颂歌》中，希腊化时期的诗人卡利马科斯讲述了恶人埃律西克通的故事。有一天，埃律西克通拿斧子砍倒了得墨忒耳女神的一棵神圣的杨树，愤怒的女神回应了受害之树痛苦的嚎声：持斧者将受到极度饥饿的折磨，只有当他吃下自己的身体时饥饿才会终止。

　　在荷马的《伊利亚特》中，树木和山岳仙女们的海中对应者就已经被称为涅瑞伊得了，即海神涅柔斯的女儿们。阿喀琉斯的母亲忒提斯便是其中一员。她们与被现代希腊的民间传说称为涅瑞伊达（neraïda，复数形式为涅瑞伊得斯，neraïdes）的女性恶魔之间表面上的连续性引发了一个棘手的问题，即古希腊的宗教信仰究竟在多大程度上"留存"到了现代。这一问题棘手的原因就在于它在意识形态方面具有重要影响：强调或者否认这种连续

的神明，与作为风景之一部分且感觉上属于过去的洞穴联系起来，存在着一种清晰的象征上的一致性。通过类似的象征，"神圣者们"（即复仇三女神）在雅典战神山附近的一处洞穴圣地里受到了崇拜。这些女神们可怕的身体形貌，以及她们追逐血腥谋杀者的角色，都是她们隐退在城市空间的一个"野外"部分的显而易见的原因。

考虑到洞穴是一位女神——即该亚，大

科律喀亚洞穴就在帕尔纳索斯山上，在德尔斐上方。它拥有一个令人印象至深的中央洞穴，长50米，宽27米，高度则达到了12米。跟希腊世界中的许多洞穴一样，它在古代是潘神和仙女们的圣地。"在所有我曾亲眼见过的洞穴之中，"古代旅行家鲍萨尼阿斯写道，"对我来说这似乎是最值得一看的一个。"

性就是对现代希腊的"希腊特性"与其在奥斯曼土耳其时期的历史的关系做出表态。碰巧的是，在目前这个例子中，的确很难否认连续性的某些元素，因为涅瑞伊得/涅瑞伊达的联系是如此紧密。早在古代，我们就已经能找到"对仙女的狂热崇拜"（nympholepsy）的例子，即人们相信一个人的意识已被仙女们掌控，并使他陷入一种催眠般的虔诚状态。我们有来自阿提卡瓦里洞穴的铭文证据（公元前5世纪末）来证明一个这样的"仙女的狂热崇拜者"的虔诚，他的名字叫阿尔达摩斯。从拜占庭时期直到今天，被女性恶魔掌控一直是对怪异到令人费解的精神或身体行为的一种解释。在基督教信仰中上帝/魔鬼二元对立的背景下，现代民间传说中的涅瑞伊得斯已被视为魔鬼那一方——通过化身为诱人的女性来引诱毫无戒备之人的毁灭性邪恶势力。这种道德极化对古代希腊的信仰而言是陌生的，因为后者缺乏魔鬼这一概念。古代希腊的仙女们当然也许是危险的，但她们也可以是善良的。她们在养育和教导英雄，甚至是神明方面扮演着重要角色，从而使后者具备乡野生存的必需技能。她们的学生包括狄俄尼索斯、阿波罗，以及阿波罗之子，牧人英雄阿里斯泰俄斯。这些学生从仙女们那里学会的必需技能包括占卜、养蜂，以及如何制作奶酪。

地——身体上的凹陷处，因此进入一处洞穴就意味着与神明进行一种亲密接触。洞穴所通往的终点则是冥界。旅行家鲍萨尼阿斯曾记录过，在伯罗奔尼撒马尼半岛最南端的泰纳龙角，就有"一处看上去像洞穴的圣地"，据说赫拉克勒斯正是从那里将骇人的恶犬刻耳柏洛斯带出了冥界。

神话叙事中对洞穴的描绘显示并发展了崇拜的这些方面。洞穴是栖居之地，但对那些需要它们的人来说，却也是在已建成之人类定居点之外的世界中的野外庇护所。跟山峰（许多洞穴毕竟就在山上）一样，神话传说中的洞穴也与"过去"相关。数位神明的出生和早期成长都发生在洞穴之中。婴儿时期的宙斯曾在一

能从古希腊留存至今的任何一种绘画都十分罕见，因此1934年四幅木板彩绘的发现真是一件非凡之事。这些木板是在西库翁（伯罗奔尼撒半岛北部）附近皮萨的一处洞穴里被找到的，它们暗示着这处洞穴乃是仙女们的圣地。在这里所展示的木板上，一群人正准备献祭一只羊。上面的铭文则记录了两位妇女（可能是正在献祭的两个人）的名字，以及"献给仙女们"这几个字。

处洞穴里受过照料，尽管并不清楚究竟是在哪处。毫不意外的是，好几个地方都竞争过这一荣耀，比如克里特岛和阿卡狄亚。婴儿时期的狄俄尼索斯也是在一处洞穴里得到看护的：一个图像般生动的著名场景描绘了赫耳墨斯将那新生儿交给仙女们照看的情形。这一场景在一场奢华且庞大的戏剧场景游行中作为众多情节之一得到再现，这一游行由托勒密二世（别号"费拉德尔甫斯"，意为"爱兄弟姐妹者"，公元前308—前246年）在亚历山大里亚举办。这是政治庆典对神话传说加以利用的一个值得关注的例子。作家阿特纳奥斯（活跃于公元200年左右）记录了这一事件：

> 不该忽略掉那辆四轮马车，它有10米长，6.4米宽，由500个人拉动。它上面有一处被常春藤和紫杉木严密遮蔽的幽深洞穴。一路上，鸽子、斑尾林鸽和斑鸠从其中飞出，它们的脚上还系着缎带，这样一来观众便能轻松抓住它们了。还有两眼喷泉从洞穴中冒出，一眼冒的是奶，另一眼则是酒。所有围绕他（即婴儿时期的狄俄尼索斯）站立的仙女们都头戴金冠，而赫耳墨斯则手持金杖，身着华服。

这一戏剧场景所庆祝的是"东方"的未来征服者狄俄尼索斯生涯中最早期的事件之一。亚历山大大帝曾自视为新的狄俄尼索斯，而亚历山大部分遗产的继承者托勒密二世也将自己放进了同一个传统之中，其方法便是大量展示围绕狄俄尼索斯而发生的事件，包括他在仙女们的洞穴中的成长经历。

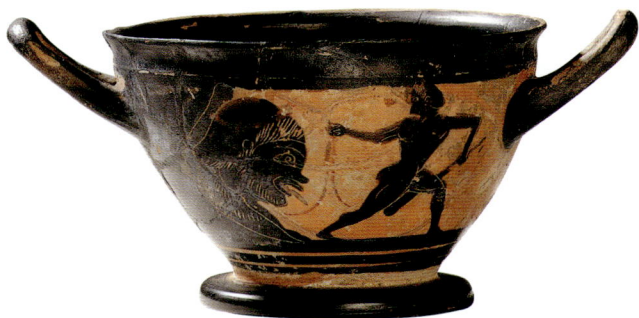

荷马史诗中的洞穴

在荷马史诗《奥德赛》中我们能找到一系列关于洞穴样貌的画面。奥德修斯被困其中的卡吕普索的巨大洞穴一眼看去似乎就是个天堂：它位于一片小树林里，有筑巢的鸟和盛开的花，以及四眼对称分布的喷泉。但这一场景的人造仪式感却映射出了奥德修斯与卡吕普索之间已变得僵化的关系。《奥德赛》中的另一处洞穴，即独目巨人波吕斐摩斯的洞穴，最初也给人以有序甚至是田园诗般的印象，羊和羊羔根据年龄被整齐地划入不同的围栏中，牛奶和奶酪也十分充沛。但这处洞穴的野蛮主人却在吞食其客人的残躯前把他们的脑浆溅得满地都是，表明这个地方与最初印象完全不符。这里所展现的并非洞穴的神圣，而是它们的蛮荒。只有等他回到伊塔刻时，奥德修斯才觉得自己正处于一个既不危险也不怪异的地方。使英雄确定自己终于回到家乡的事件便是他认出了仙女们在伊塔刻岛上的洞穴：

> 港口崖顶有棵橄榄树枝叶繁茂，
> 港口附近有一处洞穴美好而幽暗，
> 那是称作那伊阿得斯的仙女们的圣地。
> 那里有调酒用的石缸和双耳石坛，
> 群群蜜蜂在那里建造精美的巢室。
> 那里有长长的石造机杼，仙女们在那里
> 织绩海水般深紫的织物，惊人地美丽；
> 还有永远流淌的水泉。入口有两处，
> 一处入口朝北方，凡人们可以进出，
> 南向入口供神明出入，任何凡人
> 无法从那里入洞，神明们却畅通无阻。

荷马史诗中的这一段落将在古代晚期产生相当大的反响。宗教哲学家波菲利（公元3世纪）以新柏拉图主义的术语将之解读成了一则关于灵魂出入宇宙之通道的寓言，而仙女们的洞穴则象征着作为既"幽暗"又"欢愉"之地的宇宙。波菲利的解读说明了希腊神话在激发其听众、读者和观众去重新阐释时明显拥有无限的可能性。至于这处伊塔刻岛上的洞穴到底位于何方，有人认为是位于波利斯湾的一个地点，那里曾发掘出大量奉献于公元前9/8世纪的青铜三足鼎，以及晚期的祭品，还有从希腊化时期开始的提及仙女们和奥德修斯的铭文。由于荷马的叙述，这处洞穴很明显在古代就已极具名望。

菲罗克忒忒斯；米诺斯

迄今为止我们已注意到的各种各样却又部分重合的关于洞穴的内涵——原始的野性，接近神明的方式，保护性隔绝——反复出现在整个希腊神话中。当菲罗克忒忒斯被他的希腊战友们抛弃在去特洛伊的途中（见第135页），并在楞诺斯岛的一处洞穴里痛苦地独居了好几年时，他便沦落到了几近动物般的境地。其他的穴居者不光是未开化的，更是暴虐的：宙斯的可怕对手堤福俄斯有一处洞穴作巢，赫拉克勒斯一项任务的牺牲品，那头涅墨亚狮子亦是如此。

关于米诺斯的一个故事暗示了洞穴提供了接近神明之特殊通道这一观念。米诺斯是克里特岛的神话统治者，他每隔九年就要走进一处洞穴里跟他父亲宙斯进行对话（见第199页）。

塞勒涅；克瑞乌萨

洞穴可以提供保护性隔绝的特点常常包含着一种爱欲背景。洞穴的隔绝性使它们与秘密关系完美匹配。当月亮女神塞勒涅下凡与英俊的凡人恩底弥翁欢爱时，他们的交合就发生在米利都（位于小亚细亚）附近的一处洞穴里。当阿波罗与雅典公主克瑞乌萨交欢——欧里庇得斯在其戏剧《伊翁》中探讨了这一事件的近似于悲剧的后果——之时，神明也选择了一处洞穴来掩盖自己的行为。

从希腊人将菲罗克忒忒斯遗弃在楞诺斯岛开始，一处洞穴就成了他的家。在这一场景（意大利南部陶瓶，公元前4世纪早期）中，他左手拿着他的神弓而坐，同时也在为离开这座岛屿做准备。右上方是奥德修斯，他可能正在与"楞诺斯"（岛屿的拟人形象）交谈。左边则是雅典娜与涅俄普托勒摩斯或狄俄墨得斯，后面两人据说都曾参与到将菲罗克忒忒斯带去特洛伊的计划之中。

河流和泉水

在干旱的希腊，淡水是十分珍贵的。它一方面是日常生存一项不言而喻的需求，另一方面也被用于众多宗教庆典之中，包括净化、献祭、婚礼和葬礼仪式。因此对居民区和圣地而言，靠近泉水或河流就有绝对的必要了。然而，希腊的地形和气候都难以提供丰富的水资源。忒萨利亚、马其顿和色雷斯是有几条大河，阿刻罗俄斯河从其位于品都斯山脉高处的源头向南倾泄而下；但在其他地区，尤其是在阿提卡、伯罗奔尼撒半岛和爱琴海的岛屿上，河流便缩小为涓涓细流，或是在夏日的热浪中完全绝迹。

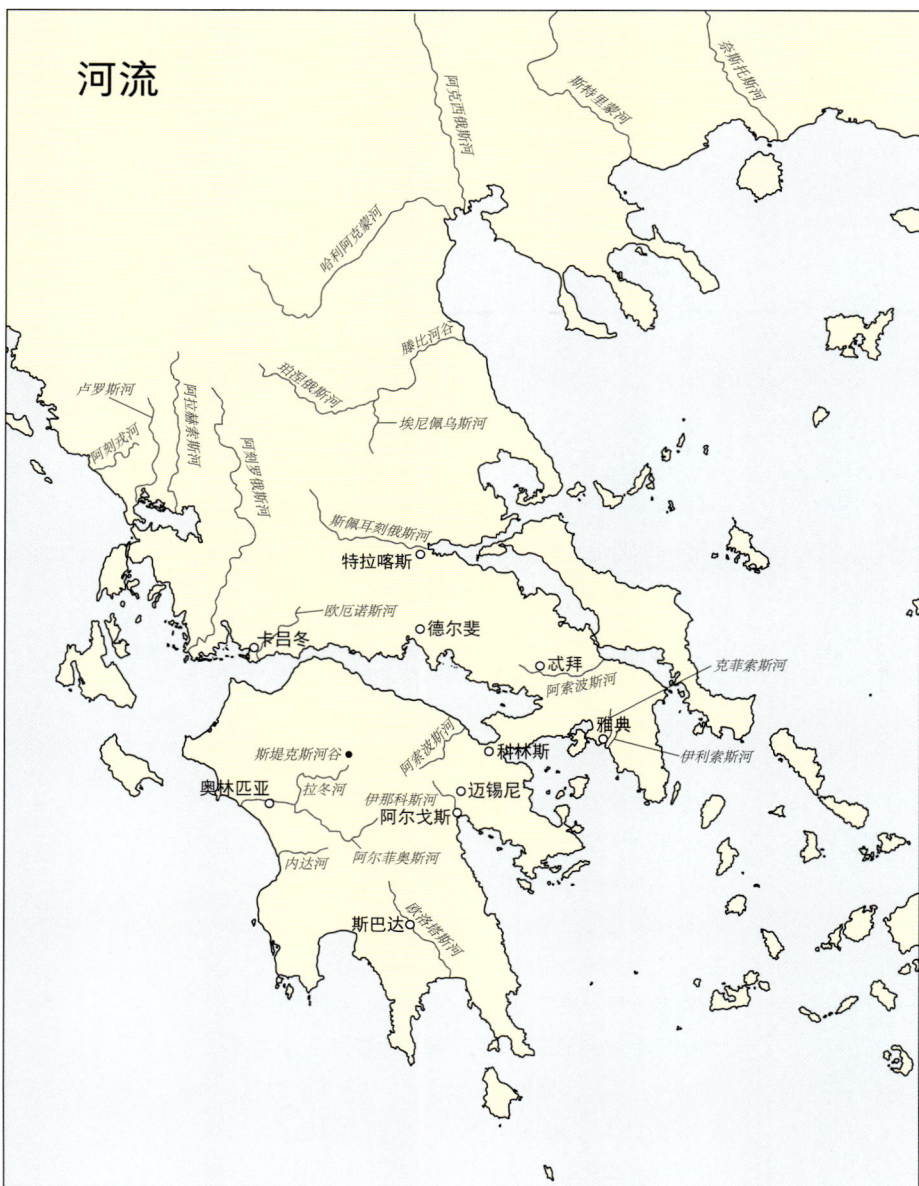

对希腊人而言，河流和泉水也是神明。几乎总是被想象为男性的河流提供了繁殖的活力：尽管其水量会在一年的部分时间里减少，但它们的水流却总能自我更新。另一方面，泉水的创造力和养育力则常被认为是属于女性的，它们几乎与体现其新鲜魅力的仙女们别无二致。

希腊最大的河流是阿刻罗俄斯河。作为俄刻阿诺斯与忒堤斯的三千名子女之一，他本身就很多产，是无数仙女／泉水的父亲，比如德尔斐的卡斯塔利亚和忒拜的狄耳刻，以及塞壬们。其性活力常常通过一头人首公牛的形象被表现出来，尽管这只是他能够变成的形态之一。当他因为与赫拉克勒斯同时追

河流

（地图，标注河流与地名）

阿克西俄斯河
斯特里蒙河
奈斯托斯河
哈利阿克蒙河
滕比河谷
卢罗斯河
阿拉赫索斯河
阿刻戎河
皮涅俄斯河
阿刻罗俄斯河
埃尼佩乌斯河
斯佩耳刻俄斯河
特拉喀斯
欧厄诺斯河
卡吕冬
德尔斐
克菲索斯河
忒拜
阿索波斯河
雅典
伊利索斯河
斯堤克斯河谷
阿索波斯河
科林斯
奥林匹亚
伊那科斯河
迈锡尼
拉冬河
阿尔戈斯
内达河
阿尔菲奥斯河
斯巴达
欧洛塔斯河

188

根据一种传说，忒萨利亚的珀涅俄斯河是阿波罗不情不愿的爱人达佛涅的父亲。这条河的一部分流贯整个滕比河谷，后古典时期的作家和艺术家们常常赞美其秀丽。

求得伊阿尼拉（见第122页）而（不成功地）进行摔跤比赛时，其外形"一会儿是头公牛，一会儿是条猛冲的盘绕的蛇，一会儿又有着人的身躯和牛的前额，而股股清泉则同时从他蓬乱的胡子里流出"。

谱系是神话传说表达意义的方法之一。它再三表达了河流和泉水对社区繁荣的核心作用。在阿尔戈斯地区，俄刻阿诺斯的另一个儿子河神伊那科斯是当地文化英雄福洛纽斯的祖先。但伊那科斯却是条小河，不下雨就会干涸。如果他是神明，为什么还会这样呢？答案只能是因为受到另一位神明超凡力量的影响。很久以前，当赫拉和波塞冬为拥有阿尔戈斯的领土而进行争夺时，伊那科斯曾是偏袒赫拉的裁判之一。因为这一决定对波塞冬不利，后者便气愤地使伊那科斯河的水流消失了。

根据一种常见的神话类型，一条河流的女儿将会与一位神明结合，并生下一名英雄，后者则将转而成为希腊某个未来的社区的祖先。一个例子便是阿索波斯（几条河流都叫这个名字，比如玻俄提亚的一条和靠近西库翁的一条，位于科林斯以西），他的众多女儿中有仙女科耳库拉（以她的名字命名了一座岛屿，即现代的克基拉/科孚岛）和萨拉米斯，她们都曾为波塞冬所爱，还有为宙斯所爱的埃癸娜。不幸的是，这类关系的受害者遭受痛苦和获得满足的可能性一样大。伊那科斯之女伊娥，即那名被变为母牛的少女，就因为她与宙斯的关系而痛苦地饱受折磨（见第98页），尽管她最终确实恢复了人形，而且伟大的英雄们——达那俄斯、珀耳修斯与赫拉克勒斯——也将成为她的后代。

威廉·盖尔爵士于1804年和1806年在希腊的两次旅行激发他出版了好几部关于希腊世界的带插图的作品。这幅作于1805年的《滕比河谷》是他最有情调的水彩画之一。

达佛涅

没有哪种补偿能够缓解仙女达佛涅遭受的痛苦。据不同的神话讲述者所说，她或是阿卡狄亚的拉冬河之女，或是忒萨利亚的珀涅俄斯河之女。无论是谁，她的父亲都很英俊：鲍萨尼阿斯称拉冬河是希腊最可爱的河流，而珀涅俄斯河则蜿蜒流过俄萨山与奥林匹斯山之间青翠欲滴、绿树成荫的滕比河谷，后者是无数诗歌与艺术作品的主题。在达佛涅故事的伯罗奔尼撒版本中，她就像阿耳忒弥斯的凡间对应者一样，跟她的女伴们在野外打猎。当一个叫作琉基波斯（"白马"），即厄利斯王俄诺马俄斯之子爱上她时，他能接近她的唯一方式便是将自己假扮成一个姑娘。这条计策在一段时间里是奏效的，可当阿波罗也在追求达佛涅时，神明向仙女及其同伴们的心中灌输了一种脱下衣服并跳入拉冬河的欲望。琉基波斯的伪装暴露了，被冒犯的少女们刺死了他。

拉冬河、达佛涅和琉基波斯的故事很少在后古典时期的神话传统中产生回响。跟许多例子一样，达佛涅命运的流行版本仍然是罗马诗人奥维德充满丰饶的文学想象的那个。为奥维德《变形记》的中心主题量身定做的故事将达佛涅作为珀涅俄斯河之女。她拒绝了阿波罗的性企图，并向她父亲祈祷，然后就被变作了一棵月桂，从此它将成为阿波罗的圣树。

阿尔菲奥斯

同样适于奥维德的主题，但也被希腊资料（以许多变体）传播的是另一位河神与另一位仙女的故事。伯罗奔尼撒半岛的主要河流阿尔菲奥斯河发源于阿卡狄亚，并向西流入南伊奥尼

（左）15世纪佛罗伦萨的画家安东尼奥·德尔·波拉约洛描绘了达佛涅通过变形为月桂以躲避阿波罗的爱欲追求的场景。达佛涅外形上的变化很难被形容为朴实无华，然而它发生在一个"熟悉的"背景中：这片风景像是佛罗伦萨附近的阿尔诺河谷。阿波罗打扮得像个文艺复兴时期的贵族青年。

亚海。向几乎正西方前行，下一片陆地便是西西里的叙拉古。这一地理事实被阿尔菲奥斯追求仙女阿瑞图萨的故事加以发挥，后者曾在前者的波浪中游泳。她拒绝了他并逃走了，但他却继续追寻着她，甚至跨过了大海。她变成了以她名字命名的一汪泉水，从叙拉古的俄耳堤葵亚小岛上冒出，而阿尔菲奥斯从地底追上了她，和她的水流在那里交汇。地理学家斯特拉波（公元前1世纪/公元1世纪）曾嘲讽过阿尔菲奥斯河从地下向西流淌的想法——毕竟他明确观察到这条河并未消失于地下，而是在众目睽睽之下流入了大海。必须强调的是，斯特拉波的观点并不证明希腊人"不相信他们的神话传说"，它只是展现了一种对于神话传说的真实性所能表达的合理观点。比起虔诚接受，怀疑主义才是"真实"得恰到好处的一种反应。

（右）吉安·洛伦索·贝尼尼所作大理石雕像《阿波罗与达佛涅》（1622—1625）卓越地捕捉了主人公们的惊讶神情。神话讲述者们常用阿波罗与达佛涅的故事来说明童贞（达佛涅的选择）与肉体欢愉（阿波罗的目标）之间的对立。对贝尼尼雕像的观众而言，自然还是人物的性感产生了更大的影响。

大海

在希腊人眼中，大海的基本特征便是其不确定性。诗人西摩尼得斯曾这样写道："在夏季，大海总是风平浪静，人畜无害，是水手们的巨大福音；但它也时常在滔天巨浪中高声咆哮，翻腾不定。"（他是在跟某类女性做比较。）大海的这种双面性将贯穿在我们的资料中。

关于大海消极的一面，我们可以阅读柏拉图的《法律篇》，它是一篇关于哪种法律应当被引入克里特岛上一个想象的殖民地中去的对话。在某一时刻，讨论转向了城邦将在何处建立的问题。它应该临海而建吗？根据一位对话者的观察，那将产生可怕的后果，因为靠近大海"使陆地上到处在进行零售和批发的买卖，在一个人的灵魂里培植起卑劣和欺诈的习惯，使市民们变得彼此不可信任和怀有敌意……"[1]

然而另一方面，通过捕鱼和贸易，大海也能成为生存的宝贵资源。它甚至能被视作希腊

---

[1] ［古希腊］柏拉图著，张智仁、何勤华译：《法律篇》，上海：上海人民出版社，2001年，第108页。

波塞冬用他的三叉戟来掌管波涛，但他并非唯一与大海有关联的神明。塞浦路斯岛南岸，帕福斯以东25公里处，据说便是阿佛洛狄忒从海浪中诞生的美好之地。

自身的一个象征。和柏拉图差不多同一时期的色诺芬在创作其惊人巨著《长征记》时，整个叙述中最戏剧化的时刻便是希腊远征军的成员在穿过小亚细亚、巴比伦和亚美尼亚之后，终于看见了黑海的波涛。他们欢欣鼓舞地大叫："Thalassa, thalassa!"（即"大海，大海！"）这意味着他们已经回到了"家乡"。

神话探讨了大海的不确定性。有关山峰、洞穴、河流和泉水的神话传说都包含着一系列数量繁多的神明，可只有一位神明代表着大海——波塞冬。尽管他并非唯一活跃在海水中的力量，却充分拥有对于其他力量的绝对权威。他的脾性时而平静安详，时而又暴虐失控。

在荷马的《奥德赛》中，波塞冬曾不断用残忍的风暴打击奥德修斯，但他同样会被亲密嬉闹和柔弱顺从的深海生物围绕。在摩斯科斯关于宙斯诱拐欧罗巴的诗歌里，波塞冬正是在一群海洋生物欢快的音乐聚会中庆祝其兄弟即将来临的婚礼的：

> 来自深海的海豚在波涛之间
> 欢快地跳跃。海仙也从海中浮现，
> 全都坐在海兽的背上列队前行。
> 低吼的撼地者［波塞冬］
> 则在海水之上将波涛抚平，
> 并引领他的兄弟走上咸涩之路。
> 特里同在他身边围聚起来，这些
> 声音低沉的海中音乐家们，
> 用锥形的海螺壳吹响婚礼之歌。

一些较为次要的海中神明，包括格劳科斯、涅柔斯、普洛透斯和特里同，都跟预言有所关联，也许这暗示着大海的深度与未来的谜一般的深奥十分相似。在海上同样有权势的（尽管并不被认为栖居于海中）还有"狄俄斯库里兄弟"，即"宙斯的孩子们"卡斯托尔和波吕丢刻斯（Kastor and Polydeukes），罗马人则将他们称为卡斯托耳和波鲁克斯（Castor and Pollux）。他们的家世是典型的英雄式的：作为勒达的孪生子，他们的伟大功绩包括参与猎杀卡吕冬野猪以及参加阿耳戈号的远征。

然而跟太多英雄一样，他们的殒落也是因一场家族纷争而起。他们与其堂兄弟伊达斯和林扣斯①卷入了一场致命的争执之中：有个版本说狄俄斯库里兄弟绑架了琉基波斯的两个女儿，可她们本应嫁给伊达斯和林扣斯。然而多亏了宙斯，卡斯托尔和波吕丢刻斯才获准在死后可以过跟生前一样的生活：他们可以轮流生活在奥林匹斯山和冥界。在这种非比寻常的死后状态下，遇险的水手可以召唤他们。只要听到水手们的祈祷，这对孪生子就将骑着他们标志性的白马，或是在风暴中以围绕着船桅猛烈放电（圣艾尔摩之火）的形式前来救援。

---

① 卡斯托尔和波吕丢刻斯是勒达的孪生子，其中卡斯托尔为勒达与廷达瑞俄斯所生，而波吕丢刻斯则为勒达与宙斯所生；伊达斯和林扣斯是阿瑞涅之子，其中伊达斯为阿瑞涅与波塞冬所生，而林扣斯则为阿瑞涅与阿法柔斯所生。

克里特

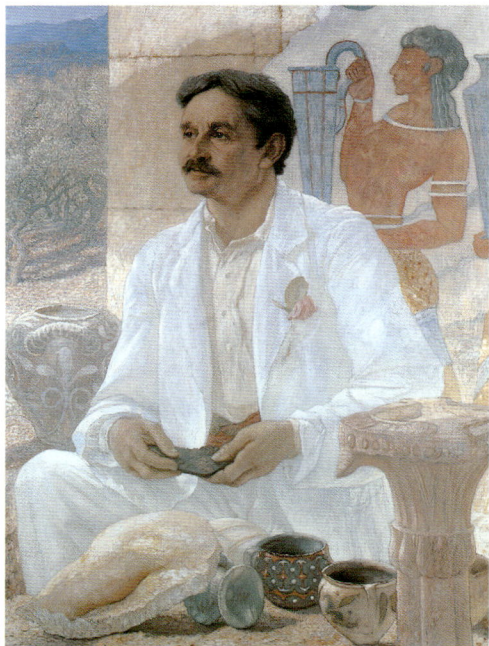

（左）威廉·里士满爵士所画的阿瑟·埃文斯爵士（1907年）。埃文斯的考古工作仍旧极大地影响着我们对"米诺斯的"克里特的看法。正是他使克诺索斯的惊人发现得见天日，并由此揭示了一个早于迈锡尼文明的公元前两千年的复杂文明。

安德洛革俄斯　格

（右）这尊来自克诺索斯宫殿的彩釉陶质人像，常被称作"持蛇女神"。它已经成为克里特岛"米诺斯"文明的一个标志。

自阿瑟·埃文斯爵士于20世纪初在克诺索斯的发掘以降，在关于克里特在神话中扮演何种角色的研究中，"克里特文明反映了青铜时代"这一观念最具影响力。青铜时代公牛跳跃的壁画被解读为弥诺陶洛斯之神话传说的先驱，而克诺索斯伟大宫殿里错综复杂的遗迹也被视作迷宫之神话传说的来源。"米诺斯文明"这一术语强化了这些关联，考古学家们则习惯性地，却也是主观地用它来描述青铜时代的克里特。当然，在民间记忆的某一层面，晚期克里特关于一头公牛或一座迷宫的神话传说很可能的确保存了对早期形象或习俗的回忆。但这一观点并未将这些故事的重要性说尽——正如一个词语的意思与其语源并不完全相同。关于克里特的神话传说，除去它们包含了以前发生之事的

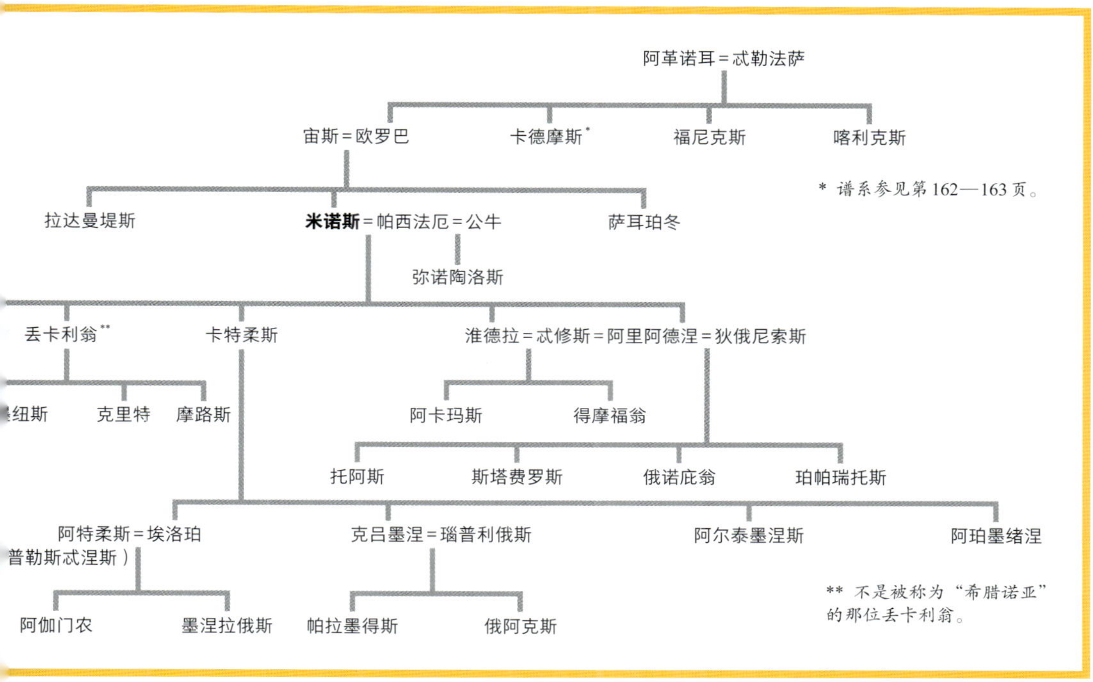

阿革诺耳＝忒勒法萨

宙斯＝欧罗巴　　　卡德摩斯*　　　福尼克斯　　　喀利克斯

* 谱系参见第162—163页。

拉达曼堤斯　　**米诺斯**＝帕西法厄＝公牛　　萨耳珀冬

弥诺陶洛斯

丢卡利翁**　　卡特柔斯　　　　　淮德拉＝忒修斯＝阿里阿德涅＝狄俄尼索斯

纽斯　　克里特　摩路斯　　　　阿卡玛斯　　　得摩福翁

托阿斯　　　斯塔费罗斯　　　俄诺庇翁　　　珀帕瑞托斯

阿特柔斯＝埃洛珀　　　　克吕墨涅＝瑙普利俄斯　　　阿尔泰墨涅斯　　　　阿珀墨绪涅
普勒斯忒涅斯）

阿伽门农　　墨涅拉俄斯　　帕拉墨得斯　　俄阿克斯

** 不是被称为"希腊诺亚"的那位丢卡利翁。

腓尼基公主欧罗巴坐在一头公牛的背上，后者实际是由宙斯变成的。当她到达克里特岛时，她将生下三个著名的儿子：米诺斯、拉达曼堤斯和萨耳珀冬。赤土陶器，公元前5世纪。

（上）米诺斯这一庄严高贵的形象出现在一枚来自克诺索斯的公元前4世纪钱币上。

的故事。说回到克里特，米诺斯囚禁了代达罗斯和他的儿子伊卡洛斯（见第92页），后来他们逃跑了。随后，根据一种传说，米诺斯又将背叛他的代达罗斯追赶到了西西里。代达罗斯藏了起来，但米诺斯却采用了一条配得上这位伟大发明家的诡计。他随身携带了一座口袋迷宫，即一枚螺旋形的海贝壳，任何能用一根线穿过它的人都将获得重赏。代达罗斯将一根线绑在蚂蚁身上，完成了任务，但也因此暴露了他作为唯一能想出这一妙招之人的身份。不过米诺斯没能处罚代达罗斯的不忠，还死得相当不体面。他在沐浴时被烫死了，有人说是代达罗斯发明的一套致命的水管系统造成的。

"残留"以外，还有很多可说之处。

　　在希腊神话中，克里特作为一个不寻常和有特色的地方而引人注目。了解这一特色的绝佳方法便是去看一看克里特的传奇统治者：米诺斯。先前（见第127—128页）我们已经提到过米诺斯生平中某些与雅典英雄忒修斯相关的事件，现在将那些事件放入背景之中将有助于理解。

国王米诺斯

　　米诺斯是宙斯与欧罗巴之子。为保持其祖先的辉煌，他似乎注定将取得从他位于克诺索斯的堡垒里统治克里特的权力。然而某天，他对权力的诉求却遭到了质疑。于是他祈求波塞冬从海里送给他一头公牛，以确认他的统治权，而他也将献祭那头公牛作为回报。波塞冬送来了那头牛，但米诺斯却破坏了协议：他留下了那头特殊的牛，转而献上了一头普通的牛。波塞冬的回应是往米诺斯之妻帕西法厄的心中注入一种对那头公牛不寻常的渴望。为满足她的欲望，她爬进了一头由米诺斯手下的工艺天才代达罗斯预制的人造母牛里面。二者交配后，其结合的奇怪产物便是弥诺陶洛斯：牛面人身且好食生肉。米诺斯将之关在了代达罗斯的另一项发明——被称为拉比林斯的迷宫之中。

　　我们已经讨论过忒修斯战胜弥诺陶洛斯，以及他带着阿里阿德涅出逃（见第127—128页）

克里特的两面性

　　米诺斯生平需要强调的关键方面便是两面性。正如我们在波塞冬送公牛的事件中见到的那样，米诺斯的主要特点之一便是他越界的倾向。比如，他还是个连环通奸者：据说他甚至曾试图强暴布里托玛耳提斯，即女神阿耳忒弥斯在克里特的对应者。作为报复，他的妻子帕西法厄便使用自己的力量（她是太阳神赫利俄斯之女）使之在射精时射出蛇、蝎子和蜈蚣来折磨他。正是米诺斯的这一方面使之在《奥德赛》中被描述为"意图毁灭的"。但他还有另一个方面。赫西俄德将他描述为"凡间的王中之王"，《伊利亚特》则称他为"克里特的守护者"。据说他每九年就要与他父亲宙斯进行一次交谈（见第199页），因此他便受到了最好的教导——奥林匹斯山的统治者所给出的教导。基于这样的教导，米诺斯获得了作为无比明智的立法者的声誉，这一权威甚至不因他的死亡而终止：奥德修斯在冥界见到了他，"手持黄金权杖，向死者宣布裁决"。某些古代和现代的批评家曾试图将加在米诺斯成就上的负面影响解释为雅典神话讲述者的偏见，因为据说米诺斯曾与其祖先们（例如忒修斯）斗争。但实际上，他雅努斯[1]般的两面性才是更广阔之图景的一部分。

---

[1] 古罗马神话中的门神及一切开端之神，常被描绘为两面神，一张脸回顾过去，另一张脸展望未来。

这只埃特鲁里亚陶杯（公元前4世纪早期）上欢快的画面描绘了看似相当强硬的帕西法厄对她不寻常的孩子所展现的柔情。很明显她是在轻拍他的后背以平缓他的呼吸。

米诺斯的克里特还存在着另一种两面性：它既是一个囚禁之地，也是一个不停移动之地。迷宫是囚禁的一个例子，另一个例子是米诺斯在帕西法厄与公牛交合之后威胁要将她隔离。

第三个例子与米诺斯与帕西法厄之子格劳科斯有关。当格劳科斯还是个孩子时，他掉进了一个大型蜂蜜罐里淹死了。没人能弄清楚到底发生了什么，因此就需要超乎寻常的知识。波吕伊多斯（"渊博之人"）赢得了米诺斯为寻找最佳占卜者而举办的一场测试，随即便发现了孩子尸体的位置。但米诺斯还希望他的儿子能够生还，于是他就将波吕伊多斯跟尸体囚禁在了一起。当一条蛇接近那尸体时，波吕伊多斯杀死了它。但随后另一条蛇出现了，它将一种药草厌在死蛇身上，使后者得以复活。波吕

伊多斯便重复了这一步骤以使格劳科斯起死回生。在波吕伊多斯教会格劳科斯占卜的技艺之前，醉心于施展其控制力的米诺斯始终拒绝将其放走。波吕伊多斯虽然照做了，却又让格劳科斯往他嘴里吐一口唾沫，使得后者忘记了刚刚学会的技艺。

米诺斯和大海

在这些事件中，米诺斯的统治是通过限制与囚禁的权力来实现的。但米诺斯的克里特还有另一张面孔，即它适于航海的一面。这一方面使得修昔底德说道："根据传说，米诺斯是第一个组建海军之人。"（这一点与青铜时代的克里特可能拥有或不曾拥有的真实制海权——一个在考古学家之间存在很大争议的问题——毫

这只阿提卡陶杯（约公元前470—前460年）上图像底部的两条蛇，连同两个人物的身份——波吕伊多斯和格劳科斯（右边），确认了它描绘的是发生在格劳科斯墓中的神秘事件。波吕伊多斯观察到一条蛇使用一种魔法药草使其同伴复活，他就采用了相同的步骤令格劳科斯起死回生。

无关联，甚至可以说，这一点只是后人对"神话传说的时代"曾发生过什么的认知。）尽管也可以说，海上权力只是米诺斯之控制力的另一方面，但争论中却有一个更为普遍的要点。从荷马以降，克里特人就被反复描绘成居无定所的旅人、海盗，克里特岛也是人们航行的起始地。欧里庇得斯的戏剧《希波吕托斯》中有首歌很典型，其中困惑的歌队正试图解释淮德拉的状况（实际上，她正因对其继子的爱而憔悴）。歌队怀疑，一个乘船从克里特——淮德拉的故乡——来的旅人带来的坏消息是真的吗？克里特是许多不停地移动的人和事物的源泉，其中不仅有米诺斯的妻子帕西法厄，还有他们的女儿阿里阿德涅和淮德拉。

神话中的克里特表明了权力的双重性。它是一个充满统治权、超凡技艺与海上霸权的地方。然而，统治权可以导向僭政（"负面的"米诺斯一系列的性冒险是众所周知的希腊僭主们典型的自我放纵），以及强烈的控制欲；超凡技艺对巧妙出逃很有帮助，但也便于囚禁和兽交；海上权力可以将船只带去帮助希腊人完成在特洛伊的大业——根据《伊利亚特》记载，克里特贡献了一支庞大的舰队——但它也促进了海盗行为，其实历史上的克里特人后来便因此而

臭名昭著。

关于克里特的神话传说探索了权力的某些两面性。从这个意义上说，这些神话传说就是"思想实验"。我们也许能走得更远，并提出这类故事暗示着绝对的权力终将失败。米诺斯最终也无法控制代达罗斯的技术，或是波吕伊多斯的预言技艺。当帕西法厄以及后来的阿里阿德涅渴求着陌生人身上的不同方面时，米诺斯同样无法控制她们。尽管米诺斯作为宙斯之子获得了权力，最终他却以在浴池中被烫死而结束了凡间生涯。

克里特和诸神

克里特之神话特殊性的另一方面是它与诸神的关系。宙斯曾在此出生的传说并未使克里特与众不同，鲍萨尼阿斯观察说"即便是一个有决心的人也会发现很难列举出所有坚持认为宙斯是在他们之中出生和被养育的人"。然而，至少根据克里特人自己的说法，克里特是所有神明的发源地。一位作家称，"大多数神明都从克里特前往人类世界的许多地方，将恩惠赐予人类各种族"。这是"文明从我们这里开始"这一常见神话主题的一个尤为有力的版本。更不寻常的则是古代的另一个说法，即克里特为宙

位于克里特岛狄克忒山山坡上的塞克洛洞穴，是在青铜时代就已存在的崇拜之地，从中发现的大量供奉物可追溯至公元前两千年到古风时期。无论它是不是传说中宙斯的出生地"狄克忒岩洞"，传统无疑认为许多著名事件都发生在山上的一个特殊洞穴里。有种传说认为这里是宙斯的出生地。另一种神话传说则说国王米诺斯曾与他父亲宙斯在洞中交谈，他们讨论的是米诺斯统治其王国所用的律法。

斯的死亡之地。诗人卡利马科斯在其《致宙斯的颂歌》中对这一说法做出了回应，他将之归咎于"克里特人都是骗子"。但后来许多作家都继续探讨宙斯之死的主题，包括那些欢快的基督教辩论家们，他们特别喜欢取笑那些讲述将死之神荒诞故事的异教徒们。

想要知道是谁炮制了宙斯死于克里特的故事并不容易。这类观点肯定并不与宙斯崇拜相矛盾，而后者是岛上宗教的一个主要特征。某些学者曾将之视为一种在相当有限的范围内流传的信仰，这可能受到希腊化时期的作家欧赫墨罗斯观点的影响，因为后者曾写过一首诗，断言乌拉诺斯、克洛诺斯和宙斯都是被感谢他们的人民尊崇为神明的凡人国王（见第225页）。另一种解读则是将这一故事视作克里特被描述为宗教力量沿着不寻常的方向涌动的神秘莫测之地的又一个证据。

特洛伊

去看看特洛伊在希腊神话世界中的特殊地位可以教会我们许多事情，尤其是下面两件：神话传说的意义随其讲述者视角的不同而改变，以及任何试图阐明"真实"空间与"神话"空间之对立的尝试都非常困难。

关于特洛伊战争的多维视角

对希腊人而言，特洛伊战争是真实发生过的，我们应该称其为历史事件。在被称作"帕罗斯大理石"的希腊化时期铭文上，特洛伊的陷落可被精确地追溯至雅典国王墨涅斯透斯治下第22年塔尔格里昂月[①]的倒数第七天。以现代历法算来，即公元前1209年的6月5日。这种自信的精确性很值得注意，因为这块铭文可追溯至公元前264或前263年，即比假定发生的事件晚了几乎一千年。其他古代资料也提供

[①] Thargelion，雅典"节庆历"中的11月，意为献祭"初熟果实"之月，奉祀阿波罗和阿耳忒弥斯，跨今公历的5—6月。

了一系列不同的时间，从公元前14世纪晚期直到公元前12世纪晚期不等，但它们全都在事件的史实性上达成了一致。考虑到在希腊文化许多方面都很典型的观点之多元性，我们就不会讶异于不是所有希腊人都以同样的观点来看待这一史实性了。比如，公元前5世纪的历史学家修昔底德就承认特洛伊远征真的发生过，但他却对荷马叙述中军队的后勤保障方面提出了疑问；六个世纪过后，鲍萨尼阿斯又在其《希腊道里志》中依循着一种类似的理性阐释的途径，将特洛伊的陷落——他也完全承认了其史实性——归咎于一种攻城机而非一匹木马。这类理性阐释的可能性并未破坏故事的想象力：希腊人与特洛伊人之间的对抗仍然是神话中最终的严酷考验，它探讨了人类在世界中之地位的重要性。

像希腊的每个神话传说一样，特洛伊的故事是易变的，并根据不同神话讲述者的兴趣与态度而有"商量"（学者有时给这一过程贴上这个标签）的余地。比如，在荷马那里，希腊人与特洛伊人之间并不存在种族或文化上的对立：双方都崇拜相同的神明，且哪一方都未垄断美

被称作"帕罗斯大理石"的希腊化时期铭文为人们眼中重要的历史事件提供了一份编年的记录。在所提及的事件中有一些是神话中的事件，包括特洛伊陷落的日期。这块大理石以两大块碎片的形式留存了下来：一块在牛津的阿什莫尔博物馆里，另一块则在帕罗斯的博物馆里。

德或邪恶。总体而言，古风时期的艺术与文学都遵循着在特洛伊人与其希腊敌人之间公正无私的荷马式先例。只是在公元前5世纪时，尤其是在雅典，经历过波斯人对希腊的入侵之后，"特洛伊"才呈现出一种尤为消极的形象，而特洛伊人则变成了"野蛮人"的原型。埃斯库罗斯《俄瑞斯忒亚》三部曲的首部戏剧《阿伽门农》当中有一个典型的场景。克吕泰涅斯特拉劝说她刚从特洛伊得胜归来的丈夫阿伽门农走过一块富丽的紫色毡毯，以宣告他作为最终胜利者的地位。"如果是普里阿摩斯获胜，他将会怎么做呢？"克吕泰涅斯特拉虚伪地问道。"他一定会走过那块毡毯。"阿伽门农如是回答，暗示普里阿摩斯是个典型的、放纵的暴君。

波斯人在公元前480和前470年代被击退后，希腊人对波斯帝国的干预便持续主导着政治环境，直到公元前5世纪晚期两败俱伤的伯罗奔尼撒战争使前者显得不再重要，因为后者使雅典与斯巴达展开了竞争。在这一整个时期及以后，特洛伊战争都仍然是政治观念和军事行动的参照点。公元前4世纪早期，在斯巴达战胜了雅典之后，斯巴达国王阿格西劳斯便领导着一支希腊远征军进攻波斯。他直接援引了特洛伊战争的先例，在奥利斯献祭，因为传说中此前阿伽门农就曾这样做过。而在雅典，特洛伊也以相同的方式被"利用"过：当政治家伊索克拉底（公元前4世纪）提出让希腊人攻打波斯人以解放小亚细亚西部被后者占据的希腊城邦时，他试图举出希腊人占领特洛伊的先例来点燃爱国主义之火。

然而，在亚历山大大帝对神话传说的挪用面前，以上所有这些对特洛伊的"利用"都显得黯然失色。正因位于亚历山大所来自的"西方"与他想去征服的"东方"之间，伊利昂城——据说建立在特洛伊的遗址上——便在亚历山大的视野中扮演了一个关键角色，因为他将自己视作新的阿喀琉斯。亚历山大宣称通过他母亲奥林匹亚斯的血缘，自己的血管里流淌的正是阿喀琉斯的血液，而不像阿格西劳斯那样是阿伽门农的对应者。理论上这很可能导致亚历山大再去劫掠一次特洛伊，但他却要野心勃勃得多。正因其广阔的军事蓝图旨在将西方与东方统一为一个帝国，所以他也接纳了特洛伊人与其往昔的敌人。亚历山大并不满足于成

威廉·德普费尔德拍摄的希萨利克/特洛伊山上的东北部堡垒的发掘照片。其巨大的城墙几乎不容人质疑这一地点在政治和军事上的重要性。

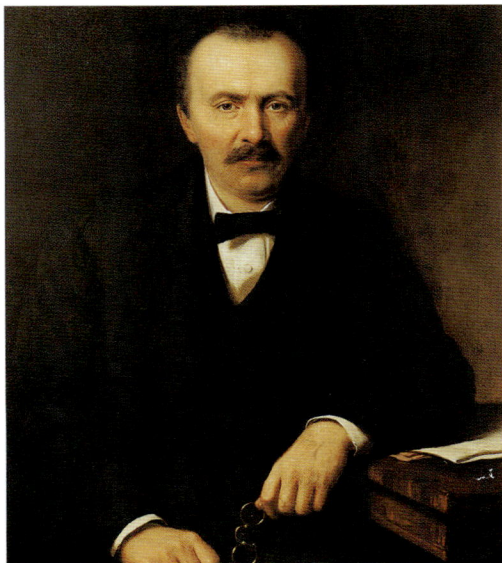

希德尼·霍吉斯所作的海因里希·施里曼画像（1877年）。作为商人与荷马史诗的狂热爱好者，施里曼通过他的发掘工作（尤其是在迈锡尼和特洛伊），为我们了解爱琴海地区的青铜时代做出了决定性的贡献。

的魅力就从未完全消逝，尽管它早已经历了许多改变。在现代，这种魅力的焦点就是被人们推定的城市遗址本身。关于遗址位置的知识在中世纪时失传了，直到18世纪中期这一问题才开始被认真对待。但发掘却要等到19世纪才开始进行，这首先要归功于弗兰克·卡尔弗特（1828—1908），然后要特别归功于海因里希·施里曼（1822—1890）。

特洛伊和考古学家们

生于穷困的施里曼能成功积累起一笔可观的财富还多亏了他非凡的商业敏感度。他随即便做了笔在时间、精力和金钱上耗费巨大的投资，即发掘位于迈锡尼、俄耳科墨诺斯、梯林斯以及特洛伊的希腊考古遗迹。他认为这项他热爱的工作实现了童年时的梦想。

施里曼对特洛伊遗址将在现代的希萨利克被发现的直觉，源自他自己从城墙、城门到珠宝、金子等每一样事物的令人印象深刻的发现（合作者为建筑师威廉·德普费尔德，1853—1940）。1930年代由卡尔·布莱根（1887—1971），以及从1988年起由曼弗雷德·科夫曼所

为阿喀琉斯，他还在宙斯的祭坛上献祭，用仪式抚慰了普里阿摩斯，因为据说普里阿摩斯正是在那里被阿喀琉斯之子——以及亚历山大传说中的祖先——涅俄普托勒摩斯屠杀的。

真实的与想象中的特洛伊

自被亚历山大造访之后，特洛伊所散发

海因里希·施里曼与其合作者威廉·德普费尔德的发现几乎从它们被宣布时起就引发了争议。比如，考古学家恩斯特·伯蒂歇尔断定施里曼和德普费尔德不仅错误解读了他们的发现，还在事实上施行了欺骗。这张具有历史意义的照片为1889年在希萨利克召开的会议保存了一份记录，而上述三位主角全部身处这场学术事件之中：施里曼坐在正中央，伯蒂歇尔是左数第二人，风度翩翩的德普费尔德则是右数第三人。

鸟瞰希萨利克（上图），以及正在进行的发掘（右图）。这处考古遗址广阔且复杂，为来自德国图宾根大学的曼弗雷德·科夫曼手下的新生代考古学家们带来了挑战。

在《伊利亚特》第三卷中，荷马描述了海伦和普里阿摩斯从斯开埃城门这一最佳位置俯视集结的希腊军队的情形。这幅由马克斯·施勒福格特所作的石版画（1907年）极好地表现了在场者的不同态度。右边是蜷缩在其斗篷之下的普里阿摩斯，特洛伊的长老们在最左边忙着聊天，正中间则是魅力四射又神秘莫测的海伦。

领导的后续考古活动也强化并扩展了这一图景。绝非所有考古学家都已接受科夫曼希望从其发现中做出的推断，但如果他是对的，那么从考古学证据和许多相关学科（尤其是赫梯学）的结合中浮现的，便是这样一种情形：在公元前第二个千年的中后期，位于希萨利克的这个城市是整个中东地区最大的城市之一，它在公元前13世纪后半叶可能拥有为数五千至一万的人口。

因施里曼而得见天日的一项最令人震惊的证据便是赫梯国王穆瓦塔里二世与维鲁萨（可与"伊利昂"相比较）地区的阿拉克桑杜的一份协议（约公元前1280年）。否认阿拉克桑杜与亚历克山德罗斯这两个名字间的相似性似乎是没有道理的，而后者正是普里阿摩斯之子帕里斯的别名。

但我们该如何处理这些从考古学和近东研究中得来的材料呢？它们对我们解读特洛伊的神话传说又能和又该产生什么影响呢？毫无疑问的是，对大多数游客而言，对希萨利克及其附近的一手认知赋予特洛伊的故事以直观性：巨大的城墙、暴露在外的遗址（"多风的"是特洛伊的荷马式修饰语之一）、平坦的土地（特洛伊人以驯服马匹而著称），所有这些都能成功引发认知的共鸣。但这类对应不该抹杀的却是如下事实：在古代的叙事背景中，特洛伊的故事是在一片象征性的土地上被演绎的，这片土地覆盖并改变了可能或不曾隐藏在地貌和历史"真实性"背后的一切。

《伊利亚特》中的特洛伊

想象中的特洛伊主要存在于《伊利亚特》当中，尽管许多其他的文本和图像也做出了各自的贡献。《伊利亚特》故事中最主要的空间划分是在特洛伊城与希腊人的营地之间，后者就位于他们停在海滩上的船只旁边。在这两个对立的区域之中，还存在着更进一步的划分。在特洛伊内部，有两处地方尤为重要。神之权力的焦点是位于城市最高处的雅典娜神庙，这里是特洛伊人表达其最热切的被保护之诉求的地方，尽管最终徒劳无功；至于人之权力，则以普里阿摩斯的宫殿为中心，那里住着他和他庞大的家庭：

官殿里五十间光滑的石室彼此邻近，
供普里阿摩斯的儿子们同他们的妻子睡眠；
在他们的居室的另一个方向，靠院子里面，
用光滑的石头盖成长长的屋顶，
一个挨着一个，一共有十二个房间，
供他的女儿们使用，普里阿摩斯的女婿们
在里面睡在他们的含羞的妻子旁边。

在希腊人的营地里，最重要的地点便是阿喀琉斯的营帐。在被阿伽门农羞辱后，阿喀琉斯正是愤怒地退回了此处；而为赎回赫克托耳的尸体，普里阿摩斯最终也来到了此处。同样重要的还有海岸线，因为阿喀琉斯在《伊利亚特》大半篇幅中的边缘化正是以他与他母亲——海中仙女忒提斯不断在海边谈心的方式呈现的。随后，海边也是受辱且自我边缘化的大埃阿斯在与军队其他成员的自我隔绝中自杀的地方。

由于特洛伊的故事讲的是冲突，因此希腊与特洛伊在空间上的交点就显得至关重要。交战的主要地点是平原：尘土飞扬，血光四溅，从希腊营地和特洛伊城墙上都能看见。最佳的观察位置还是城市的主入口，宏伟的斯开埃城门顶上。这是《伊利亚特》中一个著名场景的发生地，当时特洛伊的长老们正俯视着战场，"像知了一样"彼此交谈，他们注意到海伦也来到了斯开埃城门上，她与普里阿摩斯在那里一边凝望着集结的希腊军队一边交谈。"特洛伊人和胫甲精美的阿开奥斯人为这样一个妇人长期遭受苦难，无可抱怨，"长老们伤感地说，"看起来她很像永生的女神。不过尽管她如此美丽，还是要让她坐船离开，不要成为我们和后代的祸害。"

斯开埃城门还见证了最伟大入侵者的覆亡：那里是阿喀琉斯遇害之地，他的脚踵被帕里斯和阿波罗合力射中。但由于木马计取得了野蛮武力所无法取得的成果，战斗最终从平原、城墙和城门转移到了城内。如今希腊人已成了城墙的主人。他们以一种极端的蔑视姿态毁灭了关系城邦未来的最后的微弱希望，即赫克托耳与安德洛玛刻之子，尚是婴儿的阿斯堤阿那克斯王子。他们可能会将他小小的身体砸向了一座祭坛，也可能将他从特洛伊的城墙上抛了下去。

战争无情的残酷性被浓缩在了这幅画中：当普里阿摩斯的孙子阿斯堤阿那克斯躺在他的膝头被刺死时，这位浑身染血的年迈国王正等着涅俄普托勒摩斯给他致命一击。阿提卡水罐，约公元前480年。

205

冥界

在柏拉图《理想国》（公元前4世纪）开头的一段花絮中，对话的一名参与者，一个叫作克法洛斯的老人，描述了他与他年长的朋友们在相遇时所谈论的内容。除了回忆往昔，他们也不可避免地考量了即将来临之事：

> 当一个人想到自己不久要死的时候，就会有一种从来不曾有过的害怕缠住他。关于地狱的种种传说，以及在阳世作恶，死了到阴间要受报应的故事，以前听了当作无稽之谈，现在想起来开始感到不安了——说不定这些都是真的呢！

克法洛斯的话是希腊的神话传说会根据背景的不同而改变的又一个例子。这次，变化的关键是听到神话传说之人的年纪：同样一个人，他在人生的一个阶段可能会蔑视一个传统故事，但在另一个阶段却又会害怕它。克法洛斯还讲到了一些死后世界的特质。死后受到惩罚的观念暗示着一个人在生前的举动与这一举动将在死后导致的后果之间有关联（这是一个与《理想国》高度相关的主题，全书讨论的焦点就在于正义的本质）。但我们仍然有一种不确定感：死后究竟会是什么样呢？

荷马的冥界

在早期的希腊神话讲述传统中，我们找到了对这个问题的一种回答。《奥德赛》第11卷讲述了奥德修斯前去亡者之地的旅行。为找到这个地方，他必须航行到世界的边缘，将他的船只停靠在环绕一切存在物的大洋岸边。那地方黑暗且阴冷，雾气浓重，被杨树和柳树遮蔽。冥界的两条河流，皮里佛勒革同河（"火河"）和科库托斯河（"哀河"）流入第三条河阿刻戎（可能意为"呻吟"）之中。奥德修斯献祭了一只公羊和一只母羊，将它们的鲜血灌入一个坑里，其作用是吸引亡者的灵魂，后者靠饮用牲血可以暂时重获与生者交谈的力量。通过他与亡者的对话，奥德修斯知晓了冥王哈得斯与王后珀耳塞福涅之境的一些情况。尽管是虚幻的，但亡者的灵魂却保持着他们生前的身份与风度。然而，尤其是对那些生前曾无比荣耀之人而言，他们与其现下经历的对比就真的很痛苦了。

> 光辉的奥德修斯，请不要安慰我亡故。
> 我宁愿为他人耕种田地，被雇受役使，
> 纵然他无祖传地产，家财微薄度日难，
> 也不想统治即使所有故去者的亡灵。

这是从阿喀琉斯嘴里说出的话语。他受死亡所迫，不再是公众的焦点，并永居于阴翳之中。

奥德修斯的叙述并未提供一份清晰的冥界地形图，但他的叙述却暗示着一些著名的越界者被集中了起来，他们中的每一个都在忍受严厉的、永恒的惩罚。意图强暴女神勒托的提提俄斯，他的肝脏正被两只秃鹫啄食；被诸神允许分享其仙馔蜜酒可后来却背叛了那份信任的

（左）希腊西北部的阿刻戎河下游十分幽僻，两岸树木成荫，河水静静地蜿蜒流入海中。然而，在更远的上游，河水却贯了一条险峻的峡谷。对古希腊人而言，阿刻戎既是冥界的河流之一，也是真实地方的真实河流，以及想象中亡者之地的一个阴森的地标。

（右）流入阿刻戎河的小溪科库托斯，似乎与其名字（"哀伤"）不符。但对古希腊人而言，世界的这一部分却与死亡有关。最西边是太阳落山之处，阴冷且潮湿。

坦塔罗斯也在忍受着相应的折磨，即美妙的食物与饮料总是——"撩人地"（tantalizingly，源自Tantalos这个名字）——出现在他干裂的唇边却又不让他挨到；曾试图向死神欺瞒自己死期的西西弗斯则不得不无休止地将一块巨石推上山去，却又眼看着它滚落下来。这些惩罚的逻辑相当明显：任何人类的罪恶，连同那些有违诸神荣耀的罪恶，都会使犯罪者遭受惩罚。但又是由谁来确定这些惩罚，且又依据哪种机制呢？奥德修斯曾一度提及他看见米诺斯"坐在那里，手持一柄黄金权杖，向死者宣布裁决"。我们并不完全清楚这位克里特的前任国王到底是被授予了审判所有死者的特殊角色，还是仅仅在冥界重复其生前作为君主时所扮演的角色，即向那些围绕他的人们公正地颁布法律的角色。无论如何，米诺斯都是少数几个在奥德修斯所见的冥界里似乎仍旧保持着尊严的人物之一。

阿里斯托芬的冥界

说到荷马式充满迷雾、遗憾与痛苦的死后世界的狂欢式对立面，我们可以转向阿里斯托芬令人赞叹的笑剧《蛙》（公元前405年）。根据其有趣奇异的情节，戏剧之神狄俄尼索斯下至冥界，欲将前辈伟大的悲剧诗人之一带回阳间，因为在当时伯罗奔尼撒战争的关键节点，雅典人非常需要诗人的明智建议。（戏剧的第二部分展现了剧作家埃斯库罗斯与欧里庇得斯为悲剧的王座而展开的竞争。）

在狄俄尼索斯欢闹的行进过程中，我们知晓了这一喜剧版本中冥界的一些地理和居民状况。为了穿过一个"深不可测的巨大湖泊"，紧张的神明不得不与悲伤且易怒的亡者船夫卡戎同船而渡。他们在青蛙的呱呱大叫和扑通落水声中穿过了湖泊，又逃离了不断变形的女妖恩浦萨的魔爪。随后狄俄尼索斯遇上了一队他自己的信徒，这些亡者在生前加入了狄俄尼索斯的秘仪，因此被允许在冥界一片开满鲜花的地方过欢快的死后生活。

然而在那之后，狄俄尼索斯还遇上了最可怕的冥界居民之一：地狱的守门人埃阿科斯。尽管有些神话讲述者将他描绘成法律和正义的

典范，但在《蛙》中出现的埃阿科斯却是一个滑稽可笑的怪物。他言语夸张，还是个极为过分的虐待狂：

> 嘿，是你呀！你这毫无羞耻的人；令人作呕的、不要脸的东西！臭家伙，其臭无比的家伙。就是你，逮住了我的看家狗——刻耳柏洛斯。你牵着它的脖子，把它夺走了！现在你可摔进陷阱里来了。
> ——［插入夸张的朗诵］

> 斯堤克斯河水里巨大的黑岩礁、
> 阿刻戎那流血的石块，
> 和在科库托斯周围奔跑着的恶狗，
> 都狠狠地盯着你；
> 还有那百头的毒蛇，
> 也将把你撕成碎片；
> 你的肺部会被塔耳忒索斯的鳗鱼咬住，
> 泰特拉斯的戈耳工们
> 会把你的肠子和肾脏
> 一点儿一点儿地全部吃掉。①

在阿里斯托芬式历史悠久的有关排泄的幽默传统中，狄俄尼索斯对所有这类威吓的反应都是完成一场无意识的"奠酒"②。

---

① ［古希腊］阿里斯托芬著，罗念生译：《地母节妇女·蛙》，上海：上海人民出版社，2006年，第147页。
② 指吓得失禁。

冥界的河流

奥德修斯式与阿里斯托芬式的对于死后生活的想象尽管在风格上相互对立，但如果合起来看，就已经囊括了其他神话讲述者所归结的死者居所的大部分特征。其中有两个特征值得详加追述：冥界的河流，以及为"受祝福者"和为那些要在死后受罚之人而留出的不同区域的概念。

在后古典时期的传统中，两条与冥界最为紧密相关的河流是忘川（"遗忘"）与斯堤克斯河（"憎恶"）。在希腊人当中，忘川很少会被提及。当神话讲述者提到它时，它是这样一条河：它的水一旦被喝下，就会导致死者忘却他们先前的存在。（这是希腊神话多变性的又一例证：《奥德赛》中的死者还深深保留着他们的尘世记忆。）相反，斯堤克斯河却普遍被认为是冥界的主要地标之一。但它是什么，它又在哪里呢？在柏拉图在对话录《斐多》中对死后存在的推测中，斯堤克斯是一条流入湖泊的河流；而其他的希腊作家则认为它是冥界的一部分，发源于一条从一座陡峭悬崖上直落200米的冰冷水流，那座悬崖就位于

泰纳龙海角，即伯罗奔尼撒半岛最南端附近的海岸。由于可被视作希腊世界的"边缘"之一的位置，这里被相应地视作通往冥界的一个入口。

北阿卡狄亚深处的柴尔莫斯山脉中。鲍萨尼阿斯对这条河流所拥有的可怕力量深信不疑：他说，其河水会将死亡带给人类和其他一切生物。所有人都一致赞同的是斯堤克斯河尤为神圣。当奥林匹斯山的一位神明想要起誓时，神使伊里斯就会从斯堤克斯河里打来一壶河水，这样那条誓言就会在一场祭酒中变得庄严神圣。

阿刻戎是另一条与死后生活紧密相关的河流。在欧里庇得斯的作品中，阿尔刻斯提斯为她丈夫崇高地放弃了自己的生命以后，卡戎正是将她的灵魂摆渡过了阿刻戎河（见第170—171页）。然而，就跟斯堤克斯河一样，阿刻戎河也在真实世界中存在，以对应它在冥界中的位置。它发源于希腊西北部伊庇鲁斯的忒斯普洛提亚的山脉中，在接纳了科库托斯河之后不久便蜿蜒流入大海。这条小河为什么会与冥界产生关联呢？有两个原因。首先，西方——太阳落山的方向——是希腊人想象中常与黑暗、幽魅相关的区域；而从许多希腊人的视角来看，阿刻戎河正好位于西方。其次，阿刻戎河流淌在涅库俄曼泰翁遗址附近，在古代，那座神庙

真实世界中斯堤克斯河可能的位置之一是在这条位于阿卡狄亚的偏远峡谷中。无论它"究竟"在哪里，斯堤克斯河都既神秘又危险。它的名字在希腊语中意为"可憎的"。

在离阿刻戎河不远的一座小山上，有一处被认为是涅库俄曼泰翁神庙（死者神庙）的遗址。发掘这座遗址的是希腊考古学家索提里奥斯·达卡瑞斯。尽管有人曾质疑过他的发现，但他却令人信服地展现了我们能够确认的事物：（1）那些想要问询神谕之人首先被引领穿过的迷宫般的通道，以及（2）可以把画像吊下去以营造"冥界"般可怕印象的地下室。

是希腊人向死者问询之处。有些神谕圣地，著名的如德尔斐的神庙，坐落在遥远的山区，前期行程的艰辛是给问询神谕者带来心理影响的重要原因之一。然而，抵达涅库俄曼泰翁神庙却没有此类明显的问题。但进入这一超凡脱俗的圣地的首选方式是否就是在幽暗、蜿蜒的阿刻戎河上进行一段水上航行呢？

卡戎

在离开河流的话题以前，我们还得回到年迈、脾气又坏的卡戎。也许是出于在柏拉图的《理想国》里克法洛斯所提到的原因——即接近死亡会让人将注意力集中在死后生活可能的性质上——所以在葬礼上使用的陶瓶为我们提供了最全面的关于卡戎形象的证据。在一些

一名年轻运动员的尸体被发现时，其头骨上还戴着胜利的金冠。这一来自克里特岛圣尼古拉奥斯的独特发现，可追溯至公元1世纪。一枚银币也还在原处，即死者的下巴外面。这枚钱币是付给卡戎的报酬，因为他会将逝者渡往冥界。

被称作莱基托斯（一种被用于向死者献祭的长颈油瓶）的白底陶瓶上，卡戎以其经典角色出现，即从灵魂引导者赫耳墨斯的手中收下一个灵魂并准备将它摆渡到冥界。相反，在文学资料中，卡戎却很少像在阿里斯托芬的《蛙》中那么重要。但其工作的本质——为了一点微薄的渡资（那枚钱币通常被称作"欧宝"）而为每个曾经生活过的人（无论他生前是伟大还是卑微）摆渡——却适于被喜剧或讽刺故事利用。最好的例证便是讽刺作家琉善（公元2世纪），他关于诸神与人类弱点的散文体对话录包含了对这位见识广博的冥界摆渡人的一些描绘。在以卡戎命名的对话中，他对赫耳墨斯挖苦道："你看他们（人类）在干什么，多么有野心，互相争夺着权势、荣耀和钱财，这些东西在他们来到我们这里的时候，却都只好撇下，只能带一枚欧宝。"

值得注意的是，在一些非希腊的资料，特别是后希腊的资料中，卡戎的职权范围要广泛得多。对将之称为凯隆的埃特鲁斯坎人而言，他是一个挥舞着锤子的可怕地狱恶魔，长有钩鼻、胡须、兽耳以及不祥的矩形牙齿。另一方面，在现代希腊的民间传说中，卡罗斯（或叫卡伦达斯、哈罗斯）这个人物尽管仍是死亡的拟人化形象，但事实上已跻身天使之列。他或是被视作等同于大天使米迦勒，或是被视作后者的属下。可尽管他已被基督教信仰接纳（这一过程可追溯至拜占庭时期），但与卡罗斯相遇的景象却仍然教人害怕，因为他还保留着将死者的灵魂送离人世的重要职责。下面是一位塞浦路斯的母亲对其死去的孩子的哀悼：

（左）留有胡子的摆渡人卡戎正在从事他的灰暗营生。他前面那个有翼、骨瘦如柴的人物被称作精灵，即死者灵魂的形象。雅典的莱基托斯陶瓶，公元前5世纪中期。

211

无情的卡罗斯，你最最无情地夺走了我的孩子，

他就是我的骄傲，他就是我的生命啊。

奖赏与惩罚之地

古希腊的宗教总体面向此生而非来世。存世的文本十分缺乏对末世论（意即"对最后之事的研究"）的强调，这一事实似乎暗示了上述结论。这与我们在古埃及人、中世纪基督徒或穆斯林中看到的情况形成了惊人的对比。然而在古希腊的神话和祭祀习俗中，都存在着某些背景——在那里，人们的关注点集中在一种死后的区分上，其区分的一方是那些特别受优待之人，另一方则是那些邪恶之人。这种区分反映在了对冥界地形的描绘上。

根据神话资料零星提及的一种观念，死后有个特殊的地方是为那些在某种程度上拥有杰出生命之人而保留的。这一特殊的地方通常并未被视作冥界的一个从属部分，而是被当作它的一种替代选择。海神普洛透斯向墨涅拉俄斯预言的所在便是一个例证：

宙斯抚育的墨涅拉俄斯，你已注定

不是死在牧马的阿尔戈斯，被命运赶上，

不朽的神明将把你送往埃琉西昂原野，
大地的边缘，金发的拉达曼堤斯的处所，
居住在那里的人们过着悠闲的生活，
那里没有暴风雪，没有严冬和淫雨，
时时吹拂着柔和的西风，轻声哨叫，
俄刻阿诺斯遣它给人们带来清爽，
因为你娶了海伦，在神界是宙斯的佳婿。[1]

墨涅拉俄斯并不是品德特别高尚之人，他只是通过与海伦联姻而完美地拥有了优越的社会关系，实际上还有资料断言后者陪他去了极乐净土埃琉西昂（Elysion，拉丁语为"Elysium"）。我们偶尔也听说过其他英雄注定要被送往天堂般的死后世界，卡德摩斯、珀琉斯和阿喀琉斯都在此列。他们的目的地被指明为福岛，等同于极乐净土。那里的统治者据说为宙斯之父，提坦神克洛诺斯——仍然是个"外来者"，尽管这次被想象成了一位善良却遥远的统治者，而非宙斯的狂暴对手。但为什么卡德摩斯、珀琉斯和他儿子阿喀琉斯会被选中过上安逸的死后生活呢（在品达的《奥林匹亚颂》第二首所叙述的这一变体中）？就像墨涅拉

---

[1]《荷马史诗·奥德赛》，第74页。

在希腊世界的一些地区，都曾发现刻有铭文的金箔被放在墓中。它们上面的铭文包含了对死者关于冥界地理，以及关于在那里该如何表现以获得幸福死后生活的指引。下图所示的这片金箔（公元前4世纪）是在意大利南部的皮特里亚被发现的。

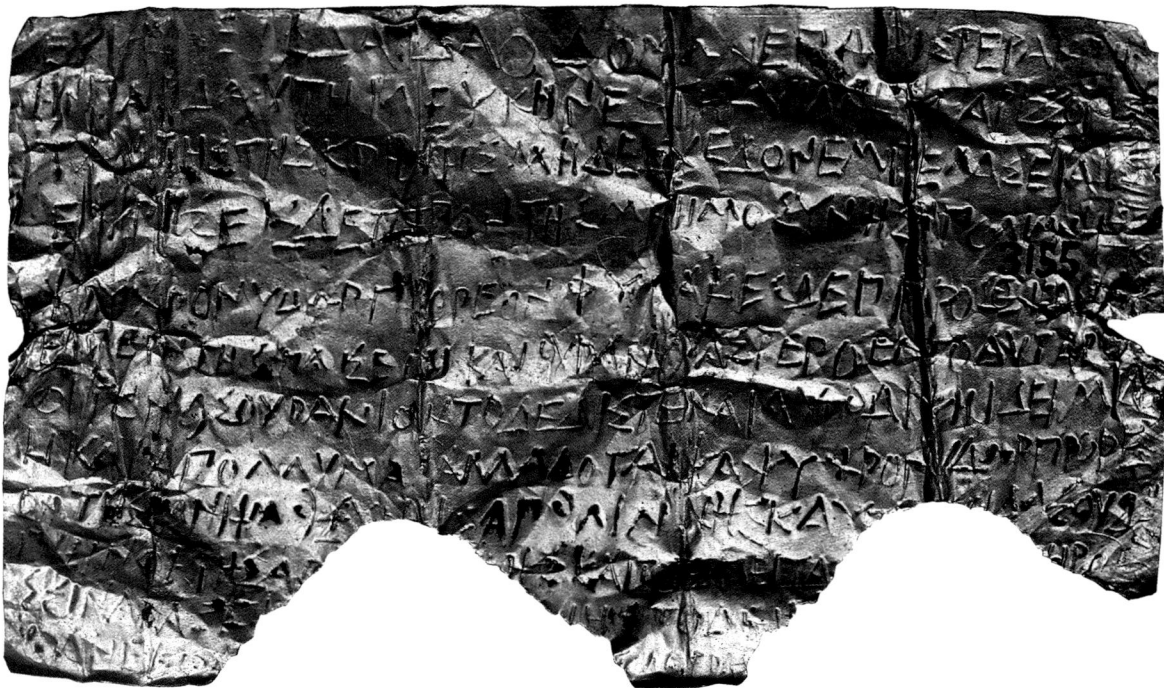

俄斯那样，答案跟道德标准无关，只跟是否亲近诸神有关：奥林匹斯山诸神曾亲自出席以祝福卡德摩斯和珀琉斯的婚姻，因此死后的特殊优待可以说是这些英雄们已然很优越的地位之延伸了。

普通希腊人能渴望这样进入天堂吗？正如在《理想国》中克法洛斯的焦虑所证实的那样（见第206页），并没有这样必然的假设。但仍有一条路提供了希望：参加某种祭仪——比如，狄俄尼索斯的或俄耳甫斯的，又或是厄琉西斯秘仪——其信仰包含着对个人救赎的承诺。考古发现的写在金箔上的简短文字，比如在意大利南部和忒萨利亚发现的那些，以一种令人兴奋却又神秘的方式（见左页插图）加深了我们对死后世界之信仰的洞察。这类文本明显是被打算用作对死者的微型旅行指导，连同进入冥界的特许通行证。其中一种是在皮特里亚被发现的，一只乌鸦从那里向南直飞约24公里就能到达意大利"脚尖"部位的克罗顿。而在罗马时期，这些被放在一个黄金容器里的金箔则被用作一种护身符，尽管上面的铭文可以追溯至公元前4世纪。其文字，连同一套对死者的指导，内容如下：

> 你将在哈得斯处所的左边发现一泓清泉，
> 它旁边矗立着一棵白色的柏树。
> 千万别走近这泓清泉。
> 而你将发现另一泓清泉，冰冷的泉水
> 从记忆之湖里流出。它的前面站着守卫。
> 告诉他们："我是大地与星空之子，
> 但我拥有神圣血统。这点你们心知肚明。
> 我焦燥难耐，渴得要命。赶快给我
> 从记忆之湖流出的冰冷泉水。"
> 他们自将给你圣泉（的水）喝，
> 然后你就会与其他英雄一起发号施令。

这类文本营造的氛围可与埃及的《亡灵书》相比拟，我们还能在更晚期的莫扎特的《魔笛》中找到相似点。等待着新加入者的那些细节并未被清楚说明，但未来必将有清新的水源而非磨人的干渴，有记忆而非遗忘。

纵观整个希腊神话对"天堂"的描绘，我们可以找到一幅拼拼凑凑且不连贯的图画。这并非因为希腊的诗人/思想家没有能力进行一种连贯的描述，而是因为只有在神话讲述的既定背景支持一种积极的、以奖赏为导向的死后世界之图景的时候，才需要这样的描述。这正是我们在柏拉图的某些对话中所找到的东西，其中关于伦理学的专门讨论以对高尚与邪恶之人在死后可期待之前景的更具推测性的叙述而结束。《斐多》便是一例，这部作品的悲惨结尾描绘了柏拉图那令人尊敬的老师苏格拉底在一座雅典监狱里被迫自杀前的最后时光。这就是支持高尚之人在死后被许以公正奖赏之图景的那种背景。毫无疑问，被苏格拉底当作一种可能性（即他口中"不是这个就是类似于它的某样事物"）来描绘的景象为正直之人提供了真切的希望，尽管其细节必然是模糊的：

> 至于德行出众的人，他们不到下界去，他们的死只好比脱离牢狱，从此就上升净地，住到地球的表面上去了。凡是一心用智慧来净化自己的人，都没有躯体，在那儿一起住着，将来还要到更美的地方去了。怎么样儿的美好，不容易形容，咱们现在也没有足够的时间了。[1]

为有功者提供至福希望的对死后世界的描述也一定能用更凄凉的前景威胁那些非正义者。这在地形上也有所暗示。正如我们之前在《奥德赛》中见到的有关奥德修斯到访冥界的情景那样，越界者有时就在冥界中接受惩罚。但其他记叙却谈到了一个更低、更远、更可怕的地方：塔耳塔洛斯，它在《伊利亚特》中被宙斯描述为存在于"地下最深的深渊里，拥有铁制大门和青铜的槛，就像天空远在大地之上那样远在冥界之下"。它也是柏拉图的末世论著述描绘的地方：最恶劣的越界者就被囚禁于此。我们在本章中插入了许多希腊的风景图，却无法给出一张关于塔耳塔洛斯的图像。它的特质只能通过反向的想象来把握，也就是说，它是一切明亮、清新与乐观之物的反面。

---

① 杨绛译：《斐多：柏拉图对话录之一》，沈阳：辽宁人民出版社，2000年，第95页。

持续更新的遗产

说到对后世的吸引力，希腊遗产的任何方面都不能与神话一较高下。当21世纪开始时，希腊的神话传说仍然在许多文化领域中保持着影响力，无论它是诗人和视觉艺术家们对神话传说的再创作，还是诸神与英雄们在电影、电视和电脑游戏中形象的不断更新。

在本章中，我们将从希腊神话适应新的文化背景的历史中选取几个关键时刻为例。从罗马人开始，我们将通过对故事的重述和重新解释穿越整个古代晚期和中世纪的基督教世界，并讨论从文艺复兴时期直到现在的一些与希腊神话相关的重要的艺术与文学作品。至于希腊的神话传说如何被后古典时期的世界"接受"这个过程，因为它的一个重要部分与学者们的不同解释有关，所以这些解释也将在我们的叙述中占据相应的分量。

我们首先要转向罗马。如果我们未能注意到希腊（特别是希腊神话）是罗马人理解他们自己与世界时富有想象力的中心，那么对我们而言，罗马的文明就将无法被理解了。

根据对英雄主义与船只结构的不同认知，艺术家们曾以许多不同方式来想象阿耳戈号及其船员。这幅绘于1484—1490年的作品由意大利画家洛伦佐·科斯塔所绘。

第七章　希腊人之后的希腊神话

罗马如何重新想象希腊

（上）这只陶瓶上的绘画其实是荷马史诗《奥德赛》中一个情节的插图：奥德修斯及其手下正将一根木棍插入波吕斐摩斯的独眼里。在古代所有对于刺瞎过程的描绘中，这大概是最有趣的一幅了：瓶子是埃特鲁里亚式的，还带着从希腊世界留存下来的最早的艺术家签名。

希腊的神话传说传入意大利半岛至少可追溯至希腊历史上的古风时期。希腊在意大利半岛南部和西西里岛的殖民地早在公元前8世纪就已出现，城邦建立者们所带来的文化中有一部分便是故事讲述。而在更北的埃特鲁里亚，考古发掘证实希腊的神话传说早在公元前7世纪就已为人所知。这只在台伯河以北的切尔韦泰里发现的搅拌碗（约公元前650年，见上图）便是一个例子。碗上一幅奥德修斯刺瞎独目巨人的画不仅显示出绘者对神话传说的熟悉，还显示出对荷马史诗《奥德赛》的熟悉。一个额外的收获是这件陶器上有签名："阿里斯多诺托斯制（此）"，书写的文字为欧玻亚希腊语（欧玻亚人是古风时期对外扩张的主力，尽管我们并不能确定阿里斯多诺托斯本人是否来到了埃特鲁里亚，又或者这件陶器是不是进口的）。这类发现

开启了一种丰富的传统，即埃特鲁里亚器物上表现神话故事的传统。有时其风格是传统希腊式的，但埃特鲁里亚的本土样式常常也很明显，例如存世的许多青铜镜上都雕饰着关于美人与爱欲的神话场景。

跟希腊的神话传说在罗马城中，以及在罗马的征服所带来的逐渐扩大的地理区域中的影响相比，上述这一切都显得黯然失色。我们最早的证据仍然是考古学上的：一件绘有雅典娜与赫拉克勒斯的赤土陶器可追溯至公元前6世纪晚期。这类图像究竟在什么程度上被认为是"外来的"，以及究竟在什么程度上是"罗马的"——在这个例子中最好该说是"密涅瓦"与"赫丘利"——实在很难说清。这种诠释问题还会重复出现在后来罗马遇上希腊神话传说的历史中，但至少与该问题相关的证据适时地变得丰富起来。希腊神话传说在罗马所涉及的背景的范围的确比它在希腊本土的范围广阔。尤为

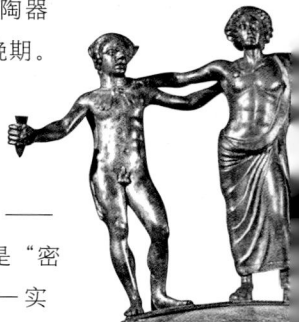

（右）这面雕饰过的埃特鲁里亚镜子描绘了一幅慵懒的爱欲场景。绑架裸体的年轻人伽倪墨得斯（Ganymede，在埃特鲁斯坎语中为"Catmite"）的老鹰或是象征着宙斯的权力，或是象征着变形后的宙斯本尊。

（右）"菲科罗尼珠宝箱"（约公元前300年）是将希腊神话艺术地运用到罗马背景中的极好例证。这是一件用来盛放女性饰品的有雕饰的铜器，它是——正如它上面的铭文所告诉我们的——在罗马制造的，是母亲送给女儿的一件礼物。它描绘了阿耳戈英雄传说中的情节。

丰富的是壁画、马赛克地板，以及石棺上的浮雕。罗马艺术通过这些媒介翻新了它从希腊继承来的遗产，并将之带往了新的方向。

罗马的这种再创造的一个方面是希腊与罗马诸神之间的"对应关系"。这种对应关系是由罗马人从早期开始建立的，作为一种在他们自己的宗教与相邻且具有文化权威的希腊人的宗教之间建立起关联的方式。（对这点完全不必感到惊讶：当希腊人将自己的神明与埃及的神明相提并论时，他们也做了相同之事，例如狄俄尼索斯对应奥西里斯，赫耳墨斯对应托特，等等。）在罗马一座可追溯至公元前6世纪第二个二十五年的伏尔甘神庙中，考古学家曾发现过一只描绘赫淮斯托斯的雅典陶瓶，这充分表明这两位神明之间的对应关系很早就已建立。大约四个世纪以后，诗人昆图斯·恩纽斯（公元前239—前169年）便直接将希腊的

（右）一幅富有魅力的壁画展示了珀耳修斯和安德洛墨达神话传说中的情节。来自庞贝附近博斯科特雷卡塞的别墅。

（右）在一幅来自奥斯蒂亚（罗马城的港口）涅普顿浴场中央大厅的马赛克镶嵌画上，涅普顿正在驱赶他的海马队伍。这座浴场落成于公元139年。

罗马石棺为我们提供了一些从古代留存下来的最为复杂和密集的神话群像。这里的狄俄尼索斯/巴克科斯正坐在一头老虎身上（中央），其两侧为时序女神、狂女和羊人。公元3世纪。

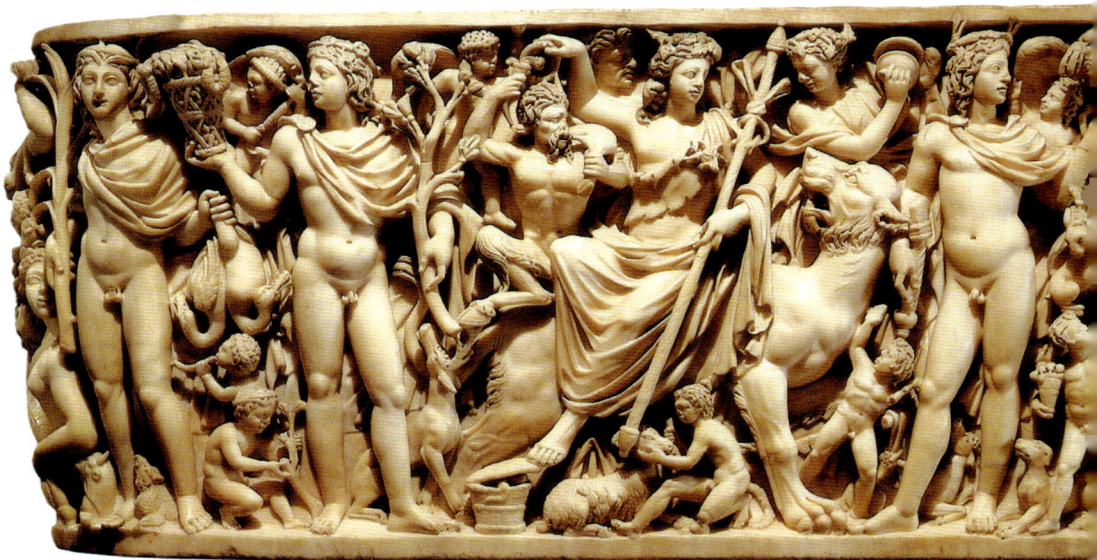

十二位奥林匹斯山神明与其罗马对应者等同起来了。

但有些对应关系比其他关系显得更为不对等。维斯塔远比其希腊对应者赫斯提亚更引人

希腊与罗马诸神之间的"对应关系"

希腊名	罗马名
阿佛洛狄忒	维纳斯
阿波罗	阿波罗
阿瑞斯	玛尔斯
阿耳忒弥斯	狄安娜
雅典娜	密涅瓦
得墨忒耳	刻瑞斯
狄俄尼索斯	巴克科斯
厄俄斯	奥罗拉
厄洛斯	丘比特（拉丁语为Cupido）
哈得斯	普路托
赫淮斯托斯	伏尔甘（拉丁语为Volcanus）
赫拉	朱诺
赫耳墨斯	墨丘利（拉丁语为Mercurius）
赫斯提亚	维斯塔
克洛诺斯	萨图恩（拉丁语为Saturnus）
珀耳塞福涅	普洛塞庇娜
波塞冬	涅普顿（拉丁语为Neptunus）
宙斯	朱庇特（拉丁语为Juppiter）

关注，罗马城市广场中尤为重要的维斯塔贞女祭仪就反映了这一点。罗马城的建立者罗慕路斯与雷穆斯的父亲玛尔斯，也在重要性上远远超过了其好战的希腊"对应者"阿瑞斯。这在罗马社会真是合适极了，因为它正需要依靠武力来支撑其惊人的扩张。但也有学者（荷兰学者H. S. 韦斯内尔）提出了玛尔斯在某些方面更类似于阿波罗而非阿瑞斯这样一个可信的论点：比如，他们都与面对灾难时的赎罪有关，也与殖民远征中的领导角色有关。墨丘利，就他而言，在罗马是与贸易和商业相关的，这一特征虽然与充当对立方之联系人角色的希腊对应者赫耳墨斯十分吻合，但它却代表了一个新的罗马式侧重点。

罗马人试图承认他们自己与希腊人的宗教–神话传统之间存在相似性，同时宣称他们自己有独特的罗马式想象力，而诗人们在其中发挥了重要作用。我们来看看四位这样的作家：两位创作于共和国时期，两位创作于帝国早期。

诗人们：普劳图斯

喜剧作家普劳图斯（提图斯·马克基乌斯·普劳图斯，活跃于公元前200年前后）是滑稽情境的大师级展现者，这些情境的主题是热切的年轻自由民与其混迹街头的无赖奴隶的劣迹，而他们都是在命运之星的引领下行动的。尽管他的大多数情节均取自同时代人的生活，

但其中一部《安菲特律翁》的情节却取自神话。这部戏剧描绘了朱庇特（宙斯）为与安菲特律翁那值得尊敬的妻子阿尔克墨娜（阿尔克墨涅）同床，而将自己伪装成安菲特律翁之后所发生的错综复杂又非常滑稽的误会。当朱庇特的亲信墨丘利将自己变成一个很像安菲特律翁侍从的人时，这种欺骗便加倍了。尽管戏剧发生的地点是希腊的忒拜城，但普劳图斯对神话传说的运用却能完全令人信服，而且这一重述最终成了既是罗马式又是希腊式的——这样一种特

（下）玛尔斯的罗马雕像（公元2或3世纪）。玛尔斯比他所"对应"的希腊的阿瑞斯可要丰富得多。战神在这里以一位全副武装的罗马将军的形象出现。

（右）这尊公元3世纪的青铜小雕像描绘了墨丘利穿戴着他特有的有翼的鞋和帽子。他被称为"传递"之神——传递货物（作为经营者与生意人的保护神）与信息（作为人类与诸神之间，以及死者与生者之间的调停者）。

征在墨丘利用一段更适合墨丘利而非赫耳墨斯的开场白抓住观众的注意力时显露无遗：

> 如果你想让自己的事业兴盛并在货物买卖和一切营生中获取利润……你可得在这部剧上演时保持安静，并做它公平与诚实的裁判。

卡图卢斯

普劳图斯为公共舞台而创作。一个半世纪以后，另一名伟大的艺术家也在希腊神话传说的遗产上留下了一个同样特别的烙印，但他却是以一种亲密且私人的风格来处理的。卡图卢斯（盖尤斯·瓦雷里乌斯·卡图卢斯，约公元前84—前54年）是维罗纳人，他像许多有抱负的"外省"作家一样，被吸引到了罗马。作为诗人，其中心主题是爱欲之激情，他常常将神话传说作为一种激发人们对其情感探索产生共鸣的方式。第64首诗有一种他将希腊遗产加以改变后的风味。作为一部长达400余行的精心创作的作品，这首诗表面上的关注点是对珀琉斯与忒提斯婚礼的叙述，在那个完美时刻，奥林匹斯山诸神离开了家园，用他们的出席和礼物为这一场合赐福。然而，诗歌却在中心部分引出了一段迥然不同的神话传说，它被绣在这对新婚夫妇的床罩上：忒修斯将阿里阿德涅抛弃在了纳克索斯岛上。

> 那里，阿里阿德涅从狄亚岛［纳克索斯岛］
> 波涛轰鸣的岸边向外凝望
> 并眼见忒修斯乘着他的快船启航，
> 她不仅在心中滋生出无法控制的情感，
> 也不能相信她眼前所见的情景，
> 就在她从骗人的睡眠中醒来的瞬间
> 竟发现可怜的自己被留在了孤岛上面。

将这两段神话传说并置起来，卡图卢斯才能探寻忠诚与不忠之间的对立，以及诸神在大地上行走的英勇往昔与残酷不公的此时此刻之间的对比——这些主题在诗人极为热烈的短诗中同样重要，他在那些诗里的关注点之一便是对其私人关系中的稳定性与持久性的未被满足的渴望。

当卡图卢斯改编以前曾被希腊人讲述过的爱欲神话时，他确信能够使那些神话完全成为他自己的。通过将新的激情与急迫感注入希腊化时期的希腊爱情诗传统中，他表达了一种既与生活方式和政治相关，又与文学相关的态度：一种对美好的罗马的、公共的、政治军事美德世界的弃绝。

维吉尔

在维吉尔（普布留斯·维吉留斯·马罗，公元前70—前19年）的作品中，神话与政治背景之间的关系变得更为重要，也更为复杂了。维吉尔经历了垂死之共和国的残酷的内部争斗，并与奥古斯都的新政权关系密切，后者的专制

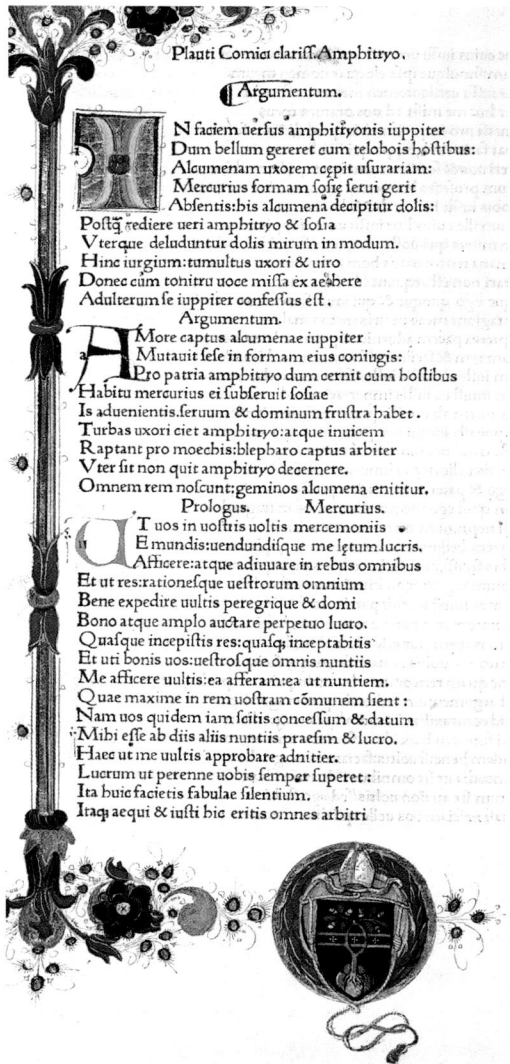

一份15世纪的手稿展现了普劳图斯的喜剧《安菲特律翁》的开头。这份手稿由达勒姆主教约翰·舍伍德于1481年在罗马购得。页脚上的盾形纹章可能属于原先委托制作这份手稿的意大利主教。

统治则渴望结束自相残杀的流血冲突。维吉尔的三部伟大文学作品中的每一部都需要被放在这一革命性时代的背景中来看待。

维吉尔的十首《牧歌》被认为是牧歌体的决定性复兴，这一文体此前的伟大作者是希腊化时期的希腊诗人忒奥克里托斯。《牧歌》里在牧人们具有代表性的歌曲中显得生机勃勃的田园风光必须被放在政治背景中看待，诗歌中普遍存在的这种氛围与罗马当时的血腥动乱形成了鲜明对比。特别引起读者神话方面兴趣的是第五首《牧歌》，它包括了一首对传奇的西西里牧人达佛尼斯（见第184页）的挽歌。《牧歌》的另一个显著特征是其想象中的地点为阿卡狄亚，这一点见于其中的几篇。从牧歌文学与艺术的后续发展来看，这一细节显得极为重要。这一创新源自许多传统的结合：阿卡狄亚与一种原始且孤绝的生活方式（尽管维吉尔已经弱化了它的缺陷）有关联；潘神与赫耳墨斯常常造访此地，这两位神明因与放牧和丰产相关而特别适合牧歌的环境；更何况根据传说，当地

人还曾在罗马自身的历史中扮演过积极的角色（见第222页，在维吉尔的《埃涅阿斯纪》中）。牧歌式"阿卡狄亚"的发明是创造性的神话讲述（事实上是神话创造）的一个清晰例证：在后来的欧洲传统中，这种古希腊世界的田园诗般的图景将对想象力产生巨大的影响。

在他的第二部主要作品，即四卷本的《农事诗》中，维吉尔描述并赞颂了种地农人的辛劳，这类劳作是另一种抵御内战撕裂的堡垒。在诗歌从农业转向植树、畜牧和养蜂之后，维吉尔最后在第四卷中讲述了两段相互交织的神话传说。神话中的农夫阿里斯泰俄斯（Aristaios，拉丁语为"Aristaeus"）在无意间导致了俄耳甫斯之妻欧律狄刻的死亡，结果阿里斯泰俄斯也受到了其蜜蜂病死的惩罚。当他得知病因时（他迫使通晓一切的海神普洛透斯说出所知道的情况），阿里斯泰俄斯便献祭了几头公牛，随后蜜蜂从公牛的身体中奇迹般地涌了出来。

这一神话传说中还包含着另外一段故事：

在托马斯·科尔绘于1838年的《阿卡狄亚之梦》中，人物和他们所造的建筑在宁静且广阔的风景中显得矮小。科尔生于英国，后移民去了美国，他的想象表达了人与自然之间一种田园诗般的和谐。

221

被称为《罗马维吉尔》（公元5世纪末）的装饰华丽的抄本中有这张被用作维吉尔《农事诗》插图的图片，它画的是在散布着动物与植物的背景中演奏乡村风味音乐的场景。

俄耳甫斯失去欧律狄刻，他孤独、无法安慰的悲伤，以及他最终被狂女们撕裂的可怕死亡。维吉尔复杂的诗歌结构是将一名英雄（阿里斯泰俄斯）与另一名英雄（俄耳甫斯）相比较，前者顺从诸神并受到了奖赏，而后者的故事却说明即便是最具天赋之凡人的幸福也受限于不可避免的限制。这并不是一段依附性的、"二手"的神话传说，而是一种大胆且新颖的创造。

维吉尔成就的顶点，也是罗马人神话讲述的双峰之一——与奥维德的《变形记》并列——是《埃涅阿斯纪》，这部十二卷本的史诗叙述了特洛伊英雄埃涅阿斯（Aeneas，希腊语为"Aineias"）从特洛伊的覆灭中逃脱，一直到特洛伊人联合拉丁姆人的壮举，这一联合是其后建立罗马城的基础。作为诗歌创作，这部作品极有雄心，因为它不仅吸收、改写了《伊利亚特》和《奥德赛》，还要与它们竞争：在埃涅阿斯的奥德赛式流浪之后便是他的伊利亚特式战斗。

《埃涅阿斯纪》也是一部具有强烈政治色彩的诗歌。在新建立的奥古斯都政权的背景下来看，这部史诗通过暗示作出了一种极为积极的意识形态方面的表态，因为它首先赞美了击溃敌人，其次也赞美了因不同族群之融合而使其成为可能的全新开端，这些族群之中就包括了希腊人（埃涅阿斯遇见了一群阿卡狄亚人，并与这群已经定居在未来罗马建立之地的人结成了同盟）。

但是，在赞美胜利的同时，《埃涅阿斯纪》也是一部极具人性的诗歌，因为它并未让失败者的渴望被历史的洪流吞没。尽管罗马与迦太基在历史上存在冲突，但埃涅阿斯对迦太基女王狄多的爱情——虽然他在命运的逼迫下决定放弃这段爱情——却仍然有一种引人遐想的影响力，这种影响力甚至超越了一切简单的"罗马好，迦太基坏"的两极化观念。而且，对抗特洛伊人侵者的意大利本土军队也未曾受到持续的谴责。该诗突然结束于埃涅阿斯在无情的愤怒中杀死当地王子图努斯这一行为，它与《伊利亚特》更为克制的结局形成了鲜明的对比：在《伊利亚特》中，阿喀琉斯与普里阿摩斯都意识到了彼此的人性，而且阿喀琉斯的愤怒至少已暂时顺从于怜悯。

奥维德

另一位罗马诗人在对后世欧洲神话重述的影响力上不屈居于任何人（包括维吉尔）之下。奥维德（普布留斯·奥维第乌斯·纳索，公元前43—公元17年）将神话传说吸收进了其诗歌的方方面面。他的爱情诗从每个能够想到的角度探索了爱的体验，并开拓了错综复杂的神话资源以增加有关爱欲的资料。他最具创新性的作品之一《女杰书简》由一系列韵文信件组成，这些信件据说都是女性神话人物写给其男性爱人或丈夫的（在某些情况下还有双方互写的成对信件）。尽管受限于如下事实，即它们被想象成是在神话展开过程中的某一特殊时刻写成的——这就意味着"未来的结果"无法被叙述，只能被反讽地暗示——这些假想的信件仍然包含了一系列非凡的人性体验，因为它们表面上的作者是诸如珀涅罗珀、狄多、美狄亚以及淮德拉（拉丁语为"Phaedra"）之类的不同女性。

但即使是这样一系列体验，在奥维德的神话杰作《变形记》面前也黯然失色。一部十五卷本的史诗仅仅从一个神话主题中生发而来似乎显得不可思议，可那却正是奥维德尽情享受的一种挑战。在《变形记》中，他使令人惊奇的变形主题成了对反常之爱的一种探索的关键。变形的神话传说在之前的希腊重述中通常都已

被固定在特定的地方，而在奥维德这里，它们却经历了一个巧妙的普遍化的过程，从而拓宽了它们的关联，并为奥维德的史诗在中世纪世界中成为一本包罗万象的神话手册铺平了道路。实际上，希腊神话也正因此才成为了"古典"

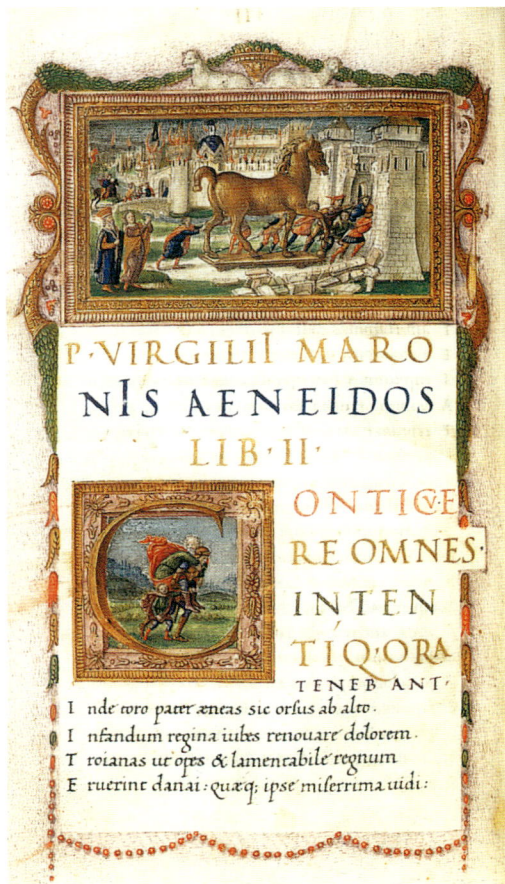

（左）源于特洛伊陷落的两个标志性场景在《埃涅阿斯纪》的一份15世纪晚期意大利抄本中装饰了第二卷的开头。上方描绘的是木马正被不加怀疑的特洛伊人推入他们的城中。下方则是埃涅阿斯扛着他年迈的父亲安喀塞斯最终离开特洛伊的场景。

（下）埃律西克通砍倒了刻瑞斯（得墨忒耳的罗马对应者）的一棵圣树，他受到的惩罚是一种极度的、最终致命的饥饿。罗马诗人奥维德在其《变形记》中重述了这一故事，此处是附有约翰·施普伦对该诗所作的讽喻性评论的一个1570年的巴黎版本中表现这一故事的插图。

《变形记》及后世作品中的那喀索斯

在《变形记》的第三卷，奥维德讲述了英俊的年轻人那喀索斯（Narcissus，希腊语为Narkissos）的故事，他爱上了自己在林间池水中的倒影，这位自恋的年轻人所不感兴趣的仙女厄科也消逝为一道回声。当他沮丧的眼泪搅乱了自己清晰的倒影时，那喀索斯那无望的爱情也达到了顶点：

> 他说完这番话之后，悲痛万分，又回首望着影子。眼泪击破了池水的平静，在波纹中影子又变得模糊了。他看见影子消逝，他喊道："你跑到什么地方去呢？你这狠心的人，我求你不要走，不要离开爱你的人。我虽然摸你不着，至少让我能看得见你，使我不幸的爱情有所寄托。"他一面悲伤，一面把长袍的上端扯开，用苍白的手捶自己的胸膛，胸膛上微微泛出一层红色，就像苹果有时候半白半红那样，又像没有成熟的累累葡萄透出的浅紫颜色。一会儿池水平息，他看见了泛红的胸膛，他再也不能忍受下去了。就像黄蜡在温火前熔化那样，又像银霜在暖日下消逝那样，他受不了爱情的火焰的折磨，慢慢地要耗尽。白中透红的颜色褪落了，精力消损了，怡人心目的丰采也消失殆尽，甚至连厄科所热恋的躯体也都保存不多了。[①]

1997年，英国诗人特德·休斯（1930—1998）以《取自奥维德的故事》为题出版了他对

奥维德《变形记》的再创作诗集。它很快就成了畅销书。以下是休斯关于那喀索斯的同一段故事的略微强健版：

> 那喀索斯对着池水哭泣。
> 他的眼泪打破了那圣地的平静，
> 他的倒影也随之模糊不清。
> 他追着它哭喊："别离我而去。
> 如果我摸不到你，至少让我看得到你。
> 请让我滋养我那饥饿又不幸的爱情——
> 只消看看就好。"
> 然后他扯开上衣，
> 用白皙的拳头捶打光裸的胸口。
> 那皮肤在击打下泛出潮红。
> 当池水归于平静，
> 倒影也恢复了完美，
> 而那喀索斯一见如此，
> 却再也承受不了。
> 就像蜡靠近火焰，
> 也像清晨的第一缕阳光
> 洒满白霜，
> 他被自己的爱情
> 熔化——吞噬。
> 他的美貌之花如同厄科的一般
> 褪色，萎败，凋零——
> 他从自己的眼中消失不见。
> 直到那使厄科迷乱的身体
> 化为乌有。

①［古罗马］奥维德著，杨周翰译：《变形记》，北京：人民文学出版社，1984年，第42—43页。

神话。现代世界正是从罗马的神话讲述者那里，继承了披着罗马外衣的"希腊"神话。

罗马运用和重塑希腊人遗产的能力在帝国时期丝毫未见衰减。维吉尔和奥维德在文学上的继承者们继续利用着原本是希腊的，但如今却全然罗马化了的故事资料。在展现自身形象方面，奥古斯都的帝国继承者们也都依循着他的例子，使希腊神话传说中的象征手法适应专制统治的意识形态要求。例如，一尊约作于公元190年的不同寻常的半身像表现了残暴的康茂德皇帝持着大棒、披着狮皮的当代版赫拉克勒斯的形象。但在这类趋势中却出现了一种全新且日渐壮大的运动——基督教，其信徒是从一个新鲜且猛烈批判的角度来看待传统故事的。

政治人物在罗马，也像在希腊一样，喜欢将自己表现成效仿古代神话中人物的样子。卢基乌斯·奥勒留·康茂德（公元180—192年唯一的皇帝）将赫拉克勒斯引为榜样，甚至到了自称为"赫丘利·罗马努斯"（即罗马的赫拉克勒斯）的程度。就像他的神话典范一样，康茂德也具有极端暴力的倾向。

224

基督教的影响

这尊约作于公元前575—前550年的被称为"荷犊的男子"的大理石雕像是对一名肩扛动物幼崽之男子的亲切描绘（上图）。在公元3或4世纪的一尊将基督描绘成"好牧人"的雕像（下图）中，相同的主题被完美地吸收进了基督教的意象系统。

毫不令人意外的是，正是诸神而非英雄们的行为引发了基督教护教论者们的责骂与嘲讽。基督教的皈依者亚历山大里亚的克莱门（提图斯·弗拉维乌斯·克莱门斯，约公元150—211年）在其著作《劝勉希腊人》中嘲笑了异教徒那荒诞且不道德的神话传说。他惊呼道，谁不震惊于这样一种宗教，它崇拜的竟是从割下的生殖器里诞生的女神（阿佛洛狄忒）？谁又发现不了宙斯在阿尔戈斯被当作"秃子"来崇拜，而在塞浦路斯被当作"复仇者"来崇拜是相互矛盾的呢？

一个世纪之后，北非的基督教作家拉克坦提乌斯（全名可能是卢基乌斯·凯利乌斯·弗米阿努斯·拉克坦提乌斯，约公元240—320年）对某些异教徒的"非理性"信仰给出了一种解释，即那些被淫荡且荒诞之事缠身的传说中的神圣人物其实根本不是神明，而仅仅是被诗人们提升到了神圣的地位的凡人："（宙斯）据说曾用一只老鹰带走了卡塔米图斯（即伽倪墨得斯）。这是诗意的叙述。实际上，他可能是用一个以老鹰为标志的军团带走了后者，也可能是把后者放在一艘以老鹰为其保护神的船上，正如他抓住欧罗巴并带着她渡过大海时，那艘船上就有公牛的雕像。"

在解释异教神话的奇思异想方面，也存在不同的策略。拉克坦提乌斯之后一个世代，叙拉古的基督教皈依者尤里乌斯·费尔米库斯·马特尔努斯（公元4世纪）在传统神话传说中的诸神身上看到了自然现象和人类激情的被误导的投射。对太阳的崇拜其实应当给予上帝；在将通奸者宙斯、折磨（玛耳绪阿斯）者阿波罗，以及大肆杀戮者阿瑞斯奉为神明时，异教徒不过是将他们自己不敬虔的欲望神圣化了。

为展开这类针对被他们苛责为无信仰者之人的论述，基督教的护教论者们将新酒装进了旧瓶子里。供他们援引的现成资料之一便是演说家、政治家和作家西塞罗（马尔库斯·图利乌斯·西塞罗，公元前106—前43年）的专著《论神性》。这部作品以分属不同哲学派别的有教养的罗马人之间的对话形式写就，它包含了许多赞成和反对各种关于诸神之观点的论述。这些观点包括：神话中的诸神原本是人类，因为其成就才被人们回顾性地提升为神明；诸神象征着宇宙力量，或通过寓言这一媒介表达着道德观念。

这类观点在西塞罗之前很久就已存在：实际上，它们能追溯到希腊神话讲述传统的最核心部分。诸神是被神化之凡人的概念与欧赫墨罗斯这个名字（见第199页）联系在一起。在他的一部仅存残篇的乌托邦式的小说中，这位希腊化时期的作者（活跃于约公元前300年前后）描述了一次去往印度洋中一座假想中的小岛的航行，那里的一根金柱上刻有铭文，陈述着乌拉诺斯、克洛诺斯和宙斯的丰功伟绩，这三位已故的凡人国王因为他们的仁治而受到了其人民的崇拜。（考虑到当时盛行的政治风气，一位希腊化早期的作家能提到类似观点绝非巧合，其时亚历山大的数位继任者都从他们的臣服者那里受到了宗教式的崇拜以作为提供服务的回报。）

至于神话中的诸神应从寓言角度被理解的观点——也就是说，被理解为代表着宇宙力量或道德品质——这里也不难找到希腊的先例，比如在前苏格拉底哲学家，以及斯多葛学派的哲学家当中。注释家（古代的评论家）在对《伊利亚特》第20卷中一段诗文的注解中简述了这一方法，诗文的背景是互相敌对的诸神之间的一场战斗。注释家注解道，这场不适宜的战斗可以通过"自然与道德"寓言的形式加以解释：波塞冬——水，与阿波罗——太阳的热量为敌；贞洁的女神雅典娜——审慎的象征，对抗毫无理性且放荡不羁的阿瑞斯。其他解读如下：阿耳忒弥斯是月亮，赫拉是空气，阿佛洛狄忒是欲望……这种寓言式的解读方法据说至少可追溯至公元前6世纪晚期。

如果早期基督教护教论者们的反神话论点早在500多年前就有了祖先，那么那些相同的论证在古代晚期及其后也拥有无数的后裔。但我们却在这里遇到了一个悖论。基督教反对异教神话传说的理由几乎不需要更改就可以被用来（也的确曾被用来）为那些神话传说的留存和传播做辩护：因为如果神话传说并不"真的"包含令人震惊或荒诞的内容，我们又能以什么理由来反对它们呢？富尔根蒂乌斯（法比乌斯·普兰奇阿德斯·富尔根蒂乌斯，可能生活于公元5世纪晚期）主教的《神话集》便为这种友好的态度提供了一个例证。他的生平有很多模糊之处，但其如下独创性却是毫无疑问的：为使异教的神话传说适合基督教的听众，他运用了词源学上不同寻常的异想来支持他的寓言式解释。下面是他对有关仙女阿瑞图萨（Arethousa，拉丁语：Arethusa）之神话传说的意义所做的解释，后者曾被阿尔菲奥斯（Alpheios，拉丁语：Alpheus）河追赶着穿过大海直到叙拉古：

> 阿尔菲奥斯在希腊语中是aletias fos，即"真理之光"；而阿瑞图萨则是arete isa，即"公正的美德"。除公正之外真理还能热爱什么，除美德之外光又能热爱什么呢？而且它还在穿过大海时保持了它的纯净，因为无论怎样混合，明晰的真理都不会被周围的邪恶玷污。

考虑到包含着希腊神话——更确切地说，是希腊-罗马神话——的作品所享有的非凡的文学与教育权威，以及富尔根蒂乌斯所做的那类解释的独创性，异教故事在基督教框架内顽强地重生是完全有可能的。

中世纪

（右）纵观整个中世纪，奥维德对人们如何认知古代的神话传说产生了巨大的影响力。他的诗篇《女杰书简》以书信形式写成，那些信件据说是由神话中的女性写给其爱人的。其中一封是淮德拉写给其继子希波吕托斯的信件，她试图劝说后者成为其爱人。在插图（来自《女杰书简》的一份抄本）所示的场景中，淮德拉亲手将信件交给了温文有礼的青年希波吕托斯。

（下页）这张插图取自圭多·德·科伦尼斯《特洛伊沦亡史》的一份15世纪抄本，它将海伦与帕里斯的结合安排在了一座看上去非常像教堂的"维纳斯神庙"里。

（下）在一份14世纪的德文抄本里，赫克托耳与阿喀琉斯之间的战斗以穿着盔甲的骑士决斗的形式出现。

在接下来超过一千年的时间里，寓言式的解读将在一个全然基督教化的环境里对移植希腊罗马的神话传说产生累积效应。多亏了解释者们的敏锐心智，即便像奥维德这样经常在学校里被阅读的作者，也能被视为真理与美德之源泉。在拥有极大影响力的70000行诗歌《洁本奥维德》（作者不详，作于14世纪早期）中，奥维德《变形记》的每个部分都被解释为基督教的教诲：法厄同代表着反叛天使路西法；阿波罗对达佛涅的追求象征着道成肉身，而达佛涅则代表着圣母马利亚；刻瑞斯/得墨忒耳对普洛塞庇娜/珀耳塞福涅的追寻也象征着教会追寻迷失的灵魂并使他们恢复信仰。

欧赫墨罗斯的观念——异教神明只是被神化的凡人（见第225页）——是促进这一移植过程的另一个因素。根据基督教的世界进程（创世纪、人类的堕落、耶稣生平、最后的审判）而构想出来的时间系统中点缀着异教神话中适于被人化之神明的事迹，比如密涅瓦是第一位创造了羊毛纺织技艺的女性，而普罗米修斯则是教会其同伴生火之人。并不只有神明被吸收进了基督教的纪年表。异教英雄们的事迹也成了整体、统一之过去的一部分，尤其是在特洛伊的事迹。中世纪时，特洛伊战争开始被视作世界史中的一个核心事件，这不仅是因为那时所发生的一些极具骑士精神的事件，也因为许多家族和城市都将它们的起源追溯到了据说在其城邦覆灭后四处流浪的特洛伊人身上。法兰克人、诺曼人、不列颠人、威尼斯人、土耳其人，以及欧洲的许多贵族家庭，全都自称为特洛伊战争中伟大主角们的后代（见第228页）。

在宇宙象征这个领域，异教神明和英雄们的特性成了他们被纳入中世纪欧洲世界观的一张通行证，而非障碍物。古代时诸如太阳和月

sitzen vnd kom zu dem glstat Vnd von dauen einer kleine schkttige
in die finstern Citharea ist gebnē·so si paid von den einwauern
vnd andern in groß ere ist entfangen als die kraw der finstern
C· zu letzt si zuuolenden sze gelube den Tempel ist eingangē da
selbst hat si ire opffer der gotin Veneri in vil vnd köstlichen gaben

geraichet C·C
do ein sulchs pa
radi kunt getan
wart die königin
Helena des we
neltz hauskrawē
i ein grossen gesel
schafft vnd hrwun
derndē gepär zu dē
tempel sein gan
gen C·C Paris
nach dem köstlichs
ten gezwet kom
auch die ein wā
er het wol gehört
durch die verkü
düge der sag vor
langst geschehē
die swest Castous
vnd Polluas ein
vngelaublichen
schön grawe · do
er die sach do wart

er von stüden der kinkel veneris od' vnkewsch in dem tēpel Veneris
enzündet vnd wütet in ein änglichen begir · vnd sein fleissiges ge
sichte hat er i die Helenā gewendet vnd ist gelider besider· war i sein
licher zir bespieget hubschlich hat beschawet C·Er hat hrwundt i ir
eins seinlichē scheinden glanczes leuchtē rehar· welche ein weiss
strich eines smeltzē scheines in mittel der schaitel gleich hat getailt
vnd die guldein vädem hie vnd dort gestreut vntter einē gewissen

tōi kelesie

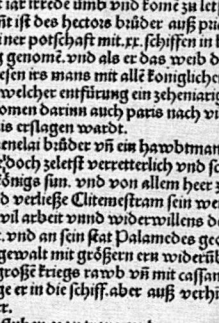

在中世纪时，人们相信神话中的重要人物是他们同时代人的祖先。这幅15世纪木版画出自德文版的《世界编年史》。在更加为人熟知的英雄如阿伽门农和帕里斯旁边，绘者描绘了"图尔库斯"（底部左边）和"弗兰科"（底部右边），他们分别是土耳其和法兰克民族的创建者。

亮这类天体就已被（如柏拉图）视为神明，而星座也被看成是神话人物（例如安德洛墨达、许德拉、珀耳修斯）或他们的专属物（例如天琴座就是赫耳墨斯/墨丘利发明的里拉琴），他们通常都是通过变形永久移向了天空。希腊化时期以降，更进一步的发展是对占星学的重视，关于天空的这一方面研究在天地事件之间建立起了一种复杂的关联。尽管时不时地被教会反对，这类信仰却从未完全灭绝，它们反而在12至14世纪之间特别受欢迎。这要归功于当时新

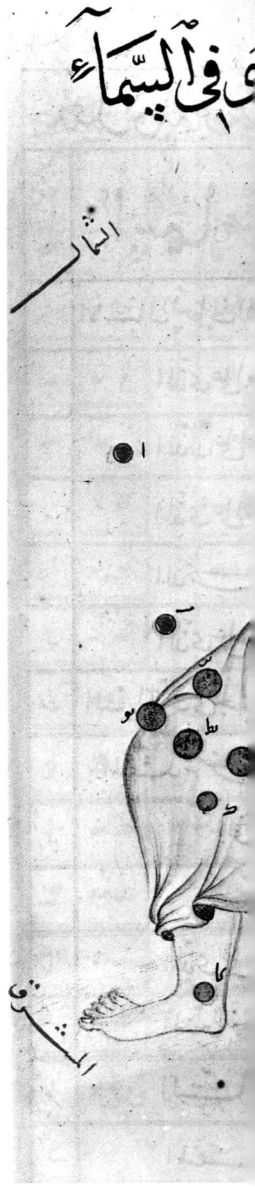

（右）在10世纪伟大的阿拉伯天文学家阿卜杜勒-拉赫曼·苏菲《恒星之书》的一份抄本里，刚被珀耳修斯斩首的"墨杜萨"被描绘为——与阿拉伯人的信仰相对应——一个男性恶魔。

获得的希腊天文学/占星学文献，它们曾被阿拉伯学者保存了下来，后来又随着十字军东征，以及经由穆斯林统治下的西班牙和西西里，以拉丁语译文的形式回到了欧洲。诸如萨图恩、朱庇特和墨丘利之类的形象作为"行星恶魔"（占星学术语）而存在，其外形和衣着是对古典神话的又一次改变。

一部占星学专著的14世纪抄本描绘了两颗行星。（左）萨图恩将自己变成一匹公马以骗过他的妻子瑞亚而跟菲吕拉在一起。他们的后代为马人喀戎。（下）墨丘利坐在书桌旁边。

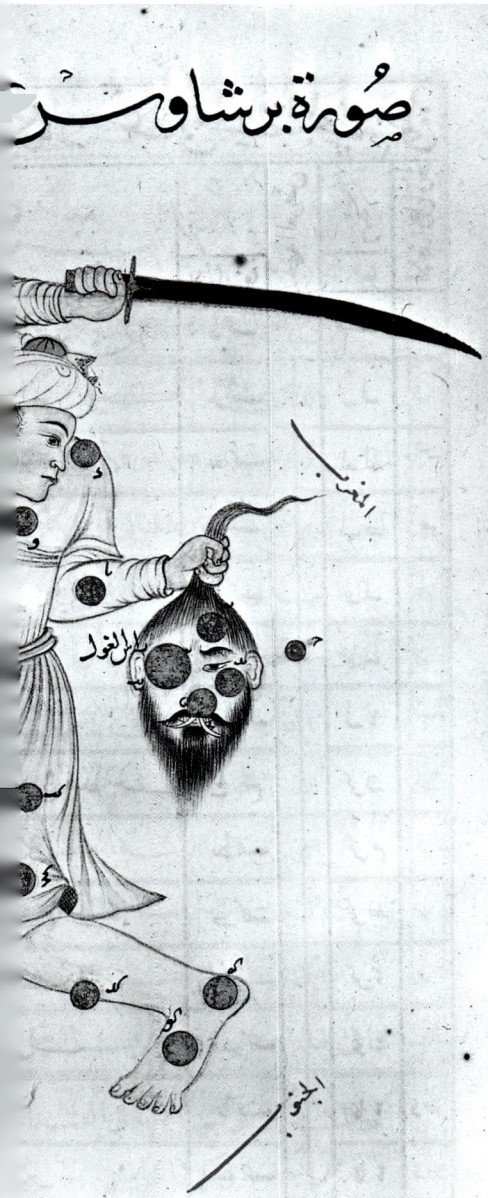

从文艺复兴到 20 世纪

艺术史学家让·塞兹内克将文艺复兴的特征描述为"古老主题在古老形式中的重新整合：我们能从赫拉克勒斯重获他运动员式的宽肩、他的大棒和狮皮的那天开始谈论文艺复兴"。欧洲对古希腊兴趣的"重生"创造了这样一种环境，古典神话这一形式与内容的再次结合开始在其中占据一种突出且持久的文化主导地位。从斯宾塞和莎士比亚到弥尔顿和拉辛，从波提切利和提香到鲁本斯和伦勃朗，从 15 世纪到 17 世纪之间最伟大的作家和艺术家都通过创造性地建立与古典神话的联系（以及一种持续不断地涉及《圣经》主题的传统）来进行自我表达。

不用说，这种与古典时代的联系既不简单也不同质，而且"重生"也并不意味着彻底改变以往的态度（这就是并非所有学者都接受"文艺复兴"这一术语之通用性的一个原因）。

古典神话得以延续的一个因素是人们对寓言的关注，尽管它采取的是全新且格外多样的形式：较之弗朗西斯·培根在《论古人的智慧》（1609年）中对古典神话传说的解读，埃德蒙·斯宾

希腊神话的现代重述中的一些重要作品①

时间	作者	作品	时间	作者	作品
约1306—约1321年	但丁	《神曲》，诗歌	1867—1875年	F.M.缪勒	《来自一家德国工作室的碎片》，侧重于语言、宗教和神话领域的学术作品
14世纪早期	佚名	《洁本奥维德》，诗歌			
约1486年	波提切利	《维纳斯的诞生》，油画	1872年	尼采	《悲剧的诞生》，阐述了"日神"与"酒神"精神的概念
1553—1554年	提香	《维纳斯和阿多尼斯》，油画	1890—1915年	弗雷泽	《金枝》，古代与其他时代的神话和仪式的重要比较研究
1546—1554年	切利尼	《珀耳修斯提着墨杜萨的首级》，青铜雕像			
约1567年	老彼得·勃鲁盖尔	《有伊卡洛斯坠落的风景》，油画	1896—1897年	沃特豪斯	《许拉斯与水泽仙女》，油画
			1911年	卡瓦菲斯	《伊塔刻》，诗歌
约1570—1576年	提香	《被剥皮的玛耳绪阿斯》，油画	1912年	赫丽生	《古希腊宗教的社会起源》，学术作品
1590年	斯宾塞	《仙后》，诗歌	1856—1939年	弗洛伊德	对俄狄浦斯情结的心理学研究，等等
1592—1593年	莎士比亚	《维纳斯与阿多尼斯》，诗歌			
约1601—1614?年	埃尔·格列柯	《拉奥孔》，油画	1922年	乔伊斯	《尤利西斯》，小说
1607年	蒙特威尔第	《奥菲欧》，歌剧	1927年	斯特拉文斯基	《俄狄浦斯王》，清唱剧
1609年	培根	《论古人的智慧》，文论	1934年	科克托	《地狱里的机器》，戏剧
1622—1625年	贝尼尼	《阿波罗和达佛涅》，大理石雕像	1935年	季洛杜	《特洛伊战争不会爆发》，戏剧
1635年	伦勃朗	《伽倪墨得斯被劫持》，油画	1937年	达利	《那喀索斯的变形》，油画
1636—1638年	鲁本斯	《忒柔斯的盛宴》，油画	1938年	卡赞扎基斯	《奥德赛：现代续篇》，诗歌
1742年	布歇	《狄安娜出浴》，油画	1943年	萨特	《苍蝇》，戏剧
1755年	温克尔曼	《希腊美术模仿论》，艺术批评研究	1944年	阿努伊	《安提戈涅》，戏剧
1762年	格鲁克	《奥菲欧与尤丽狄茜》，歌剧	1963年	迪伦马特	《赫拉克勒斯和奥革阿斯的牛圈》，喜剧
1788年	席勒	《希腊的群神》，诗歌	1963年	哥伦比亚电影公司（出品）	《伊阿宋与阿耳戈英雄》，电影
1811年	安格尔	《朱庇特与忒提斯》，油画			
1818年	济慈	《恩底弥翁》，诗歌	1967年	帕索里尼	《俄狄浦斯王》，电影
1820年	雪莱	《解放了的普罗米修斯》，诗剧	1969年	德·基里科	《俄瑞斯忒斯的悔恨》，油画
约1821—1822年	戈雅	《萨图恩食子》，油画	1977年	卡科亚尼斯	《伊菲革涅亚》，电影
1825年	K.O.缪勒	《神话学导论》，学术研究	1981年	霍尔（导演）	《俄瑞斯忒亚》在英国国家剧院上演
1856年	金斯利	《希腊英雄传》，为儿童重述的古典神话			
			1997年	迪士尼（出品）	《大力士》，电影
1858年	奥芬巴赫	《地狱中的奥菲欧》，轻歌剧	1997年	休斯	《取自奥维德的故事》，根据奥维德《变形记》改写

---

① 表中奥菲欧即俄耳甫斯；尤丽狄茜即欧律狄刻。

塞在其《仙后》（1590年）中对贞洁（狄安娜）与淫荡（维纳斯）的探索就是一个迥异的世界。在培根看来，神话传说陈述的是那些我们应称为科学和政治的东西。因此，普洛透斯这个名字代表着"最初的物质"；阿克泰翁的故事则表明那些接近王侯之人会招致巨大的仇恨，易于受到攻击，因此他们"过着像牡鹿一样的生活，充满恐惧与怀疑"。

文艺复兴时期，在视觉和文学上重述神话的一个方向是探索故事的感官性。很明显，与

（上）佛罗伦萨的艺术家桑德罗·波提切利为美第奇家族一位成员的乡间别墅创作了《维纳斯的诞生》（约1486年）。这幅画已成为文艺复兴时期最著名的艺术作品之一。维纳斯优美、端庄且娇弱，从海上的一只贝壳中升起，被风神们在一阵花瓣雨中吹拂着。

（右）与波提切利的维纳斯（上图）相比，提香所画的维纳斯总体给人一种更成熟和更丰裕的观感。在《维纳斯和阿多尼斯》（1553—1554年）中，女神正试图阻止她的凡间爱人出发去打猎。

女神阿佛洛狄忒／维纳斯相关的神话传说尤其适于从这个角度被描绘。如果有哪幅画能够象征佛罗伦萨的文艺复兴，那它肯定是波提切利的《维纳斯的诞生》（约1486年），但这也只是同一时期所创作的数千幅这位女神的画像之一。在与她相关的一切神话传说中，对她与注定要死去的阿多尼斯之间关系的描述最具感染力。提香的作品（1553—1554年）对两者之间关系的表现尤为丰富与热烈，但即便是它都无法与莎士比亚的《维纳斯与阿多尼斯》（1592—1593年）对这段神话传说的华丽重述相比。下面便是诗人描绘热情的女神尝试着劝服那位不情愿的凡人的片段：

> 她说："心肝儿，我已经把你围住，
> 软禁在这象牙般白皙的栅栏里，
> 我是一座林苑，你就是我的小鹿，
> 可以到处觅食：在深谷，在山地；
> 在我唇上吃个饱吧，假如嫌小丘太干，
> 那就往下些，下面有潺潺清泉。"①

---

① ［英］莎士比亚著，方平译：《维纳斯与阿童尼》，上海：上海译文出版社，1985年，第55页。

古典神话显著的文化权威并非毫无争议。在17世纪晚期，那种权威变得越来越具争议性，这种争议在18世纪上半叶持续不断地出现。1712年约瑟夫·艾迪生在《旁观者》杂志上撰文，在提及当代诗歌时说"我们的朱庇特和朱诺们"是"全然稚气未脱的，并且在一位超过

在弗朗索瓦·布歇的《狄安娜出浴》(1742年)中，女神被描绘得不像是名女猎人，反而更像是维纳斯而非狄安娜。布歇蓄意展现的情色成分是显而易见的。

十六岁的诗人那里是不可饶恕的"，他所表达的这种不满会得到许多反响。在大革命前夕的法国，这种不满具有强烈的道德与政治意涵。王室见惯了对古典神话在音乐上进行精心再创作后的演出，而其庄重性也与诸如弗朗索瓦·布歇这类艺术家所画神话图像的人为性相呼应。

这种人为性与以下目的是兼容的，即披着古典神话之崇高声望的外套而为观众提供明显的性刺激。像布歇的这类虚夸又矫揉造作的绘画引发了启蒙运动时期的哲学家、文人德尼·狄德罗尖刻的批评。在狄德罗看来，它们远离现实生活，而这正是艺术家和作家们所应反对的。不过，狄德罗反对的并不是使用古典形象这一事实本身，而是那种形象被不道德地使用的方式，其目的是迎合那些在他看来十分堕落的贵族保皇党人的趣味。

在法国，对"作为装饰之神话"的幻灭构成了更广泛的对现存政治体制幻灭的一小部分，而后者最终引发了1789年的大革命。然而在别处，对待古典神话的态度却有着不同的节奏和特色。在德国，一个关键的时刻是 J. J. 温克尔曼于 1755 年发表了关于希腊绘画和雕塑这一主题的饱含热情的研究成果。他认为，达到伟大乃至无与伦比的唯一途径便是模仿希腊人。受到一种类似的对希腊的热情激励，18 世纪末和 19 世纪初伟大的德国浪漫主义者们 —— 歌德、席勒、荷尔德林，以及奥地利作曲家弗朗茨·舒伯特（在其许多艺术歌曲中）—— 在古典神话中（更确切地说，是在希腊神话中）发现的并不是些枯燥且呆板的东西，而是洋溢着最为饱满的生命活力的内容，这种生命活力在卑微的当下已经消失不见。值得强调的是，德国当时的视觉艺术家们并不持有这种态度。对他们而言，"古典主义"意味着"遵行法国人的模式" —— 而且，在由普法战争所形成的政治氛围里 —— 并不是一个可行的选择。神话依旧保持着巨大的社会影响力。

英国的情况又不尽相同。18 世纪是古典神话广为传播的时期。歌剧/清唱剧是一种重要的表现形式：乔治·弗雷德里克·亨德尔的许多

亨德尔的音乐剧《赫丘利》于1752年上演时的入场券，距其首场演出已经过去了七年。这部作品源自索福克勒斯的悲剧《特拉喀斯少女》。

作品都与神话主题有关，包括他的《阿德梅托》《赫丘利》和《塞墨勒》。另一种途径则是翻译，尤其是亚历山大·蒲柏翻译的荷马史诗，有着巨大的影响力，但也有人贬低他那种庄严肃穆的风格。在19世纪早期，英国的浪漫主义者们就主动疏远了威廉·华兹华斯所称的，"在17世纪末和整个18世纪那种陈腐且枯燥的对神话的利用方式"。他们的策略并不是去忽略神话，而是将新的生命力注入其中：济慈的诗歌《恩底弥翁》和雪莱的诗剧《解放了的普罗米修斯》便是其中两例。就像在德国浪漫主义者们那里一样，这并不是回到古典神话，而是回到希腊神话。用雪莱的话来说就是"我们全都是希腊人"——也就是说，是希腊人而非罗马人。

成为剑桥大学现代史钦定讲座教授的英国国教牧师查尔斯·金斯利，如今是作为《希腊英雄传，或写给孩子们的希腊童话》的作者而为人所熟知的。这幅插图——珀耳修斯解救安德洛墨达——来自这部作品的一个1902年版本。

维多利亚时代的一些英国人继承了浪漫主义者们对古希腊的渴望，但给出了他们特有的道德方面的论述：希腊的神话传说——尤其是那些展现在荷马史诗中的——是一座道德进步之典范的宝库。这种态度支持着查尔斯·金斯利在其大受欢迎的《希腊英雄传》（1856年）——一本对希腊神话传说的重述之作的前言中评论道："（希腊人）不过是长大了的孩子，尽管他们也是正直高尚的孩子。和他们在一起，就像今天在学校里一样——最强壮、最聪明的男孩，尽管穷困却领导着其他所有人。"一种类似的说教态度——尽管并不令人惊讶地没有提及英国的公立学校制度——也能在两位美国的神话重述者、畅销书作家托马斯·布尔芬奇和纳撒尼尔·霍桑那里找到：对这些作家而言，希腊的神话传说也是在提倡善举（倘若某些在道德上很可疑的故事可以被忽略的话）。

但要是将维多利亚时代所有对古典神话的认知都归结在关于提升道德的主题之下就将是个错误了。一如往常，情况远远比那复杂得多。学者们曾强调过维多利亚时代一种对越界的神话形象，诸如克吕泰涅斯特拉和戈耳工女妖墨杜萨的厌女症式迷恋。而且——这又是另一个不同的视角——我们发现在维多利亚时代晚期，古代神话的世界经常被描绘为一个美学上的完美之地：精致，难以企及，充满美感，却可能终究是冰冷的。

在德国，浪漫主义者们的热情对令人振奋的各种各样的学术活动关系产生了影响。这些学术活动专注于狭义上的古典神话研究，以及广义上的神话研究。这类著作的一个高峰便是卡尔·奥特弗里德·缪勒的《神话学导论》（1825年）。它听起来可能会令人不适地接近于"打开所有神话的钥匙"，后者乃是乔治·艾略特的小说《米德尔马契》中情感枯萎的卡索邦先生的人生目标；但缪勒的著作实际上却是鲜活且开放的，它根据希腊神话的宗教和历史背景毫不教条地进行了阐释。

弗雷德里克·莱顿所画《被俘获的安德洛玛刻》（约1888年），可能在有些人看来有一种毫无生气的生硬感。但莱顿在维多利亚时代的英国广受推崇，他被授予爵位便是其地位的一种公共标志。

原创性稍逊，但在当时却更有影响力的是弗里德里希·马克斯·缪勒的著作（见第17页）。他通过比较语言学研究将希腊的神话传说解释为对更早期的——而且在那更早的阶段是明白易懂的——故事的误解，那些故事是由希腊人的原始印欧人祖先们所讲述的，它们的含义涉及与白天、夜晚和主要天体相关的基本宇宙现象（由此产生了"太阳神话"这一标签）。

指出了一个关于古代希腊人的重要事实：他们不能仅仅被当作完美与秩序的化身，因为那样就忽略了他们文化中混乱、可怕和狂野得令人不适的方面——这些方面也是他们的神话所不断强调的。

尼采并不是第一个注意到希腊神话之野蛮性的人。在震惊于这些故事的人中——当然，这一反应就相当于对那种野蛮性的间接承

希腊神话的野蛮性

很难想象还有哪种对比比 F. M. 缪勒与哲学家弗里德里希·尼采之间的更大了，来自世界各地的有名望的人物都参加了前者的葬礼，而后者则是死于同一年（1900年）的另一位德国学者、作家。尽管饱受争议，最后还发疯了，并且在他自己的时代相当不具有影响力，但尼采却对希腊神话研究做出了一个基础性的贡献：他提出的酒神精神与日神精神的概念。对尼采而言，狄俄尼索斯与阿波罗不仅是古代神明，也代表着鲜活的美学准则：酒神精神是关于无节制、消解边界的准则；日神精神则是关于限制、秩序、清晰边界的准则。尼采断言正是这两种准则的融合才导致了希腊悲剧的诞生，与这一艺术形式形成对照的则是与苏格拉底之名相关的那种理性主义。不论哪个人将之视作一种对悲剧（或任何其他事物）的"解释"，它都

弗里德里希·尼采提出的酒神精神与日神精神的概念已成为理解艺术与文化的强大却有争议的工具。

充满幻想的诗人、艺术家威廉·布莱克所画的这幅水彩画《刻耳柏洛斯》（1824—1827年）是但丁伟大的《神曲·地狱篇》中的一幅插图。这幅画的狂野与一些更加克制的对古代的描绘形成了强烈反差，而后者将风靡19世纪的英国。

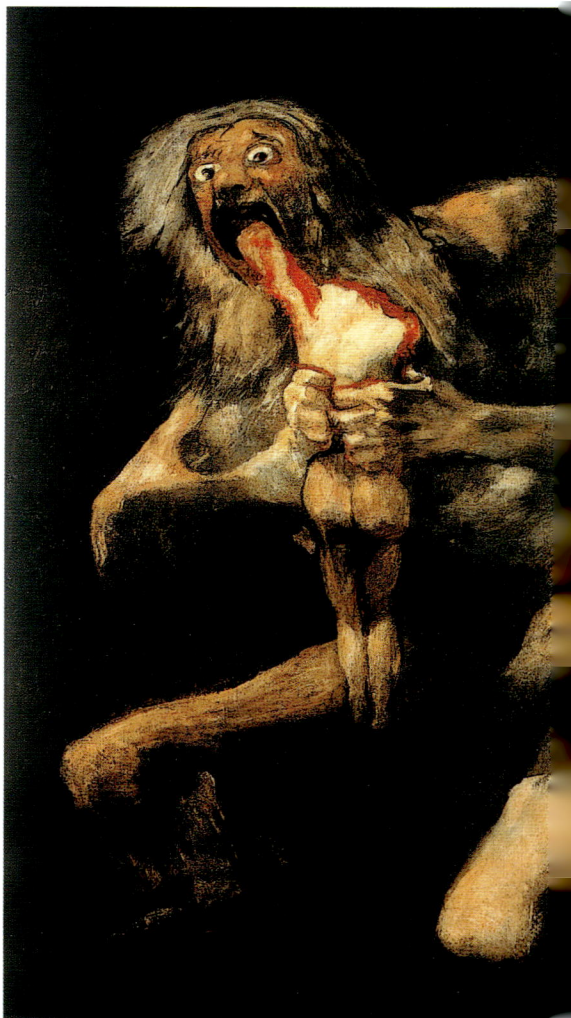

（右）赫西俄德讲述的克洛诺斯吞食他的孩子们的故事在戈雅的油画《萨图恩食子》（约1821—1822年）中获得了最佳——且可怕——的艺术再现。克洛诺斯／萨图恩这一形象在古代具有一种固有的模糊性：他能使用极端的暴力，但他也是过去"黄金时代"的统治者。戈雅的画却没有为模糊性留下任何空间：这位神明就是一个可怕又惊悚的食人魔。

认——可以将柏拉图算作最早的代表人物之一，而且类似的态度催生了许多寓言化的解释，包括之后的许多人以及 F. M. 缪勒的那种解读。仍然罕见的乃是一种直面野蛮性的意愿。19世纪的两位艺术家却拥有这样做的远见，他们是威廉·布莱克和弗朗西斯科·戈雅：跟尼采一样，他们都觉察到了位于许多希腊神话之核心位置的内在暴力和怪异。但也跟尼采一样，他们都不具有代表性，甚至在某种程度上都是外来者（尽管戈雅的确在西班牙宫廷内占有一席之地，但耳聋却使他有一种被排斥感）。他们有关古代神话的新颖且激进的画作仍然位于主流文化话语之外。

然而，希腊作为一个优雅完美之地的形象很快就会受到来自另一方面的威胁。19世纪末和20世纪初，由于人类学和心理学这两大学科的发展，对待希腊神话的态度被彻底动摇了。根据剑桥大学的简·艾伦·赫丽生（1850—1928），以及《金枝》这一不朽研究的作者 J. G. 弗雷泽（1854—1941）的观点，希腊神话需要从仪式的角度来解释，而仪式是神话的基础。他们还提出，在世界各地的"原始"民族中都能找到与这些仪式类似的模式。在这些仪式中，有许多都具有尼采所说的"酒神精神"。从赫丽生《古希腊宗教的社会起源》一书中随手选择几个标题，是这样的：“野蛮的人会仪式”“雷暴与牛吼器”“图腾崇拜民族的文身标志”“作为丰产守护神的羊人”。

就弗雷泽而言，他关注的是一种他所认为的世界性的神话-仪式复合体，其内容是一位国王的死亡与重生，这位国王也因此代表着植物一年一度的死亡与重

生。诗人 T. S. 艾略特对这些观念抱有深切的感激之情。赫丽生和弗雷泽的著作，尤其是后者，在当时与（尤其是）后世的学者们那里受到了尖刻却常常是公允的批评。但是，通过使希腊神话免于因端庄得体而死，他们注意到了希腊遗产总体说来（即便没有详尽地阐明）一个很重要却被忽视的方面。

心理学与政治

虽然这些英国古典学家们的影响力还算可观，但他们与西格蒙德·弗洛伊德（1856—1939）的影响力相比就显得微不足道了。对弗洛伊德而言，神话之所以重要，是因为它们像梦一样，提供了通往心理（psyche，它本身就是个表示“灵魂”的希腊术语）之无意识部分的途径。不仅如此，弗洛伊德还指出，某些神话体现了在人类心理发展过程中具有普遍重要性的模式。有关厄勒克特拉和那喀索斯的神话便是其中两例，但弗洛伊德最重视的还是关于俄狄浦斯的神话。俄狄浦斯情结——对弗洛伊德而言，这是将精神分析的追随者与其反对者区分开来的行话——概括了男孩在成长过程中对父亲的憎恨和对母亲的依恋。弗洛伊德关于俄狄浦斯情结的概念本身就是一种随时间发展的事物，而且他的追随者也并不都相信这个概念具有普遍适用性，更不要说他的批评者了。甚至他对被他作为俄狄浦斯情结之基础文本——索福克勒斯的《俄狄浦斯王》——的解

读也曾被许多古典学者质疑：索福克勒斯笔下的俄狄浦斯在杀死他父亲拉伊俄斯时所不可能承受的一种情感就是对于后者“俄狄浦斯情结式”的憎恨，原因是在那个当口，俄狄浦斯还相信他父亲乃是科林斯王波吕玻斯。尽管有这样那样的反对意见，弗洛伊德的理论对有创造性的艺术家们在不同艺术形式上的激发和解放作用却是毫无疑问的。在 20 世纪，对俄狄浦斯神话的关注比古代以降的任何时候都要多，由此产生了诸如伊戈尔·斯特拉文斯基的清唱剧《俄狄浦斯王》（1927 年）和让·科克托的戏

帕索里尼在摩洛哥所拍摄的电影版俄狄浦斯的故事创造了一系列精彩的视觉图像，他根据弗洛伊德关于人格的理论重新阐释了这段神话。

剧《地狱里的机器》（1934 年）之类的作品，而皮埃尔·保罗·帕索里尼的电影《俄狄浦斯王》（1967 年）正是从一个非常明显的弗洛伊德式视角来处理这段神话的。除了有关俄狄浦斯的神话之外，其他神话也通过弗洛伊德式的透镜被重新审视。西班牙超现实主义艺术家萨尔瓦多·达利（1904—1989）那些引人注目的画作就明显受到了精神分析理论的影响。

在 20 世纪，希腊神话在心理学领域很有影响力。那些提出了心理学问题的神话与俄狄浦斯和珀罗普斯家族的成员尤为相关，最明显的就是厄勒克特拉和俄瑞斯忒斯所面对的令人痛苦的道德和家族困境。让-保罗·萨特的戏剧

《苍蝇》（1943 年）便是一个例子，剧中的苍蝇正是古代复仇女神们无所不在的对应者，她们曾四处追逐阿伽门农的子女。

政治也找到了一种借用神话的表达方式。重点又回到了特洛伊战争，以及七雄攻忒拜这场远征的余波，即安提戈涅违抗克瑞翁的命令而埋葬了她叛乱的兄弟。创作于 1935 年的让·季洛杜的里程碑式戏剧作品《特洛伊战争不会爆发》（以英语上演时的剧名是更富侵略性的《门口的老虎》）只是将希腊和特洛伊之间的冲突视作表达对战争的思考和感受之工具的众多 20 世纪作品之一。这部戏剧描绘了特洛伊战争即将爆发前发生的事件。凭着后见之明，在涉及即将发生的世界大战时，我们很难不将它解读为某种预言。季洛杜老于世故的讽刺并不能掩盖这部戏剧潜在的苍凉：这是一场毫无意义的战争，然而，尽管赫克托耳（他主张将海伦还给墨涅拉俄斯）这位理想主义者拼尽全力，战争还是会爆发的。理想主义最终也无法抵抗命定之事，或者偏执的战争诗人那种令人气恼的动机，他所需要的是一个适合他展现才华的主题。这位诗人就是季洛杜自行创造的特洛伊人得摩科斯（尽管致敬了荷马在《奥德赛》中所描述的淮阿喀亚游吟诗人得摩多科斯）。在因受到赫克托耳的攻击而奄奄一息时，得摩科斯却诬称希腊人埃阿斯是谋杀自己的凶手，从而点燃了战火。

安提戈涅的反抗是现代戏剧家们的另一处丰饶矿藏。最为难懂的版本之一便是让·阿努伊的《安提戈涅》，它于 1944 年在德国占领下的巴黎上演。这部戏剧本该是一个简单的反抗故事：骄傲的安提戈涅坚决抵抗了僭主的法令，并为之而死。但对安提戈涅和克瑞翁这两位主角的描绘并没有遵循这种简单化的解读。当被克瑞翁问到为何要埋葬她的兄弟时，她回答说："不为任何人。为了我自己。"至于克瑞翁，他是个无奈的统治者，并承认他在做的事情十分荒谬，但他被情势逼入了绝境。当他最终对劝服安提戈涅妥协感到词穷时，他就必须扮演那个将导致安提戈涅死去——以及他儿子海蒙和他妻子欧律狄刻死去——和自己家庭毁灭的角色了。

1945 年彼得·布鲁克（前景）在排练《地狱里的机器》。让·科克托对俄狄浦斯神话的这一再创作是布鲁克的导演处女作。尽管这部戏剧将塞涅卡笔下的角色放在了一个更加现代的背景中，但其原本凄凉的大意却被保留了下来。

1947年让·阿努伊《安提戈涅》在巴黎一场演出的剧照。安提戈涅与克瑞翁之间的政治和道德冲突仍然拥有强烈的当代相关性，这说明阿努伊戏剧背后的索福克勒斯的杰作真是经久不衰。

季洛杜和阿努伊的作品仅仅是20世纪戏剧中将神话政治化的大量再创作中的两部。在这一方面，法国表现突出，而希腊、德国、英国、美国和日本都做出了各自的贡献。与1914年以后历史的严酷性相称，最能影响现代认知的讲述古代神话的体裁就是悲剧了。

悲剧是看待事物的方式之一，但它绝非唯一的方式。在古代，一如我们在通读本书时所见，神话传说曾以各种令人惊奇的风格被重述——包括喜剧。在现代，对希腊神话的成功的喜剧式再创作比我们预期的要罕见得多，而且肯定也比在古代时更加罕见。因此，这些例外更需要被好好品味。19世纪中叶，杰出的讽刺画家奥诺雷·杜米埃创作了一系列针对古典主义之冷酷威严的恶搞式作品。尽管贾科莫·弗兰切斯基尼和雅克-路易·大卫用慵懒的宁静表现了忒提斯和海伦，但是杜米埃的讽刺才能更令人印象深刻。

另一个敢于不敬古代的人是作曲家雅克（原名雅各布）·奥芬巴赫，他的轻歌剧《地狱中的奥菲欧》首演于1858年。俄耳甫斯与欧律狄刻的故事曾有过一系列感人至深的歌剧化处理，其中包括克劳迪奥·蒙特威尔第（1607年）和克里斯托弗·格鲁克（1762年），但奥芬巴赫却选择将在音乐与死亡之间的挣扎重新阐释成一出关于婚姻阴谋的滑稽戏。音乐教师俄耳

甫斯与欧律狄刻不幸福地结为夫妇，却爱着另一个人。而同时，欧律狄刻也爱着"阿里斯泰俄斯"，后者其实是经过伪装的哈得斯/普路托。可当欧律狄刻下到冥界时，朱庇特（伪装成一只苍蝇）却爱上了她，并最终将她变成了一位幸福的酒神女祭司。这部轻歌剧之所以曾风靡巴黎，还要感谢城里最具影响力的剧评家的一篇骂评，他将它描述为对古代的一种亵渎。从那以后，巴黎群众便蜂拥进售票处以亲自一探究竟。

就像在19世纪一样，希腊神话在20世纪常被当成一座贮藏深刻真理而非幽默的宝库，但仍有例外。瑞士戏剧家弗里德里希·迪伦马特

日本戏剧导演铃木忠志的《特洛伊妇女》（1974年）演出剧照。

的《赫拉克勒斯和奥革阿斯的牛圈》（1963年）便是其中之一。赫拉克勒斯绝非英雄：他承担其"任务"的目的乃是要去满足他的债主们，包括银行家欧律斯透斯、典当商埃帕米农达斯、建筑师埃阿斯和裁缝列奥尼达斯。赫拉克勒斯在厄利斯（这个国家的地理和气候都与瑞士异常相似）的角色是清除那里的牛粪。公正地说，这部戏剧被当作对瑞士式洁癖的一种讽刺，激起了来自迪伦马特同胞们的诸多反对。在某种意义上，它当然是"阿里斯托芬式"的，无所不在的粪便正是该剧的核心特征。但这部十分有趣的戏剧却缺乏阿里斯托芬那种使污秽与崇高结合起来的能力。

文艺复兴以来的希腊

我们对现代神话讲述的回顾已然涉及数个国家，但到目前为止，却尚未涉及明显强烈吸引了我们注意力的那个国家。神话的遗产究竟如何在希腊本土"被接受"？这份遗产最有力的传播和复兴媒介便是诗歌。

在现代希腊漫长且煎熬的国家发展的背景中，古典神话在文化和政治生活中已经占据了从隐形到中心的各种地位。异教的神话传说在基督教的拜占庭帝国治下被完全边缘化，又在16世纪末到17世纪的"克里特文艺复兴"中重新成为重要的文化参照点。克里特岛在这段时间里一直被威尼斯人统治，直到它于1669年落入土耳其人手中。在这场文艺复兴中，见多识广的诗人诸如温琴佐·科尔纳罗斯，在他杰出的浪漫长诗《埃罗托克里托斯》中几乎肯定是通过奥维德的重述借鉴了古代的故事。但在1820年代的独立运动中，伴随日益增强的民族认同感而来的，是诗人们共同使用神话典故这一文学策略，他们对这番事业做出的特殊贡献是去赞美这场解放斗争。在这段血腥的英雄主义时光中，《伊利亚特》乃是一个主要参照点，比如下面这些来自安德烈亚斯·卡尔沃斯（1792—1869）的颂歌《致光荣》的爱国主义诗句：

神圣的荷马
用他不朽的音节
安慰了希腊的寡妇，
而相同的旋律

（左）杜米埃关于墨涅拉俄斯与海伦在特洛伊战场上重聚的讽刺画（1841年）。墨涅拉俄斯的啤酒肚掩饰着他的自负感，而胖乎乎的海伦的姿势则暗示着他未来的婚姻生活会是什么样。

（右）《忒提斯将小阿喀琉斯浸入斯堤克斯河中》（1719—1720年）。贾科莫·弗兰切斯基尼描绘了母爱的一个温柔场景：这条河将确保阿喀琉斯坚不可摧——除了被她温柔抓住的脚踝。

也激荡了你的心绪。

来自亚历山大里亚的 C.P.卡瓦菲斯（1863—1933），有时也会重访《伊利亚特》，正如在其诗歌《萨耳珀冬的葬礼》中那样。但他最著名的旅程是回到《奥德赛》。在《伊塔刻岛》中，诗人思考了人类对经验的无尽探索。一个世代以后，来自伊奥尼亚群岛中的莱夫卡斯岛的诗人安杰洛斯·西凯里阿诺斯（1884—1951）以一种极度抒情且直接的方式重新使用了神话传说。下面便是他描绘的一只公羊变形为潘神的情景：

然后，越过岸上的岩石和羊群的闷热、死一般的沉寂；
在羊角间，像从一只三足鼎中那般，太阳迅急的热量向上微闪。

然后我们便看到羊群的君主和掌管者，一只公羊独自出现，
走向一块岩石，他的步子沉重又缓慢。

岩石楔入大海，形成一个绝佳的瞭望点；他停在那里，
一动不动地倚靠在水沫消解的最边缘，

上唇被拉向后，牙齿闪光，他站着，
巨大又挺拔，闻着白浪翻滚的大海直到太阳落山。

另一位被古典遗产吸引的作家是尼科斯·卡赞扎基斯（1883—1957），其多面性和对航行无休止的热情可以跟奥德修斯相匹敌。他最令人震惊的作品也确实是他的《奥德赛》（33333行），一场对想象中的奥德修斯在返回伊塔刻后继续流浪的大型诗歌探索。诗歌的雄心与其主角的雄心一样巨大，后者一路遇到了

（左）将阿喀琉斯浸入斯堤克斯河中的杜米埃版本（1842年）。他后来展现出的英雄气概在这里几乎毫无迹象。

代表佛陀、堂吉诃德和基督的角色。不过总体而言，这部作品产生的影响不如卡赞扎基斯的其他作品，尤其是他的小说《希腊人左巴》。或许可以说，与小说同名的积极英雄（"希腊人左巴"）已经成了一个现代神话，他被许多生活在希腊以外的人当作他们眼中"希腊性"的象征。

伴随不断出现的现代希腊人想要改造和更新古代神话遗产之愿望的，是某些人产生的一种强烈的感觉——那份遗产并不够好，甚至该被完全摒弃。扬尼斯·里索斯（1909—1990）的许多诗歌作品都是基于一场与古代传说之间的对话，主要是关于珀罗普斯家族和特洛伊战

伊塔刻岛

当你起航前往伊塔刻
但愿你的旅途漫长，
充满冒险，充满发现。
莱斯特律戈涅斯巨人，独眼巨人，
愤怒的波塞冬海神——不要怕他们：
你将不会在路上碰到诸如此类的怪物，
只要你保持高尚的思想，
只要有一种特殊的兴奋
刺激你的精神和肉体。
莱斯特律戈涅斯巨人，独眼巨人，
野蛮的波塞冬海神——你将不会跟他们遭遇
除非你将他们带进你的灵魂，
除非你的灵魂将他们耸立在你面前。
但愿你的旅途漫长。
但愿那里有很多夏天的早晨，
当你无比快乐和欢欣地
进入你第一次见到的海港：
但愿你在腓尼基人的贸易市场停步
购买精美的物件，
珍珠母和珊瑚，琥珀和黑檀，
各式各样销魂的香水
——尽可能买多些销魂的香水；
愿你走访众多埃及城市
向那些有识之士讨教再讨教。

让伊塔刻常在你心中，
抵达那里是你此行的目的。
但千万不要匆促赶路，
最好多延长几年，
那时当你上得了岛你也就老了，
一路所得已经教你富甲四方，
用不着伊塔刻来让你财源滚滚。
是伊塔刻赐予你如此神奇的旅行，
没有她你可不会起航前来。
现在她再也没有什么可以给你的了。

而如果你发现她原来是这么穷，那可不是伊塔刻想愚弄你。
既然你已经变得很有智慧，并且见多识广，
你也就不会不明白，这些伊塔刻意味着什么。

C. P. 卡瓦菲斯[1]

① ［希］卡瓦菲斯著，黄灿然译：《卡瓦菲斯诗集》，重庆：重庆大学出版社，2014年，第68—70页。

争的那些传说。但有时现实会使得一个古代范式失去应对它的能力，哪怕那个范式强大如古典神话。这便是里索斯对残暴的希腊军政府（1967年政变后建立的军人独裁政权）的反应，他于1968年在阴郁凄凉的莱罗斯岛的制高点写了一首题为"甚至不是神话"的诗，这座岛屿那时已经变成了监禁政治犯的集中营。

我们走进并再次回到神话，去寻找
一些更深的关联，一些遥远的普遍寓言
以缓解个人空间的狭窄。我们没有找到。
在沉沉降临的夜色和一片茫然中，
石榴籽和珀耳塞福涅都显得廉价。

伊塔刻，奥德修斯在归途中渴望已久的目标。

243

现在和未来

（右）尽管并没有直接的古典血统，但热播电视连续剧《战士公主西娜》中的女英雄却居住在这样一个世界上——里面的角色（如赫拉克勒斯）和地点常常呼应着古代的神话传说。

来吧，诗魂，从希腊和伊奥尼亚迁移到这里来吧，

请划去那些支付得大大过了头的账目，

即有关特洛伊和阿喀琉斯的盛怒，和埃涅阿斯，奥德修斯流浪的那段公案，

把"迁出"和"出租"的招贴张贴在你们那帕尔纳索斯雪山的岩石上吧，

……

须知一个更好、更清新、更加繁忙的活动范围，一个宽广而未曾尝试过的领域

在等待你、需要你。①

―――――――――――
① ［美］惠特曼著，赵萝蕤译：《草叶集》，上海：上海译文出版社，1991年，第330页。

一个现代的欧律狄刻

1984年，加拿大诗人、小说家玛格丽特·阿特伍德仔细审视了俄耳甫斯与欧律狄刻的故事。在选录于此的这首诗中，这个故事所暗示的两性之间的关系为爱情留下了空间，却没有为浪漫理想主义留下空间。

他在这里，下来找你。
这是那召唤你回去的歌儿，
一首愉快与受苦相等的
歌儿：一个诺言：
在那里，事情比之过去
有所不同。

你宁愿持续毫无感觉，
空虚、平静；最深的海域下
迟钝的和平，比喧闹和表面的肉体
更容易。

你已习惯了这些漂白的昏暗的走廊，
你习惯了这位经过你时
一声不吭的君王。

另一位则不同
而你差不多还记得他。
他说他正在对你歌唱
因为他爱你，

不像你现在的样子，
如此生冷而微小：既移动又静止
像从一扇半开的窗户内
一块气流中鼓动的窗帘
边上一把无人落座的椅子。

他想要你成为他称为真实的东西。
他想要你停止发光。

他想要感觉自己变粗
像一支树干或一条后腿
并看见他眼皮中的血
当他闭上眼，而太阳敲打着。

他的这种爱将不是他
能做到的事情，如果你不在那里，
但是当你离开草地上冷却而发白的
你的身体时你突然明白了

你在任何地方都爱他，
即使在这没有记忆的土地上，
即使在这块饥饿之邦。
你把爱握在你手中，一粒红色的种子
你已经忘记你正握着它。

他差一点走过了头。
如果不看他就不能相信，
而这里是黑暗的。
回去吧，你低语，

可是他想要再一次
被你喂养。噢，一把纱布，小小的
绷带，一把寒冷的
空气，不用通过他
你就能得到你的自由。①

―――――――――――
① ［加］玛格丽特·阿特伍德著，周瓒译：《吃火》，郑州：河南大学出版社，2015年，第420—423页。

这些由美国诗人沃尔特·惠特曼于1876年写成的诗句，给人以一种鲜明的感觉，即广义上古典的一切，以及狭义上的古典神话代表着一种保守且过时的文化立场。相反，时下所需的乃是猛然打开窗户，以及一个全新的开始。在惠特曼写作之前就曾有过无数这类对古典研究之价值的攻击，此后亦有无数。的确，用美国古典研究领域的历史学家梅耶·莱因霍尔德的话来说："欧洲与（美国）的思想史中散布着对古典的攻击，每个世纪和每个国家都曾不得不发起针对反对者的辩护，因为后者始终在不知疲倦地质疑和抨击古典的卓越性。"

可当21世纪开始时，"古典之死"非但没有发生，反而显示出它正被无限延后的种种迹象。事实上，对古典神话的利用的范围已经急剧扩大了。在惠特曼的"新世界"（即美洲）里，关于神话的大学课程就很受欢迎，而全世界富有创造性的作家与艺术家们也继续从古代源泉里撷取新鲜水源。其中一个例子是加拿大作家玛格丽特·阿特伍德的全部作品，她探索了古典神话的"另一面"——故事尚未讲出的方面——以便说出女性对已被男性神话讲述者们塑造成型的主题的看法。这只是在古典神话中等待人们去发现"宽广而未曾尝试过的领域"（用惠特曼的话说）的一个例子。

古代神话传说经久不衰的吸引力也没有被限定于我们过去所常常描述的"高雅"文化之中。如果电影、电视和电脑软件是大众品味的可靠标志，那么——限定于英语作品之中——电影《伊阿宋与阿耳戈英雄》（1963年）、《诸神之战》（1981年）和《大力士》（1997年），以及电视连续剧《大力士的传奇旅行》和《战士公主西娜》的流行，表明大多数西方国家中古典文化中心地位的衰落远未消除人们对古代故事的兴趣。这类重述不该被当作神话的"真实含义"已被遗忘或者篡改的标志。与此相反，它们是活力的标志，而且也应该受到这样的欢迎。只要它永不停止去适应新的需求，而且通过适应去不断鼓舞人、使人不安和给人灵感，那么希腊神话的传统就将长存于世。

以雷·哈里豪森的特效而闻名的电影《诸神之战》（1981年），对珀耳修斯和戈耳工的冲突给出了一个20世纪后期的观点。

引文出处

几乎所有原始资料都是我自己翻译的，但也有少数例外。对于荷马，我在全书中都引用了里士满·拉铁摩尔的译本（有时加以修改）；其他的例外情况在适当的地方都有说明。几乎所有被引用的古代文献都有现代译本。引文出处按出现的页码排序。

20 Pindar, *Pythian* 4, lines 1-8

23 Pausanias, Book 5, ch. 11.9

28 Pseudo-Herodotean *Life of Homer*, section 12; available in *Homeric Hymns, Homeric Apocrypha, Lives of Homer*, ed. M. L. West (Cambridge, Mass. and London, 2003)

33 Pindar, *Pythian* 9, lines 1-8

36-37 Euripides, *Cyclops*, lines 582-7

38 Aristophanes, *Frogs*, lines 200-2

40 "我这部历史……" Thucydides, Book 1, ch. 22
"我倾向于认为……" Thucydides, Book 1, ch. 9
"偷窃、通奸……" Xenophanes, frag. 166; in *The Presocratic Philosophers*, ed. by G. S. Kirk, J. E. Raven and M. Schofield (2nd edn, Cambridge, 1983)

41 Empedokles, frag. 399, lines 3-4; in *The Presocratic Philosophers*, ed. by G. S. Kirk, J. E. Raven and M. Schofield (2nd edn, Cambridge, 1983)
"柏拉图攻击传统神话" Plato, *Republic*, section 377b-378b

46 "阿佛洛狄忒的诞生" Hesiod, *Theogony*, lines 190-206; trans. adapted from M. L. West (World's Classics: Oxford, 1988)

47 Hesiod, *Theogony*, lines 349-54

48 "作为未来的纪念……" Hesiod, *Theogony*, line 500
"无边的火焰……" Hesiod, *Theogony*, lines 697-99
"肩上长有……" Hesiod, *Theogony*, lines 824-30

51 *Homeric Hymn to Delian Apollo*, lines 117-19

53 Apollodoros, *Library*, Book 3, ch. 4.3

54 Hesiod, *Works and Days*, lines 130-37

59 "多多那……" Aristotle, *Meteorologica*, section 352a
"在宙斯的指引下……" Apollodoros, *Library*, Book 1, ch. 7.2

60 Pindar, *Isthmian* 8, line 25

63 Pausanias, Book 8, ch. 1.4

64 Pindar, *Pythian* 1, lines 21-22

68 Homer, *Iliad*, Book 8, lines 19-27

70 "围绕大地运转……" Kleanthes, *Hymn to Zeus*, lines 7-17. The *Hymn* can be found in, for example, the *Penguin Book of Greek Verse* (Harmondsworth, 1971; often reprinted).
"女神这样说……" Homer, *Iliad*, Book 16, lines 458-61

72 "他说完……" Homer, *Odyssey*, Book 5, lines 291-96

73 "人们相信……" scholiast on Lucian, p. 276.7-8 (ed. Rabe)

76 "如黑夜一般" Homer, *Iliad*, Book 1, line 47
"有如射猎的……" Homer, *Odyssey*, Book 6, lines 102-4

78 Homer, *Odyssey*, Book 24, lines 1-5

84 Homer, *Iliad*, Book 5, line 890

85 "伊阿宋呼唤赫卡忒" Apollonios of Rhodes, *Argonautica*, Book 3, lines 1191-1224; trans. adapted from Richard Hunter (World's Classics; Oxford, 1993). Reprinted by permission of Oxford University Press.

86 "从她们的嘴唇……" Hesiod, *Theogony*, lines 39-43
"当他才七天大时……" Apollodoros, *Library*, Book 1, ch. 8.2

89 Homer, *Odyssey*, Book 11, lines 587-92

95 "阿佛洛狄忒哀悼阿多尼斯" Bion, *Lament for Adonis*, lines 40-66

96 *Homeric Hymn to Aphrodite*, lines 233-38

97 Moschos, *Europa*, lines 95-96

99 "达那厄与小珀耳修斯在箱子里漂流" Simonides frag. 543; for what remains of Simonides see *Greek Lyric Poetry*, trans. M. L. West (World's Classics: Oxford, 1994)

111 Apollonios of Rhodes, *Argonautica*, Book 1, lines 1261-62

114 Diodoros of Sicily, *Library*, Book 3, ch. 67.2

129 Euripides, *Suppliant Women*, lines 339-41

136 Homer, *Iliad*, Book 24, lines 507-12

137 Sophokles, *Aias*, line 1365

140 "陌生人……" Homer, *Odyssey*, Book 9, line 252
"无人……" Homer, *Odyssey*, Book 9, line 408

144 "奥德修斯与珀涅罗珀的重逢" Homer, *Odyssey*, Book 23, lines 205-40

149 Pausanias, Book 5, ch. 13.1

151 Aischylos, *Agamemnon*, lines 1217-22

152 "雅典娜劝服复仇女神" Aischylos, *Eumenides*, lines 870-901

153 "看上去就像是……" Homer, *Odyssey*, Book 4, line 122
"她立即把……" Homer, *Odyssey*, Book 4, lines 220-26

165 "俄狄浦斯发现真相" Sophokles, *Oedipus Tyrannos*, lines 1162-96

181 Homer, *Odyssey*, Book 6, lines 42-45

184 "当许拉斯弯腰……" Apollonios of Rhodes, *Argonautica*, Book 1, lines 1234-39; trans. Richard Hunter (World's Classics: Oxford, 1993)
"她们既不属于……" *Homeric Hymn to Aphrodite*, lines 259-72; trans. J. Larson, *Greek Nymphs: Myth, Cult, Lore* (Oxford University

Press, 2001), pp. 32-3, after H. G. Evelyn-White, Loeb edn. Used by permission of Oxford University Press, Inc.

185 Pausanias, Book 3, ch. 25.4

186 "不该忽略掉……" Athenaios, *Deipnosophistae*, section 200b-c

187 Homer, *Odyssey*, Book 13, lines 102-12

189 Sophokles, *Women of Trachis*, lines 11-14

192 "在夏季……" Semonides, poem 7, lines 37-40; the whole poem is available in *Greek Lyric Poetry*, trans. M. L. West (World's Classics: Oxford, 1994)
"使陆地上……" Plato, *Laws*, section 705a

193 "大海，大海！" Xenophon, *Anabasis*, Book 4, ch. 7.24
"来自深海……" Moschos, *Europa*, lines 117-24

196 "意图毁灭的" Homer, *Odyssey*, Book 11, line 322
"凡间的王中之王" Plato, *Minos*, section 320d = Hesiod frag. 144 Merkelbach-West
"克里特的守护者" Homer, *Iliad*, Book 13, line 450
"手持黄金权杖……" Homer, *Odyssey*, Book 11, line 569

197 "根据传说……" Thucydides, Book 1, ch. 4

198 "即便是一个……" Pausanias, Book 4, ch. 33.1
"大多数神明……" Diodoros of Sicily, *Library*, Book 5, ch. 77.3-5

199 Kallimachos, *Hymn to Zeus*, line 8

201 Aischylos, *Agamemnon*, lines 935-36

205 "宫殿里……" Homer, *Iliad*, Book 6, lines 243-50
"特洛伊人……" Homer, *Iliad*, Book 3, lines 146-60

206 "当一个人……" Plato, *Republic*, section 330d-e
"光辉的奥德修斯……" Homer, *Odyssey*, Book 11, lines 487-91

208 Aristophanes, *Frogs*, lines 465-78; trans. Alan Sommerstein

(Warminster, 1996)

211 Lucian, *Charon*, section 20

212 "无情的卡罗斯……" Cypriot lament cited from M. Alexiou, *The Ritual Lament in Greek Tradition* (Cambridge, 1974), p. 124
"宙斯抚育的……" Homer, *Odyssey*, Book 4, lines 561-69

213 "你将在……" from R. Parker, 'Early Orphism', in A. Powell (ed.), *The Greek World* (London and New York, 1995), p. 497
"至于德行出众的人……" Plato, *Phaedo*, section 114
"地下最深的……" Homer, *Iliad*, Book 8, lines 13-16

220 "如果你想让……" Plautus, *Amphitryo*, lines 1-16
"那里……" Catullus, poem 64, lines 52-57, trans. Guy Lee (World's Classics: Oxford, 1990)

224 Ovid, *Metamorphoses*, Book 3, lines 474-93; trans. Mary M. Innes (Penguin Classics: Harmondsworth, 1955). Copyright © Mary Innes 1955. Reproduced by permission of Penguin Books Ltd. Ted Hughes, *Tales from Ovid* (Faber and Faber: London, 1997). Reproduced by permission of Faber and Faber.

225 "（宙斯）据说……" Lactantius, *Divinae institutiones*, Book 1, ch. 11.19
"阿尔菲奥斯……" Fulgentius, *Mythologiae*, Book 3, ch. 12

230 J. Seznec, *The Survival of the Pagan Gods* (Princeton, N.J., 1953), p. 211

231 Bacon, *De sapientia veterum*, section 10 (trans. by Sir Arthur Gorges, London, 1619)

232 "她说……" Shakespeare, *Venus and Adonis*, stanza 39
"我们的朱庇特……" Addison, *The Spectator*, no. 523, 30 October 1712; I owe this reference to G. Miles, *Classical Mythology in English Literature* (London and New York, 1999), p. 13

234 "在17世纪末……" Wordsworth's

note on his 'Ode to Lycoris' of 1817. I owe this reference to Oliver Taplin's *Greek Fire* (London, 1989), p. 94
"我们全都是希腊人" Shelley, preface to his verse drama *Hellas*, 1822
"（希腊人）不过是……" Kingsley, *The Heroes* (Cambridge, 1856), preface

238 J. Anouilh, *Nouvelles pièces noires* (Les Éditions de la Table Ronde, Paris, 1958), p. 174

240 Andreas Kalvos, 'To Glory'; there is a modern Greek edition of Kalvos' poetry, by F. M. Pontani (Athens, 1970)

241 *Angelos Sikelianos: Selected Poems*, trans. and with an introduction by E. Keeley and P. Sherrard (2nd edn, Limni, Greece, 1996). Reproduced with permission.

242 C. P. Cavafy, *Selected Poems*, © 1992 E. Keeley and P. Sherrard. Reprinted by permission of Princeton University Press.

243 Y. Ritsos, *Repetitions, Testimonies, Parentheses*, © 1991 Princeton University Press. Reprinted by permission of Princeton University Press.

244 "来吧……" W. Whitman, 'Song of the Exposition', 1876, in Whitman, *Leaves of Grass and Other Writings*, ed. M. Moon (New York, 1965; repr. 2002), p. 165
Margaret Atwood, 'Eurydice', from Atwood, *Eating Fire: Selected Poems 1965-1995* (Virago: London, 1998), pp. 278-80. Reprinted by permission of Time-Warner Books UK. I owe this ref. to G. Miles, *Classical Mythology in English Literature* (London and New York, 1999), p. 183.

245 M. Reinhold, *Classica Americana* (Detroit, 1984), p. 118

图片版权

致 谢

对于在各种具体问题上的建议和帮助，我想向六位朋友和同事表示热烈的感谢：梅塞德丝·阿圭雷（Mercedes Aguirre），约翰·布罗德曼爵士（Sir John Boardman），埃德·利利（Ed Lilley），潘泰利斯·米海拉基斯（Pantelis Michelakis），埃莱尼·帕帕佐格卢（Eleni Papazoglou）和保罗·泰勒（Paul Taylor）。我更要感谢扬·布雷默（Jan Bremmer）和帕特·伊斯特林（Pat Easterling），他们从自己的工作中抽出时间来阅读和评论整部书稿。在泰晤士与哈德逊（Thames & Hudson）公司，科林·里德勒（Colin Ridler）是一位模范导师，他知道什么时候该鼓励，什么时候该劝说。我还得到了泰晤士与哈德逊公司其他几位专家的帮助，特别是菲利普·沃森（Philip Watson）、杰夫·佩纳（Geoff Penna）和珍妮·德雷恩（Jenny Drane）。最后，也是最重要的一点，我要感谢我的儿子乔治（George）——特别是他在地图方面的帮助——以及我的妻子蒂齐亚纳（Tiziana），没有他们的不断支持，这本书的写作是不可能的。

主要译名对照表

译后记

我在拿到这本《希腊神话的完整世界》时，心里也是不由得咯噔了一下，想说作者倒是跟当年的阿波罗多洛斯一样野心勃勃嘛，敢给自己的书取这么大一个名字。但与《神话全书》（即周作人译《希腊神话》）是一部质而无文的希腊神话汇编不同，本书乃是对希腊神话的一部研究性专著。

通读之后，倒也觉得他笔下的"完整世界"并非言过其实。首先，他所讨论的希腊神话包含了文字的和视觉的两个部分，二者当然是相辅相成、不可或缺的——比方说，当你徜徉在佛罗伦萨的市政广场时，你丝毫不会怀疑眼前所见的伟大雕塑正在娓娓道来一段神话传说。当然，作者所举的例子甚至细微到了古代的宝石、铜镜等"日用品"，是以不可不谓"完整"。其次，他从希腊神话的起源讲到了对后世的影响，从它在本土的"创世纪"讲到了在殖民地以及更广阔的地域中的传播，即从时间和空间两大维度将希腊神话相对完整地呈现在了读者眼前。

然而，相对于这样的整体观，我倒十分看重作者所采用的描述方法。众所周知，希腊的神话传说是个纷繁复杂的庞大体系，很难用线性叙事的方法将它们串连起来。奥维德曾经做过一个伟大尝试，即用他所找到的"变形"这个关键词书写了一部无比瑰丽的神话全书。作者亦是找到了"起源""诸神""英雄""家族"和"风景"等关键词，摆出不同的版本，展开合理的分析。我觉得，尤其是围绕"风景"这个切入点，来讲讲与洞穴、山峰、河流、海洋甚至冥界有关的神话传说，是一种非常有趣且可能拥有更大探索空间的尝试。但我们发现，特洛伊这个在希腊神话中拥有浓墨重彩一笔的地方在本书中共出现了两次，它既是英雄传说中一场毁灭性的战争，亦是风景地志中被人迷恋的遗迹，前者详述了城邦的建立以及战争的前因后果与进程，后者则探讨了其历史真实性与城中最重要的地点，就像是一个由远及近的长镜头，把故事定格在最伟大的英雄（阿喀琉斯）殒落和最弱小的希望（阿斯堤阿那克斯）惨死的悲惨基调上，令人怅然。二者并不重复，反而互为参照，可见作者行文逻辑之严密。

至于作者在书中所引用的原著英译，据他自称，除荷马史诗部分是基于里士满·拉铁摩尔的不朽译著而略有改动之外，其余均出自他本人的翻译。为避免转译带来的不准确，以及考虑到诗歌翻译的困难，我在翻译时均采用了现有的名家译文，只是在涉及人、地名时做了统一化的改动，并已一一标注出来。少部分未经标注的，均由我本人翻译，如有不妥，敬请指正。

最后还是要说回"希腊人之后的希腊神话"。作者在书中的列举并不能穷尽这一有趣的话题。希腊神话不仅活在古往今来的文学艺术、电影电视甚至电脑游戏中，也活在我们生活的方方面面。举例说来，星巴克咖啡的商标就是依据希腊神话中的海妖塞壬而设计的；著名运动品牌耐克（Nike）也因希腊神话中的胜利女神而得名；甚至中国海关关徽上的"商神杖"都跟赫耳墨斯/墨丘利大有渊源。怪不得用时髦的话来说，希腊神话才是艺术界的大IP。只不过在后人接受的过程中，它的样貌或多或少会发生一些改变。当代最著名的诗人之一，博尔赫斯曾写过一首题为《恩底弥翁在拉特莫斯山上》的动人爱情诗："狄安娜，狩猎女神又是皎皎明月，/看到我沉睡在山顶，/便缓缓飘入我的怀中，/那燃烧的夜晚啊，有黄金和爱情……"诗人在这里明显是将月亮女神塞勒涅与司狩猎的处女神阿耳忒弥斯/狄安娜混为了一谈，但那又有什么关系呢？被我们铭记的，仍然只有炽热的爱情、优美的诗句和不朽的神话，因为"有一些事情长存天地，不像葡萄，/不像鲜花，不像微薄的雪"。至于神话，则如作者所说："只要它永不停止去适应新的需求，而且通过适应去不断鼓舞人、使人不安和给人灵感，那么希腊神话的传统就将长存于世。"

图书在版编目（CIP）数据

希腊神话的完整世界：神的传说，人的生活 / (英)
理查德·巴克斯顿著；徐艳译. -- 北京：九州出版社，
2022.9（2024.10重印）
　　ISBN 978-7-5225-0965-5

　　Ⅰ.①希… Ⅱ.①理… ②徐… Ⅲ.①神话—研究—
古希腊 Ⅳ.①B932.545

中国版本图书馆CIP数据核字(2022)第102751号

Published by arrangement with Thames and Hudson Ltd, London
The Complete World of Greek Mythology © 2004 Thames & Hudson Ltd, London

著作权合同登记号　图字：01-2022-3830
审图号：GS（2022）3660号

希腊神话的完整世界：神的传说，人的生活

作　　者　［英］理查德·巴克斯顿 著　　徐艳 译
责任编辑　王文湛
封面设计　李　易
出版发行　九州出版社
地　　址　北京市西城区阜外大街甲35号（100037）
发行电话　（010）68992190/3/5/6
网　　址　www.jiuzhoupress.com
印　　刷　河北中科印刷科技发展有限公司
开　　本　787毫米×1092毫米　16开
印　　张　16
字　　数　510千字
版　　次　2022年9月第1版
印　　次　2024年10月第4次印刷
书　　号　ISBN 978-7-5225-0965-5
定　　价　148.00元